4차 산업혁명
앞으로 5년

4차 산업혁명

The Fourth Industrial Revolution

앞으로 5년

이경주 지음

마리북스

또 한 번의 기회를 잡을 것인가?
이대로 사라질 것인가?

나는 좋은 시절을 타고 난 것 같다. 내가 대학을 다닐 때는 우리 사회가 고도성장기의 터널을 지나 디지털 강국의 초입으로 들어서던 시기라 전자공학을 전공한 인력이 턱없이 부족했다. 덕분에 나는 대학교 3학년 2학기 때 대여장학생으로 삼성 입사가 결정되어, 1985년 12월에 삼성에 입사했다. 공부를 많이 한 똑똑한 우리 청년들이 자신의 꿈을 버젓이 펼쳐보지 못하는 현실을 생각하면 참 안타깝고 미안한 일이다.

그렇게 삼성에 입사를 해서 2012년 퇴사할 때까지 27년 동안, 나는 통신 부서에서 우리나라 통신의 역사와 함께하며 다음을 준비하는 전략과 기획 업무를 담당했다. 백색전화, 청색전화, 국설교환기 시절을 거쳐 이동통신 시대의 시작을 알린 '삐삐'라고 불렸던 페이저 시대를 맞이했다. 그리고 휴대폰 시대를 거쳐 스마트폰 시대가 되었고, 이 시기에 인터넷을 기반으로 하는 3차 산업혁명을 지나며 우리나라가 정보통신 강국으로 부상했다. 내가 삼성을 나오던 2012년 말, 삼성의 휴대폰 부문은 사상 최고의 실적을 기록했다.

지금까지 인류는 산업혁명을 세 차례 거치며 산업을 발달시켜 왔다. 영국을 중심으로 일어난 1차 산업혁명이 석탄과 철을 주원료로 한 경공업 분야의 혁신이라면, 전기의 발명으로 촉발된 2차 산업혁명은 미국이 주도하며 전 세계 자본주의를 가속화시켰다. 인터넷의 출현으로 인한 3차 산업혁명은 인류 탄생 이후의 최고의 변혁을 가져왔고, 그 위력은 시간이 갈수록 가속화되고 있다.

　현재 통신망은 또 한 번의 진화를 해서 4차 산업혁명을 눈앞에 두고 있다. 그 출발점은 5세대 이동통신의 표준이 설정되는 2020년이다. 4차 산업혁명은 '모바일 유비쿼터스 혁명'이라고 불러도 좋을 만큼, 모바일 인터넷 속도가 지금보다 100배에서 1,000배가 빨라진다. PC를 기반으로 발전되어온 온라인 시대가 모바일폰을 기반으로 전환을 하고, PC 화면으로 정보를 읽는 시대에서 모바일폰으로 보는 실감형 동영상 정보시대가 펼쳐질 것이다. 통신망의 발전은 사람간의 통신에서 사람과 사물, 사물과 사물, 사람과 동물, 동물과 사물들이 통신망에 연결되는 유비쿼터스 시대의 서막을 예고하고 있다.

　1차, 2차 산업혁명에서 뒤떨어진 우리나라는 3차 산업혁명에서는 선제적으로 대응해서 '정보통신 강국' '휴대폰 강국'이라는 명성을 얻으며 세계 무대에 우뚝 섰다. 1990년대 말 아날로그 시대에서 디지털 시대로 전환되면서 음성 위주의 통신에서 빠른 인터넷을 할 수 있는 초고속 통신망으로 공격적인 선행 투자를 했다. 이것을 바탕으로 CDMA라는 디지털 이동전화 장비와 단말기를 세계 최초로 상용화함으로써 통신 후진국에서 정보통신 대국으로 판을 뒤엎었다. 덕분에 반도체, 디지털 분야에서는 일본을 추월했다. 그런데 지금 4차 산업혁명으로 나아가는 중대한 시점에서 다른 경쟁국과 기업들은 과감한 선행 투자로 나아가고 있는데, 우리는 여전히 3차 산업혁명에 매몰된 듯 보인다.

과거에는 우리가 가진 것이 없었기 때문에 모든 것을 걸고 도전했으나, 지금은 국가도 기업들도 '그래도 이만하면 살 만하지 않나!' 하는 분위기도 팽배한 것 같다. 지금 우리가 준비하지 않으면 거대 시장을 기반으로 거세게 추격해오는 중국과 앞서가는 미국 등의 선진 업체들에게 협공을 당하며 생존 경쟁에서 점점 밀려날 수밖에 없다. 지금이라도 우리가 4차 산업혁명을 위한 대대적인 투자와 과감한 변신을 시도하지 않으면, 미래 우리의 생존은 담보하지 못한다.

4차 산업혁명이 몰고 오는 변화는 미래학자인 앨빈 토플러가 언급했던 '제3의 물결' 정도가 아니다. 전 산업 분야를 한순간에 뒤엎을 쓰나미 급의 변화로 현존하는 산업들이 순식간에 사라질 수 있다. 대책을 강구하지 않으면 한순간에 쓸려나갈 수 있다. 하나의 예로 자동차 산업의 경우 '자율주행차'가 보편화된다면, 기존의 내연기관 자동차로 만들어진 자동차 생태계가 송두리째 사라진다. 그 영역도 상상할 수 없을 정도로 넓어 어떤 변화를 몰고 올지 상상조차 할 수 없다.

그런데도 여전히 많은 사람들이 '4차 산업혁명'을 먼 미래의 이야기로만 생각하고 있다. 심지어 수백, 수천, 수만 명의 직원들을 이끌어가는 기업의 오너나 국가 책임자들도 지금 당장의 일이 아니라고 여기고 있다. 4차 산업혁명이 이미 우리의 일상 속 안방까지 치고 들어오는데도 말이다. 이에 삼성에서 늘 5년, 10년 앞을 내다보며 전략을 짜왔던 나의 견해와 노하우가 우리 사회에 조금이라도 보탬이 되었으면 하는 바람으로 '4차 산업혁명'에 관한 이해를 돕는 책을 쓰게 됐다. 우리 사회 각계각층을 향한 나름의 전략도 제시해봤다.

4차 산업혁명의 영역은 무궁무진하기 때문에 한정된 지면으로 다 이야기하기에는 턱없이 부족하고, 내가 가진 지식과 경험도 많이 부족하다. 그렇지만 4차 산업혁명의 근간은 '5세대 이동통신'과 '무인화 로봇의 시대'라고 판단한다. 이것을 바탕으로 다음 시대를 준비하면서 우리가 꼭 알아야 할 4차 산업혁명에서 지금 떠오르는 주요 시장인 사물인터넷, 로봇, 자율주행차, 인터넷상거래, 교육제도인 무크, 기업들의 사활이 걸린 핀테크 등에 대한 이야기를 했다. 바이오 분야도 아주 중요한 차세대 시장이지만, 이 분야는 내가 잘 몰라 언급하지 않았다.

4차 산업혁명의 시발점인 2020년까지, 남은 기간은 5년이 채 되지 않는다. 앞으로 5년, 우리가 어떻게 준비하고 대응하는가에 따라 산업 생태계가 소멸되느냐, 살아남느냐가 결정된다. 그래도 우리에게는 3차 산업혁명의 성공이 가져다준 열매가 아직 남아 있어 다행이다. '정보통신 강국'이라는 우리의 강점을 바탕으로 전략을 잘 짠다면 우리에게 또 한 번의 기회가 올 것이다! 항상 변혁기는 위기와 기회를 동시에 몰고 오니까.

이 책 한 권에 '4차 산업혁명'이라는 거대 담론을 다 담았다고는 절대 생각하지 않는다. 그래도 이 책을 보시는 분들이 최대한 잘 이해할 수 있게 쉽게 쓰려고 노력했는데, 4차 산업혁명에 대비하는 입문서로 봐주시면 감사하겠다. 또한 현재 우리가 가지고 있는 강점을 바탕으로 부족한 점을 보완하려면 어떻게 해야 할지 현실적인 시각에서 구체적인 대안들을 담으려고 했다. 다만, 내가 삼성 출신이고 30년 동안 통신 업무만 담당했던 사람이라 삼성에서의 경험과 정보통신, 특히 휴대폰을 통해 보는 우리의 강점과 약점에 관한 이야기가 많은 점을 양해해주셨으면 한다. 특히 4차 산업혁명이 3차 산업혁명에 이은 통신망의 또 한 번의 진화라는 것을 감안할 때 파트 1 〈3차 산업혁명, '정보통신 강국' 한국의 어제와 오늘〉은 더욱 의미가 있을 것이라 생각한다.

이 책을 통해 많은 이들이 '4차 산업혁명'에 관심을 가지고 미래를 생각해보고 준비했으면 한다. 글로벌 도전을 하지 않는 기업과 국가는 살아남지 못하고, 새로운 세상을 준비하지 못하는 개인은 새로운 기회를 잡기는커녕 지금 자신이 가진 것도 다 내놓아야 한다. 4차 산업혁명에 우리 모두 관심을 가져야 하는 이유다. 미래는 상상하고 준비하는 사람의 것이다!

마지막으로 이 책이 만들어지기까지 많은 도움과 조언을 아끼지 않은 많은 분들께 감사의 마음을 전하고 싶다.

2016년 10월
이경주

4차
산업
혁명
The Fourth
Industrial Revolution
앞으로
5년

PART 1

3차 산업혁명, '정보통신 강국' 한국의 어제와 오늘

"경주님, 오전 6시, 지금 일어날 시간입니다."

좋아하는 피톤치드 향이 풍기고 비발디 〈사계〉가 은은하게 흐르는 사이로 익숙하고 사랑스러운 음성이 들리며 나를 깨운다. 어제 지인들과 과음을 했는데도 아침이 상쾌하다. 베드캡슐이 술을 많이 마신 것을 알고 자동으로 압축 산소와 뇌파 조절 장치를 가동시킨 모양이다. 아침에 양치도 입 한번 헹구면 되고, 베드캡슐 속에서 에어샤워가 되므로 옛날처럼 욕조로도 갈 필요가 없다.

"고마워 또봇."

내 개인 비서 로봇의 이름이다.

"어제 과음하셨네요. 그렇지만 베드캡슐이 경주님 건강 체크 결과 아무 이상이 없다고 합니다."

"오늘 오후 3시 20분부터 서울에는 비가 그칠 예상이고, 부산에는 오후

7시 10분에 비가 그친다고 합니다."

요즘은 일기예보를 거의 시간 단위로 정확히 맞춘다. 용변을 보면 자동으로 내 건강 상태를 체크하고, 체중계에 올라가면 체지방을 체크해 요리 로봇에게 알려준다. 그러면 요리 로봇이 건강과 식성을 고려한 음식을 만들어 준다.

전자레인지가 사라진 지 오래됐을 뿐더러 주방도 사라졌다. 냉장고에 음식 재료만 채워놓으면 조리법에 따라 요리 로봇이 음식을 만들어주기 때문에 혼자 사는 데 전혀 문제가 없다.

자율주행차 타고 GO, GO!

허브원 서비스 개시 15주년 축하 행사가 부산 모 호텔에서 오늘 저녁 7시에 있다. 스마트 거울 앞에 서서 파티에 입고갈 옷을 골라 달라고 하면, 자동으로 백화점 서버에 연결해 슈트를 입은 내 모습을 보여준다. 오늘은 모자, 포켓 스퀘어, 보타이, 구두, 양말 등 감청색 톤이 마음에 들어서 주문을 했다. 2시까지 맞춤옷을 배달해준단다.

출근을 하려고 자율주행택시를 불렀다. 현관문을 닫고 나오면 자동으로 집 안의 불필요한 전기와 가스가 차단되고 청소 로봇이 청소를 해준다. 완벽한 방범 체제 가동으로 외부인 침입이 불가능하다. 뉴스에서 더 이상 도난 소식을 들을 수 없게 되었다.

밖으로 나오니 자율주행택시가 기다리고 있다.

"이경주 고객님 안녕하십니까? 사무실로 갈까요?"

"오늘은 비가 와서 사무실까지는 평소보다 1분 늦은 47분이 소요될 전망입니다."

날씨와 관계없이 일정한 시간에 도착하곤 했는데, 비가 오면 사람들이 타고 내리는 시간이 좀 더 걸려서 그런가보다.

"고객님 좌석을 침대모드로 바꿀까요? 아니면 서재모드로 바꿀까요?"

"차 안에서 할 일이 있으니 서재모드로 해주고 우리 회사 김 팀장을 영상통화로 연결해줘요."

"굿모닝 김 팀장. 오늘 행사에 오시는 VIP분들 사진 좀 보여주세요."

"예, 스무 분이 참석하겠다고 연락이 왔습니다. 보이시나요?"

"그래요. 자동차 창문 스크린에 스무 분이 다 보이네요. 이 화백도 오시지요? 오늘 행사에 띄울 영상물도 보여줘 봐요. 영상은 좋은데 음향이 부족해보이네요. 김 팀장 의견은 어때요?"

"의장님! 아마도 자동차 안의 음향 시스템이 좀 약해서 그런 것 같아요. 호텔에서 테스트했을 때는 괜찮았습니다."

김 팀장과 통화를 끊고 차창 밖으로 지나가는 차를 보니 눈에 거슬리는 장면이 보인다.

'아니, 쟤들은 아침부터 차 안에서 뭐하는 거야? 사랑을 나누려면 스크린 처리를 해야지.'

자율주행차가 대중화되면서 심심치 않게 저런 장면을 많이 본다. 요즘 젊은 애들 중 동정을 로봇에 받친 아이들도 있다고 하던데 참 격세지감을 느낀다.

자율주행차의 등장으로 모텔은 없어졌고, 호텔들도 고전을 면치 못하고 있다고 한다. 운전기사와 대리기사가 없어지고 자동차 보험회사들도 문을 닫고, 전기 주행으로 석유 주유소는 더 이상 찾아볼 수 없다. 차 안에서 영화를 보거나 게임을 많이 해서 영화 관객 수도 많이 줄었다. 반면 게임 사업은 언제나 호황이다.

내 소유의 자동차도 없다. 어디 갈 때면 무인 택시를 이용하면 된다. 도심이나 집에 개인 주차장도 필요 없다. 주차난으로 인한 이웃 간 분쟁 이야기는 옛날이야기가 되었다. 자동차들이 전기를 쓰기 때문에 공기도 깨끗해지고 태양광 산업도 많이 발전하고 있다. 자연녹지나 공원도 많이 생기고 아파트 단지도 넓어지고 기술 발전에 의해 세상이 많이 바뀌었다.

"다 왔습니다. 저희 H택시를 애용해주셔서 감사합니다. 앞으로도 많이 이용해주세요. VIP고객님, 누적 포인트가 25,000점 있습니다."

"오늘 저녁 6시까지 부산에 가야 되는데 예약이 되나요?"

"거리 예측 결과 4시에 출발하면 될 것 같은데 예약을 접수하겠습니다. 사무실 앞으로 가면 될까요."

"네, 그래주세요."

개인 비서 PC, 나를 지켜주는 스마트폰 기기

아침에 주문한 옷과 신발이 사무실에 왔다. 요즘은 백화점에서 내가 뭘 좋아하는지 너무 잘 안다. 그래서 단골 백화점을 바꾸기가 어렵다. 내 모든 취향을 다 알고 있어서 편리하고 단골에게는 혜택도 많이 준다. 따라서 백화점 간의 손님 유치 경쟁이 치열하고 신규 고객 유치가 쉽지 않다.

"박 비서! 오늘 발표자료 준비해서 김 팀장에게 보내주고 택시도 불러줘요."

박 비서는 인공지능이 탑재된 PC로 인건비도 안 들고 일도 정확히 처리해서 아주 만족한다. 처음 개인 비서 PC가 나왔을 땐 오류도 많았는데, 지금은 사람보다 낫다.

"참, 태안에 있는 G 골프장에 들러서 한 사람 더 태우고 간다고 해줘요."

"네. 4시 42분에 도착 예정이고 부산은 5시 51분에 도착할 예정입니다."

"정 회장 오랜만이요."

"의장님 성형하셨나요? 확 젊어지셨네요."

"피부 좀 바꿨어. 발모제도 먹어서 머리카락도 많이 자라 젊어 보일 거야."

성형이 일반화한 요즘은 얼굴이나 몸매로는 사람을 알아볼 수가 없어서 여권도 DNA 검출 방식으로 다 바뀌었다.

"의장님 안경 쓰셨네요?"

"아! 이거? 안경이 아니고 삼성매직Magic이라는 최신 스마트 기기인데, 출시하기 전에 후배가 한번 써보고 평가해 달라고 해서 쓰고 있지."

'나를 지켜주는 스마트 기기'라는 매직을 쓰고 있으면 자동으로 건강을 체크해서 병원에 알려주고, 문제 있을 경우 즉시 나에게도 알려준다. 매직을 통해서 보는 것 모두가 저장되고, 위험이 감지되면 즉시 뇌로 신호를 보내 자율신경이 무조건적으로 반응하게 한다. 설령 달려오는 자동차를 내가 미처 보지 못했다고 해도, 매직이 스스로 위험을 감지해 뇌신경에 알려주면 반사적으로 피하게 된다. 가상현실VR, 증강현실AR 게임이나 각종 서비스도 다 구현된다.

한마디로 자신을 지켜주는 분신과 같다. 영화를 보고 싶으면 그냥 매직을 쓰고 벽을 쳐다보면 벽면이 스크린이 되는 거다. 물건을 구입할 때도 아이 트레킹으로 생각을 읽고 자동으로 주문한다. 후각을 통해서 제품의 냄새도 맡을 수 있고, 모든 원하는 자료를 자동으로 찾아주고, 잘 때도 매직 기기를 쓰고 자면 꿈도 저장되는 최첨단 기기다. 다음 버전으로는 상대방 생각도 읽을 수 있는 제품을 개발하고 있다고 한다. 이 제품이 나오면 사기꾼들이 다 없어질 듯하다. 범죄율도 급격히 감소하겠지.

"오늘 행사 참석자가 1,000명으로 제일 꼭대기 층을 전부 다 터놓았습니다. 300명이 중앙에 위치하고, 각 룸에 100명 단위로 중앙으로 오픈해서 모두가 즐길 수 있도록 무대를 꾸몄습니다. 회원 200명 정도가 해외에 체류하고 있어, 현지에서 접속해 참여할 수 있게 했습니다. 무대는 중앙에 있고 벽면 전체가 디스플레이로 실감형 동영상 체험이 가능합니다. 영국에서 공연 중인 작품도 홀로그램으로 동시에 볼 수 있습니다."

행사 총진행 책임자가 보고를 한다.

"알았어요. 믿고 맡기는 것이니 오늘 행사를 한 치의 오차가 없게 책임지고 잘 해주세요."

"최선을 다하겠습니다."

현재까지 예상되는 신기술을 바탕으로 상상해본 2030년의 모습이다. 어릴 때 썼던 미래상상 글짓기 속 이야기 같은가? 하지만 곧 마주하게 될 우리의 미래다.

CES 2016, 미래 경쟁에서
우리 기업들은 어디에 있나?

The Fourth Industrial Revolution

매년 1월이 되면 미국 라스베이거스에서 세계 최대 가전 전시회인 CES Consumer Electric Show가 열린다. 예전에는 가전제품을 주로 전시했으나 최근에는 컴퓨터, 휴대폰, 사물인터넷Internet of Things, IoT 등의 최신 ICT Information and Communications Technologies 트렌드를 한눈에 볼 수 있는 장으로 바뀌었다.

이 전시회는 일반인들에게는 최신 제품을 볼 수 있는 쇼룸이지만, 각 기업체에게는 비즈니스의 장이다. 칩 제작업체인 미국 퀄컴 사에서 최신 칩으로 어떤 것을 출시했는지, 현재 한국 기업과 거래가 없는 중국 업체들에서 만든 제품을 보고 한국 기술 수준을 얼마나 따라왔나 체크한다. 2016년 전시회에서는 인공지능을 기반으로 한 '자율주행자동차' '가상현실' '드론'이 3대 메인 트렌드로 부각되었고, 이 분야를 미국과 중국 기업들이 주도하는 게 한눈에 보였다.

한국의 삼성과 LG는 휴대폰과 가전제품 부문에서 각종 상을 휩쓸었다.

그런데도 왠지 우리 기업들이 미국이나 중국 기업들에 뒤처졌다는 인상을 지울 수가 없다. 중국 기업들만 해도 개인용 비행기라고 할 수 있는 유인 드론으로 상을 받았고 3D프린터 제품도 출품했으나, 우리 기업들은 현존하는 제품들의 기능이나 성능, 디자인을 업그레이드해서 수상했기 때문이다. 다른 나라 기업들은 차세대 미래 제품을 속속 선보이고 있는데, 우리는 현재 팔리고 있는 제품에 여전히 몰두하느라 차세대 제품에서는 뒤처지는 모양새라 좀 답답했다.

특히 차세대 주요 먹거리 시장으로 떠오르는 사물인터넷 분야에서는 아직 선도업체가 없는 만큼 전 세계 기업들이 각축을 벌이고 있었다. 애플도 '타이탄 프로젝트'라는 자율주행자동차를 개발하고 있다. 다른 회사와 달리 PC랑 아이폰, 아이패드, 시계 등 제품군이 적은 애플의 약점을 보완해 자동차를 직접 제조한다기보다는 자동차 전체를 컨트롤할 수 있는 플랫폼을 개발하는 듯하다.

우리나라 기업인 삼성이나 LG가 다른 나라의 기업들보다 상을 더 많이 받았지만, 앞으로도 계속해서 우리 기업들이 IT, 가전 부문에서 주도할 수 있는지 염려스러웠던 전시회였다.

현재 먹거리 경쟁에 바쁜 한국 기업들

지금 미국은 막대한 자금과 우수한 인력을 기반으로 차세대 시장을 개척해나가고 있다. 애플, 페이스북, 아마존닷컴, 넷플릭스, 테슬라모터스, 스페이스X 등의 회사들이 세계적인 기술과 서비스를 선보이며 시장을 주도하는 대표적인 기업들이다. 중국도 알리바바, 바이두, 텐센트, 화웨이, 샤오미 같은 간판 회사들을 앞세워 미국을 맹추격하고 있다. 이들이 사활을 건 주도권 경쟁을 하고 있는 동안 한국 기업들의 활약상은 미흡해 보인다. 늦었지만 한국 기업도 뒤처져 있는 미래 신사업 분야에 사활을 걸고 하루라도 빨리 쫓아가야 한다. 더 이상 머뭇거릴 시간이 없다.

그런데 지금 한국 기업들은 현재의 먹거리 경쟁을 하는데도 바쁘다. 삼성이나 LG전자의 TV 부분만 보더라도 차세대 제품보다는 퀀텀닷양자점이냐 OLED유기발광다이오드냐로 화질 경쟁이 치열하다. 화질 경쟁도 중요하지만 이것은 작은 경쟁이다. 이렇게 현재에만 집중하면 미래를 선점할 수도 없고 경쟁력도 가질 수 없다. 지금 잘 팔리는 제품이라 해도 세계에서 '와우' 하며 놀랄 수 있을 정도의 혁신적인 아이디어를 내놓아야 한다. 완전히 발상의 전환이 된 제품을 만들었을 때 히트할 수 있다.

같은 TV 제품이라고 해도 혁신적인 것을 생각해야 한다. 끊임없이 새로움을 추구해야 한다. 세상에 없는 혁신적인 제품은 새로운 시장을 만들 수 있기 때문이다. 만약 자율자동차 시대에 대비해 자동차 윈도를 TV 스크린이 펼쳐지게 제품화한다면 분명 미래의 상품이 될 수 있다. 지금 있는 제품에서 단순히 성능을 향상시키는 것이 아니라 완전히 발상을 바꾸어 미래에 맞는 제품으로 탈바꿈시켜야 한다. 항상 사각형으로 된 TV에 집착해서는 안 된다. '왜 TV는 보는 기능만 있을까?'라는 근본적인 질문도 해보면서 새로운 콘셉트의 TV도 생각해보아야 한다. 어쩌면 '보는 TV'라는 개념조차 버려야 할지도 모른다. TV가 게임기가 될 수도 있고, 말하는 친구가 될 수도 있다.

혁신을 시도하는 과정에서 당연히 실패할 수도 있다. 그만큼 차별화가 어렵기 때문이다. 비록 제품화에는 실패할지라도 새로운 것을 만들기 위해 연구하다 보면 신기술을 먼저 확보하게 되기도 한다. 상품을 기획하고 개발하는 과정에서 특허도 많이 확보할 수 있다. 하지만 혁신을 위한 가장 기본이 되는 생각은 제품 사용자를 매료시키는 요소다.

냉장고나 에어컨에 LCD TV를 붙여놓아도 그걸 누가 보겠는가. 사용자가 꼭 필요한 것을 만드는 게 아니고 현재 있는 것들을 활용해서 가격만 더 비싼 제품을 혹여 만드는 것은 아닐까? 사용자를 연구하고 사용 패턴을 철저하게 분석해 꼭 사용자에게 필요한 것을 만들어야 한다.

그래서 창조creative가 어렵다. 이러한 창조적 아이디어들을 연구하고 발굴하려면 일하는 방식도 획기적으로 바꿔야 하고, 과거 성공에 몰입된 사람이 아닌 혁신적인 수장으로 사람도 과감히 바꿔야 회사가 바뀌게 된다. 이런 모든 조건이 맞아 떨어졌을 때, 우리는 '빠른 추격자fast follower'가 아닌 '선도 주자first mover'가 될 수 있다.

벤처나 창업만으로는 안 된다

저출산, 고령화 시대를 맞은 한국이 일본처럼 저성장의 늪에 빠지는 것 아니냐고 보는 사람들이 많다. 과거에는 생산 주체가 돈을 계속 벌기 때문에 소비도 자연스럽게 이루어져 국가 경제가 지속적으로 성장했다. 그런데 지금은 생산 주체가 되어야 할 젊은 사람들이 일자리가 부족해 소비할 여유가 없다. 자산을 많이 보유한 50대 이상들은 은퇴를 하거나 예비 은퇴자들로 노후 준비를 위해 돈을 쓰지 않고 있다. 그래도 잠재 구매력이 있는 이들 시니어 계층들이 돈을 쓰게 하려면, 구매를 자극할 만한 새로운 제품과 서비스가 나와야 한다. 이는 곧 새로운 소비로 이어질 것이다. 과거 흑백TV를 가진 사람들이 컬러TV가 나왔을 때 제품을 바꾼 것처럼, 자동차도 자율주행차가 나온다면 바꿀 가능성이 높아진다는 말이다.

5세대 이동통신이 본격화되는 2020년이 되면 새로운 제품과 서비스가 대거 쏟아진다고 예상한다. 이러한 미래 제품과 서비스 창출을 미국이 주도하고 있다. 혁신적인 기업들이 4차 산업혁명을 이끌고 있는 미국은 새로운 경제 부흥기, 즉 골디락스Goldilocks(전래동화에서 유래한 말로, 경제가 높은 성장을 하고 있지만 물가는 상승하지 않은 상태를 가리킴)를 맞이한다고 전망한다. 애플의 계속되는 약진, 구글의 번역 시스템과 자율주행차, 테슬라의 전기자동차, 스페이스X의 상업용 우주선, 초고속진공열차 하이퍼루프 같은 미래 제품과 신사업 등이 이를 뒷받침해준다. 아마존닷컴의 경우도 무인 드론 배달을 선보이면서 획기적인 제품 배달 시간 단축 같은 서비스 혁신으로 미래를 준비하고 있다.

반면 한국 정부는 '창조경제'를 외치면서 창업을 촉구하고 있지만, 단순히 벤처나 창업만으로는 규모의 경제를 달성할 수 없다. 이것으로는 세계 경제력 순위 12위 국가의 성장성을 보장할 수 없다. 결국 대기업들이 세계시장을 주도할 혁신적인 제품과 새로운 서비스, 신사업을 발굴 육성해야 하는데 이제 시작 단계인 듯하다. 좀 늦은 감은 있지만, 그래도 지금부터라도 우리가 가진 강점을 바탕으로 약점을 잘 보완한다면 충분히 가능성이 있을 것이다. 그러기 위해서는 우리의 어제와 오늘을 정확히 아는 게 먼저이다. 지금 우리가 서 있는 지점을 확인하고, 지금 여기서 더욱 비상할 수 있는 방법을 찾아야 할 것이다.

디지털 시장에 대한 예측이 주효

The Fourth Industrial Revolution

비즈니스에서 가장 중요한 것은 정확한 시장 예측이다. 기업체나 경영자의 가장 큰 고민은 참여할 시장이 어디까지 얼마나 커질까 하는 데 있다. 최근 한창 이슈가 되고 있는 드론 산업에 뛰어든다고 생각해보자. 가령 현재 시장이 100억 달러 규모인데 1000억 달러까지 시장의 규모가 커진다는 확신이 든다면, 다음은 언제 어떻게 사업에 참여할까를 고민하게 된다.

그런데 막상 시장에 진입하면 예상과 다른 경우도 있다. 삼성에서 진행했던 태양광 산업과 LED 사업의 경우가 그랬다. 시장이 커진다고 예상하고 들어갔는데, 막상 시장에 들어가니 한계가 보여 접었다. 지금 드론의 경우도 뜨는 사업이라고 하지만, 막상 상용화가 되었을 때 어떨지는 좀 더 두고 보아야한다.

다른 기업들은 어떤지 모르겠지만, 이런 새로운 시장에 관한 위험부담 때문에 삼성은 새로운 시장 진입 시 먼저 뛰어들지 않고 일단 시장의 흐름을 지켜본다. 초기에는 인력도 최소한으로 배치하고 내부 경쟁도 시킨다. 치열한 내부 경쟁을 통해 이긴 팀에 신사업을 할 권한을 준다.

1980년대 국내에는 이동통신 장비와 휴대폰 기술이 전무했다. 그렇지만 휴대폰 사업이 미래 먹거리 사업이라는 인식은 있었다. 유선전화기도 없던 시절 전전자교환기를 외국에서 도입하면서 국산화를 병행했다. 그나마 국산화를 추진할 수 있었던 이유는 전화 수요가 폭증해 만들기만 하면 팔렸기 때문이다. 한마디로 땅 짚고 헤엄치던 시절이었다. 유선전화기 다음은 휴대폰 시대로, 또 한번 수요가 폭증할 것으로 예견되었는데 국내 기술이 없었다.

당시 휴대폰 사업은 이미 거대한 하나의 메가트렌드로 부상하고 있었던 만큼 기술을 빨리 확보해야 한다는 결론에 이르렀다. 일단 방향이 정해졌으니 다음 단계로 기술을 사오든 개발을 하든 구체적인 행동 목표를 정해야 했다. 그 방법의 하나로 삼성은 미국에서 아날로그 휴대폰 기술을 구걸하다시피 해서 가져오고, 일본에서 카폰 OEM을 받아 제품을 생산하면서 점차 기술을 습득해 나갔다.

기술 없는 서러움도 많이 당했다. 아날로그 이동통신 장비를 모토로라에서 겨우 들여오기는 했지만, 기술이전을 해주지 않아 독자적인 개발을 하지 않을 수가 없었다. 어렵게 독자적인 개발을 겨우 했으나 후발주자인데다 기술력도 없는 회사의 장비를 시장에서 사줄 리가 만무했다. 기술을 축적하느라 개발비만 쓴 꼴이었지만, 다음 디지털 이동통신 장비 개발에 많은 도움이 되었다. 결국 돈을 버린 것은 아니었다.

CDMA 기술 확보로 휴대폰 시장의 고삐를 잡다

1996년 4월, 국내에서 세계 최초로 코드 분할 다중접속 CDMA Code Division Multiple Access 방식의 디지털 휴대폰을 내놓게 되었다. 정부 주도로 한국 2세대 디지털 이동통신 표준으로 미국 퀄컴의 CDMA 기술을 채택했기 때문이다. 당시 정부는 미국 방식인 CDMA로 할 것인가, 유럽 방식인 시분할 방식 GSM Global System for Mobile Communication 으로 할 것인가를 고심했다. 그러다 GSM보다는 앞선 기술 방식이고, 원천기술의 제공을 약속한 퀄컴의 미국 CDMA를 한국 표준으로 정했다.

삼성은 CDMA 방식의 휴대폰 개발에 모든 역량을 쏟아부었다. 국내시장에서 1등을 해야 하고 경쟁상대 LG와 양강 구도였기 때문에 그룹간 보이지 않은 경쟁이 심했다. 당시 페이저 단말기 제조, 판매로 중견기업으로 급부상한 팬택, 텔슨 같은 업체들도 CDMA 휴대폰 시장에 너도나도 진입해 초기 기선 제압이 중요했다. 대부분의 사업이 그렇지만 내수 시장 주도권을 잡는 것이 글로벌 시장 진출에도 매우 중요하다.

어떤 제품이든 내수 시장을 먼저 잡아야 한다. 내수도 잡지 못하고 수출하면 "너희 나라에서도 못하면서 무슨 수출이냐?" 하는 소리를 듣는다. 팬택이 바로 그런 경우에 해당한다. 당시 팬택이 SK텔레콤의 스카이 휴대폰을 거액에 샀다. 애니콜보다 잘 만들어진 제품으로 브랜드 이미지도 좋았다. 당시에 나는 팬택이 스카이 브랜드로 국내 고가 시장을 공략하면 어떻게 대응할 것인가에 대해 많은 고민을 했다. 그만큼 스카이 제품은 젊은 층으로부터 디자인과 사용자 편이성이 좋았다는 평판이 많았기 때문이었다.

그런데 팬택은 국내시장보다는 중국시장 공략에 주력했다. 당시로서는 이해할 수 없는 대목이었다. 만약에 스카이 브랜드로 국내시장을 공략했다면 LG가 쉽지 않았을 것이고, 국내시장은 3파전으로 현재와는 양상이 많이 달라졌을 것이다. 작년에 팬택 박 회장과 골프를 칠 때 그때 왜 그랬냐고 물어보았다.

"그때 왜 중국을 갔나? 한국에서 경쟁했으면 당시 LG를 이길 수도 있었을 텐데."

그런데 생각보다 답변이 간단했다. 당시 팬택이 중국시장에서 많은 수익을 내고 있었기 때문이었다라고. 지난 일이라 더 이상 이야기를 진행시키지 않았지만, 아마도 중국시장이 크고 당시에는 경쟁자도 별로 없었기 때문에 선점한다는 차원에서 그렇게 한 것으로 판단됐다.

그게 전략 미스다. 중국 정부의 전략을 사전에 간파했더라면 모든 것을 중국에 걸지 않았을 것이다. 먼저 내수 시장을 탄탄하게 해서 경쟁력을 키운 다음, 남은 여력으로 중국이나 수출을 해야 되는 것이 맞는 전략이라고 생각한다. 이런 최고경영자의 결정들이 별것 아닌 것 같지만 회사의 흥망을 결정하는 아주 중요한 요소들이다.

이런 저런 이유로 퀄컴에 고율의 사용료를 지불해야 한다는 부담은 있었지만, 퀄컴에서 원천기술을 제공받아 한국에서 CDMA 방식의 휴대폰을 세계 최초로 상용화할 수 있었다. 덕분에 한국이 디지털 휴대폰 강국으로 부상하는 계기가 되었다. 모토로라는 아날로그와 유럽 디지털 방식인 GSM 제품에 주력하면서 한국에서 처음으로 상용화시킨 CDMA 방식은 세계시장 규모가 적다고 등한시했다. 삼성이 국내 시장점유율을 47퍼센트로 끌어올리면서 국내시장 휴대폰 1등을 달성했고, 결국 모토로라는 한국시장에서 퇴출되었다.

2000년도에 월드 퍼스트가 되자

이미 시대의 흐름이 휴대폰 사업으로 가고 있자 1995년, 삼성에서도 정보통신 분야 미래전략을 만들라는 사장의 특명이 떨어졌다. 휴대폰 중심의 'WIN 21'이라는 미래전략을 만들었다. 나를 비롯해 총 세 사람이 전략을 만드는 실무를 담당했다. 나는 휴대폰 부분을 맡고 한 사람은 네트워크 장비, 나머지 한 사람은 연구소의 기술 분야를 맡았다. 'WIN 21'이라는 프로젝트명은 Worldwide Information Network 21의 약자로 2000년에 두 개 부문, 즉 휴대폰과 네트워크 장비 사업에서 '월드 퍼스트가 되자'라는 뜻이었다.

그때 우리 목표는 2000년도에 휴대폰 단말기 사업을 세계 3위로 끌어올린다는 계획이었다. 휴대폰 사업에 대한 목표는 명확했지만, 네트워크 장비 사업은 어떻게 전개될지 몰랐다. 분명 데이터통신 시대가 오고 있는데, 당시 미래의 데이터통신 주체가 인터넷이 될 줄 몰랐다. 데이터통신 메인 기술이 비동기식 시분할 다중화 ATM Asynchronous Transfer Mode 방식이냐, 인터넷 프로토콜 IP Internet Protocol 방식이냐인데, 음성교환기만을 만들 실력만 있었고 데이터 장비 기술이 없었기 때문이었다. 그래서 네트워크 장비 사업에서는 2015년에 톱5로 간다는 목표만 설정했다. 결국 'WIN 21'은 휴대폰 사업 중심의 전략이었다. 이때 우리가 정한 목표는 다음 세 가지였다.

2000년까지 톱3가 되자

디지털 휴대폰을 빨리 도입해서 시장을 주도하자

전 세계적으로 수출 인프라를 구축하자

이 목표를 달성하기 위해 휴대폰만 전담으로 추진하는 무선사업부를 만들고 디지털 휴대폰 부분의 기술인 CDMA와 GSM에 집중해 수출에 주력하자는 전략을 수립했다. 'WIN 21' 전략 하에 본격적으로 수출을 위한 해외 연구소와 해외 판매 거점을 만드는 데 역량을 집중했다. 영국에 GSM 휴대폰 개발 R&D 거점을 구축하고, 미국 댈러스에도 휴대폰과 네트워크 장비를 개발하고 판매하는 거점을 구축하느라 많은 비용을 선행으로 투자했다.

유럽은 GSM이라는 유럽 여러 나라의 기술을 모아서 만든 유럽 자체의 디지털 휴대폰 방식을 도입했는데, 당시 삼성전자는 GSM 핵심기술이 없었다. GSM 휴대폰을 만든다고 해도 판매할 때마다 특허료를 약 20퍼센트까지 부담해야 한다고 예상했다. 그래도 일단 GSM 휴대폰을 만들기 위해 영국에 연구소를 설립했다. 막상 해외 거점을 구축은 했으나 휴대폰 분야의 후발주자로서 제품 개발을 담당할 우수 인력 확보에 많은 어려움이 있었다. 여러 가지 이유로 개발은 계속 지연되고, 그나마 어렵게 뽑은 사람들도 퇴사를 해서 해외 거점 안정화에 많은 어려움이 있었다.

'WIN 21' 전략 하에 1996년도에 무선사업부가 별도로 만들어졌을 때였다. 나는 무선사업부장에게 휴대폰에 관한 목표와 전략을 보고했다. "5년 안에 우리가 휴대폰 3000만 대를 파는 것이 목표입니다." 100만 대 팔던 시절에 3000만 대라니 사업부장이 반문했다. "5년 만에 어떻게 3000만 대를 팔아?" 말도 안 된다고 했지만 신임 무선사업부장 표정에서 비장함을 읽었다. 나는 다시 말씀드렸다. "이미 시장이 그렇게 흘러가고 있고 글로벌 전략도 수립됐으니 실행만 잘하면 됩니다." 그러나 당시에 예측한 것 이상으로 시장이 폭발적으로 커져버렸다. 그래서 예측은 어려운 것이지만, 디지털 휴대폰 시장에 주력한 것은 주효했다. 한국이 정보통신 강국으로 들어서는 첫 걸음을 내딛는 순간이었다.

'2000년도에 휴대폰 단말기 사업 글로벌 No 3.'

5년에서 10년짜리 중장기 목표와 전략이 정해지면, 다음은 어떻게 해서든 이 목표를 실행하기 위한 단계별 전략에 들어간다. 우리가 원하는 제품을 반드시 만들어내야 했다. 사실 중장기 목표를 세워도 그대로 잘 지켜지지 않는다. 특히, 삼성은 전략이 있는 것 같으면서도 없다. 매년 중장기 목표를 세우는 것은 그냥 '세상이 이렇게 흘러가는구나!' '우리가 가는 방향이 크게 틀리지 않았구나!' 하는 것을 검증하는 차원이다. 기획팀에서 중장기 전략을 세우면 그것을 참조해서 부서별 전략을 세우기는 하지만, 우리가 늘 하던 말이 있다. "중장기 전략을 세우면, 그 다음은 책상 서랍에 넣고 잊어버려라."

하지만 'WIN 21' 중장기 전략은 달랐다. 휴대폰 사업이 이미 거대한 흐름이었기 때문에 자금이 얼마 필요하고, 이를 실행하기 위한 세부 단계별 전략도 필요했다. 각 부서의 임원들을 모아놓고 세상이 이렇게 흘러가고 있는데 좋은 의견을 이야기해달라고 했더니, 다들 너무 황당한 목표를 보고 어이없다는 반응이었다. '뭐, 이거 되겠어?' '자기네가 개발을 해봤어, 물건을 팔아보기를 해봤어. 뭣 모르는 사람들이 참 황당한 계획을 세웠군!'

5년 안에 당시 판매수량의 약 30배를 팔자고 했으니 그럴 법도 했다. 하지만 그 목표를 달성하지 못하면 우리는 휴대폰 업계에서 퇴출당한다고 판단되었다. 규모의 경제로 판을 키워야 했기 때문에 결사적으로 구체적인 단계별 전략을 세웠다.

첫 단계는 기술 확보 전략이었다. 당시 앞서가는 휴대폰 업체들을 따라잡기 위한 최대의 경영 현안은 디지털 휴대폰을 개발할 기술이 없다는 사실이었다. 다행히 한국 표준으로 정했던 디지털 이동통신 기술인 CDMA는 미국 퀄컴에서 받아와서 사업을 추진할 수 있었다. CDMA 방식은 미국과 한국시장이 주력이었지만, GSM 방식은 세계 휴대폰 시장에서 80퍼센트나 차지하고 있어 이 기술을 꼭 손에 넣어야 우리의 목표를 달성할 수 있었다.

미국 방식을 채택한 우리는 유럽수출용 GSM 휴대폰은 자체적으로 기술을 확보해서 개발해야 했다. 국내 CDMA 휴대폰 부문이 급성장하고 있어서 내부의 모든 개발 자원을 국내 사업에 집중하느라 유럽수출 GSM 휴대폰을 개발할 인력도 절대적으로 부족했다. 물론 GSM 휴대폰 기술도 없었다. 그나마 어렵게 유럽형 아날로그 방식의 휴대폰을 개발해서 판매했는데, 시장도 거의 없었고 제품 경쟁력이 없어서 팔리지도 않았다. 원가도 비싸서 팔면 팔수록 적자가 심했다.

그런 와중에 어느 날 갑자기 모토로라가 노키아를 공격하기 위해 유럽형 아날로그 휴대폰의 판매 가격을 전격적으로 20퍼센트 인하했다. 안 그래도 팔수록 적자인데 더 이상 견딜 수가 없었다. 결국 삼성은 유럽형 아날로그 휴대폰 사업을 접을 수밖에 없었다.

유럽향 GSM 휴대폰 기술을 확보하라

대안으로 디지털 시장에 주력하자는 목표와 전략을 수립했지만 GSM 기술을 확보할 방안이 없었다. GSM 기술은 1993년에 첫 상용화가 이루어진 이동통신 디지털 기술로 유럽의 여러 나라에서 기술을 모아 만든 규격이다. 자기들끼리 기술을 공유하고 제3의 경쟁자가 진입하는 것을 철저하게 봉쇄하고 있어서 기술 확보가 사실상 불가능했다.

이를 타개하고자 연구소, 개발, 수출, 기획이 주축이 된 'GSM 기술 확보 TF'를 만들어 유럽의 모든 국가를 샅샅이 훑고 다녔다. 12명이 한 팀이 되어 2주간, 매일 한 국가씩 이동하면서 기술 보유 업체들과 미팅을 했다. 덴마크의 덴콜, 독일의 하게눅, 프랑스의 웨이브콤, 핀란드의 노키아 협력업체들과 협의하면서 기술 확보에 대한 가능성을 타진했다.

먼저 덴마크 덴콜이 만든 GSM 휴대폰을 5만 대 사주는 조건으로 기술 공동개발 계약을 했다. 개발 인력을 덴콜에 파견했으나 덴콜은 우리한테 기술 이전을 안 해주려고 자신들의 연구실에 우리 연구원들을 접근도 못하게 했다. 우리 개발 인력들한테 별도의 연구실을 내주고 그곳에서 알아서 하라는 식이었다. 기술 없는 설움을 톡톡히 당했다. 덴콜의 GSM 휴대폰에 삼성 브랜드를 붙여서 SGH100이라는 모델명으로 시장에 출시했는데, 2~3만 대쯤

팔았을 때 배터리 품질 문제가 발생되어 판매를 중단하면서 공동개발도 실패로 끝났다.

노키아 자회사를 접촉해 보았지만, 그 회사도 휴대폰 제조 기술이 없어서 불발되었다. 그런 와중에 독일의 하게눅이라는 회사가 GSM 휴대폰과 유럽형 디지털 무선단말기 분야를 매각하겠다고 시장에 매물로 나왔다. GSM 휴대폰 개발 인력이 덴마크에 120명 정도 있었는데, 연구팀을 꾸려가기에 돈도 많이 들고 후발주자로서 경쟁사에 계속 뒤처지니까 매각하려고 했다. 우리는 한국으로 돌아와서 이 회사를 M&A해야 한다고 경영진에 보고했다.

독일의 하게눅은 2억 달러짜리 매물이었다. 우리는 삼성그룹 비서실로 가서 2억 달러만 주면 우리가 모토로라도 이기고 세계 톱3에 갈 수 있다고 일종의 떼를 썼다. 'WIN 21'을 성공시키려면 그룹 차원에서 2억 달러를 지원해달라고 강력히 주장했던 것이다. 당시 2억 달러면 현재 가치로 따져도 엄청 큰돈이었다. 휴대폰을 그룹의 주력 사업으로 키워야 한다는 전략이 이미 수립된 상태였지만, 그래도 2억 달러 투자는 쉬운 결정이 아니었다.

우리가 독일 하게눅의 단말기 분야를 M&A하려는 가장 큰 목적은 GSM의 핵심기술과 연구 우수 인력을 확보하고, GSM 휴대폰을 빠른 시일 안에 시장에 내놓을 수 있다는 가능성 때문이었다. 경영진은 과연 M&A를 하면 핵심기술 인력들이 그대로 남아 있을지 의문으로 여겼다. 핵심 인력들이 회사를 좀 다니다 삼성이 비전 없다고 퇴사해버리면 어찌할 방도가 없는 노릇이었다. 또한 무노조 삼성에겐 독일 기업들의 강성 노조도 부담이었으며, 실적이 부진한 인력을 퇴출시킬 때도 1년 연봉을 줘야 하는 추가적인 금전적 부담도 컸다. 실무자들은 GSM 기술이 없으면 사업을 못한다고 강하게 주장했지만 결국 M&A는 무산되었다.

하지만 어떻게 해서든 GSM 기술을 확보해야 됐다. 그러한 상황에서 신임 무선사업부장이 프랑스 웨이브콤과 공동개발을 이끌어냈다. 웨이브콤은 GSM 휴대폰 개발 R&D 전문 업체였지만 GSM 개발 후발주자였다. 무선사업부장은 이 회사 사장 부인한테 목걸이를 선물하는 등의 선물 공세와 적극적인 협력 자세를 보여주어 공동개발을 이끌어냈다. 공동개발로 만들어낸 제품의 개발비를 모두 부담한다는 조건이었다. 기술 인력을 웨이브콤에 파견해서 만든 제품이 SGH200이었는데, 이 제품은 다른 선진 업체들의 제품과 비교했을 때 경쟁력이 떨어져서 대외적 홍보용으로만 사용하기로 했다. 이후 구미 개발팀에서 SGH200보다 디자인을 좀 더 세련되게 바꾸어서 SGH250을 내놓았다.

후발주자의 경쟁력 없는 제품은 시장 진입이 어렵다

사람이 제일 막막할 때가 다른 사람들은 저만치 앞서 가고 있는데 나만 제자리걸음을 하고 있는 기분이 들 때다. 사업을 책임져야 하는 사업부서도 마찬가지다. 경쟁업체들은 저만치 앞서 가고 있는데 우리는 출발조차 못하고 있다면, 그 초조함은 이루 말할 수가 없다. 이때 범할 수 있는 오류가 제품이 완벽하지도 않은데 시간에 밀려 초조함에 쫓겨 상품을 출시하는 것이다. 마케팅을 잘하면 되지 않겠냐는 견해가 있을 수도 있지만, 최고의 마케팅 역시 제품의 경쟁력에서 나온다. 최고의 제품이 곧 최고의 마케팅이다!

SGH250이 나오자 유럽 휴대폰 수출팀에서는 무조건 팔려고 했다. 수출 부서에서는 그간 판매실적이 없어서 뭐든 팔아야 하는 상황이었다. 하지만 기획부서가 막았다. 후발주자인 삼성이 가격 경쟁력도 없고 제품 차별화도 안 되는 제품을 시장에 내놓으면, 자칫 이전 아날로그 휴대폰의 전철을 밟을 수 있었기 때문이었다.

1990년대 당시에는 해외 소비자들이 삼성에 대한 인식이 전혀 없었다. 일본에서 들여온 가전 기술로 제품을 만들어 저가로 수출하는 기업, 딱 그 정도로만 여기고 아무도 관심을 갖지 않았다. 디지털 휴대폰과 같은 최첨단 제품을 삼성이 만든다는 것을 믿지도 못하는 시대였다. 그런데 경쟁력이 없는 제품을 만들어 시장에 내놓는다는 것은 삼성의 신경영 정신에도 어긋나고, 자칫 잘못해서 불량이라도 나면 GSM 휴대폰 시장에서 발 디딜 수 없는 상황이 될 수도 있었다. 실적이 전무한 GSM 휴대폰 부서의 힘든 상황을 알고 있었기에, 우리는 수출팀을 설득하려고 같이 술도 마시고 이야기도 많이 나누며 후일을 기약했다.

SGH250은 제품 경쟁력이 없어서 이익을 남길 가능성이 없었다. 한마디로 원가 맞추기에 급급했다. 따라서 제품 경쟁력을 확보할 때까지 '삼성도 GSM 휴대폰을 만들어요'라고 알리는 정도로 홍보에만 활용하기로 했다.

당시 휴대폰 개발팀이 구미와 기흥에 두 군데가 있었는데, 기흥은 순수 R&D를 했고 구미는 제조 개발팀이었다. 구미 개발팀과 기흥 개발팀 간에 경쟁이 치열했다. 고진감래라고 할까? 드디어 최고의 스펙을 자랑하는 제품을 개발했다. SGH600이었다. 그 전에 SGH300, SGH400이 개발되었지만 제품 경쟁력이 없어서 중도에 개발을 중단시켰다. 그 다음 나온 게 SGH500과

SGH600인데, SGH500은 구미에서 SGH600은 기흥에서 만들었다. 그런데 기흥에서 만든 SGH600이 성공한 것이다. 100그램, 100CC 최소형, 최경량에 음성인식 다이얼 기능이 내장된 당시 최고의 기능과 성능을 가진 제품이었다.

최고의 제품으로 고가 전략을 펼치다

최고의 히트 상품인 SGH600을 만들고 과연 어느 가격대로 포지셔닝할지 내부 격론이 벌어졌다. 후발주자인 만큼 노키아 제품보다 가격을 낮게 책정해야 팔리지 않겠냐는 주장이 우세했다. 하지만 사전에 유럽의 주요 이동통신 사업자들에게 테스트를 해보았더니 품질도 거의 완벽하다는 찬사를 받았다.

그때 유럽에는 휴대폰 전문 잡지들이 많이 있었다. 이 잡지들에 의뢰해서 제품 테스트도 할 겸 써보게 했다. 잡지에서는 공식적인 테스트로 제조사별 휴대폰을 비교해서 별점을 주었는데, 나름 객관적인 평가를 했다. 제품력에 자신이 있었던 만큼 유럽의 휴대폰 전문 잡지 여러 곳에 테스트를 의뢰했다. 그 결과 약 30여 곳에서 '최고의 제품'이라는 평가를 받고 상도 받았다. 이 사전 마케팅의 효과도 컸다.

격론 끝에 안 팔려도 좋으니, 우리가 첫 출시하는 제품을 노키아보다 비싼 가격으로 내놓기로 했다. 일부 이동통신 사업자들은 제품은 좋은데 브랜드력이 없는 SGH600이 너무 비싸다고 볼멘소리를 했지만, 우리는 사지 않아도 좋다는 심정으로 우리가 원하는 가격을 밀어붙였다.

GSM 휴대폰 기술은 다국적 기술이 복합되어 있어 특허료만 20퍼센트가 넘는 것으로 알고 있었다. 그래서 GSM 한 대를 팔면 매출의 20퍼센트는 특허료로 무조건 빼놓아야 해서 고가 전략을 고수한 부분도 있다. 언제 특허 공세가 들어올지 모르는 노릇이었다. 유럽에서 통용되는 GSM 기술에 대해 우리가 가진 핵심, 원천기술이 거의 없었기에 다른 유럽 경쟁업체들보다 원가 경쟁력에서 절대적으로 불리했다. 자기 기술이 있어 특허료를 내지 않는 유럽 업체들은 상대적으로 물건 팔기가 쉬웠다.

하지만 SGH600이 출시되자마자 시장의 반응이 뜨거워 이런 우려를 불식시켰다. 삼성 제품이 나오기 전까지는 고급 제품이 노키아 제품밖에 없어서 소비자의 선택폭이 매우 제한적이었다. 그런데 삼성이 고급 제품을 내놓으니까 고급 제품의 수요가 늘면서 시장에서 흔쾌히 받아들여졌다. 또 막상 수출을 하고 보니 GSM 특허료가 우리가 분석했던 것보다는 낮았다.

그 결과, 수출 역사상 최고 마진이 대당 30퍼센트의 이익이 되었다. 작고 예쁜 디자인에 다양한 기능이 장착된 제품이 유럽 소비자들에게 먹혔다. 다른 GSM 휴대폰과는 확실히 차별성이 있었다. SGH600 모델은 중국을 끝으로 3년간 960만 대를 팔고 역사 속으로 사라졌다. 누적 판매 1000만 대를 넘겨보자고 제안을 했으나, 그럴 경우 제품 가격이 너무 떨어져서 제품 이미지에 안 좋다는 의견들이 많아서 결국 단종 처리를 했다.

시장 현지화 전략으로 살아남다

The Fourth Industrial Revolution

우리의 목표가 2000년대에 3000만 대를 팔아 톱3가 되는 것이었는데, 2000년대에 우리는 이미 1억 대를 넘게 판매했다. 'WIN 21' 전략을 수립할 당시 예측한 것보다 세 배 이상의 판매를 기록했다. 그만큼 휴대폰 시장이 폭풍 성장을 하기도 했지만 삼성 휴대폰 제품의 경쟁력도 있었던 덕분이다.

그때 IT 버블이 생겼다. 2000년도에 '새천년 밀레니엄'이라고 해서 전산에 Y2K Year 2000 연도표시를 네 자리가 아닌 두 자리만 넣으면 시스템 에러가 발생한다고 했다. 이전만 해도 1999년도 표시를 '99라고만 해도 다 통용이 되었다. 그래서 전 세계 전산 프로그램을 다 바꾸는 해프닝이 있었다. 이런 것들이 포함되어 IT 붐을 일으켜 미국 경제가 엄청 좋았다. 우리나라도 코스닥이 생겨서 주가가 10배, 100배씩 뛰었다. 내 밑에 있던 직원도 코스닥에 투자해서 하루에 1억, 2억씩 돈을 벌었다. 자고 나면 집이 한 채씩 생길 정도였다. 김대중 정권 시절이었는데 엄청난 IT 버블로 벤처 창업도 붐이었다. 정부 돈

끌어다 엉뚱한 데 쓰는 IT 벤처들도 많아서 '벤처가 아니라 훔쳐'라는 말이 나돌 정도였다. 앞으로 2020년이 지나면서 그때와 같은 상황을 겪을 수 있다. 아직은 4차 산업혁명이 본궤도에 진입하지 않았기 때문에 서서히 이야기가 나도는 정도지만, 미국이 인플레이션을 차단하기 위한 금융정책으로 금리를 올릴 예정이다. 이로 인해 미국의 경제는 서서히 회복되고 있고, 어느 순간 다시 호황으로 붕 뜨면 전 세계가 다시 한번 출렁일 수 있다는 것이다. 그 시점이 2020년 이후가 될 가능성이 높다고 본다.

어쨌든, 2001년 하반기부터 IT 버블이 급격하게 꺼지면서 휴대폰 업계가 재편됐다. 사실 그때 삼성은 고가 전략을 펼친 덕분에 IT 버블의 위기를 덜 느끼고 지나갔다. 우리가 모토로라, 노키아를 목표로 시장에서 동분서주하고 있을 때 프랑스, 미국, 영국, 독일 업체들이 흔적도 없이 사라졌다. IT 버블 붕괴로 세계 경제 상황이 나빠지자 소득이 적은 사람부터 지갑을 닫게 되었다. 노키아에 밀려 물량 위주의 중저가 폰을 만들었던 유럽과 일본의 휴대폰 기업들이 위기를 맞이했다. 이동통신 사업자들도 통화량을 많이 쓰는 사용자들에게는 단말기 보조금을 더 많이 주고, 통화량이 적은 사용자들에게는 보조금을 줄여버리는 정책을 썼다.

경기 침체가 본격화되자 소득이 낮은 소비자들의 구매력이 크게 떨어졌고, 이로 인해 중저가 휴대폰의 재고가 급증해 결국 악성재고를 폐기처분하거나 헐값 매각에 나서는 사태까지 발생했다. 아무도 이런 때가 온다고 예상하지 못했다. 모두 2000년 새로운 밀레니엄이라고 꿈에 부풀어 있었는데, IT 버블 붕괴로 생사가 갈릴 줄이야! 누군가에게 위기는 누군가에게는 곧 기회다! IT 버블의 붕괴는 삼성 휴대폰 사업에는 커다란 기회를 안겨주었다.

철저한 현지화 전략으로 살아남다

IT 버블의 붕괴로 중저가 시장을 공략했던 대부분의 휴대폰 업체들은 엄청난 손실을 보고 시장에서 사라졌다. 노키아, 모토로라, 삼성, LG, 일본 업체 서너 곳 가량만 남았다. 다행히도 삼성은 그때 고가 전략을 유지하고 있어 더 큰 반사이익을 얻었다. 덕분에 고급 휴대폰 시장 규모는 상대적으로 더욱 커져 2002년에 삼성이 휴대폰 업계 세계 톱3에 오르게 되었다.

일본 업체들은 자국 시장에 주력했다. 일본 중견기업의 사장들이나 대기업체 임원들과 이야기를 할 때면 가끔 이런 말을 듣곤 했다. "왜 한국 기업들은 이익내기도 쉽지 않고 투자에 따른 위험 요소도 많은데, 그 어려운 수출을 하려고 하는지 모르겠다."

일본 인구는 1억 2,700만 명으로 세계 10위, 한국은 5,100만 명으로 세계 26위의 인구 보유국이다. 일본은 국가 GDP도 4조 4000억 달러로 우리나라 1조 3000억 달러의 약 세 배 이상의 경제 규모를 가지고 있다. 일본 기업들은 굳이 해외시장에 진출하지 않아도 세계적 규모의 회사로 성장할 수 있다. 하지만 우리나라는 해외시장을 공략해야 어느 정도 규모의 기업으로 성장할 수 있다. 지금도 삼성은 수출이 매출의 약 90퍼센트의 비중을 차지하고 있다. 삼성이 로컬 기업이 아니라 글로벌 기업인 이유이다. 휴대폰 분야만 보더라도 삼성의 제조사업 부문에서는 전 세계 폰을 다 만들지만, 판매는 한국총괄, 유럽총괄, 미국총괄, 서남아총괄, 지역별로 거점이 따로 있다. 세계 전 지역에서 휴대폰이든 가전제품이든 모든 제품의 판매를 현지에서 책임지고 담당한다. 일본 사람들에게 한국 국내시장 규모가 작아서 어쩔 수 없다고 하면 고

개는 끄덕이나 이해는 못하는 표정을 짓는다.

내수 시장이 커서 수출이 상대적으로 우리보다 다급하지 않았던 일본은 내수 시장을 지키려는 폐쇄적인 색채가 강했다. 일본 휴대폰은 자동차 운전대가 왼쪽에 가 있는 것처럼 송신과 수신이 바뀌어 있다. 즉, 일본에 휴대폰을 팔려면 일본향으로 별도 휴대폰을 만들어야 하는데, 일본에서 많이 팔 자신이 없으면 들어갈 수가 없다. 일본의 휴대폰 디자인은 폭이 좁고 길쭉하게 생겼다. 서양 사람들의 손은 동양 사람들보다 크기 때문에 축소지향의 일본 디자인을 선호하지 않는다. 그런데 자국 시장에서 팔던 휴대폰 디자인을 그대로 수출했으니 잘 팔릴 수가 없었던 것이다.

다시 말해 일본은 자국 시장을 보호하면서 남는 것을 해외에 수출한다는 전략이었는데, 그게 오히려 일본 업체들의 발목을 잡았다. 반면 내수 규모가 작아서 수출을 하지 않으면 사업을 키울 수가 없는 구조인 우리는 수출을 위해 철저하게 현지화 전략을 펴야 한다. 유럽이면 유럽, 미국이면 미국에 맞는 디자인을 만들어야 한다. 우리는 이 전략을 실행해서 세계 휴대폰 시장에서 계속 살아남을 수 있었다.

한국밖에 없었던 미국형 CDMA 단말기

시장 현지화에 대한 좋은 실례가 있다. 미국에는 디지털 이동통신 기술로 CDMA와 GSM 기술 두 가지가 혼전되어 있다. 1996년 한국에서 CDMA 디지털 휴대폰 판매가 본격화되고 있을 때였다. 미국 3위의 이동통신 사업자인

스프린트에서 CDMA 휴대폰 구매 입찰 공고가 나왔다. 당시로서는 엄청난 규모의 물량인 3년간 170만 대를 구매한다는 것이었다. 미국에서도 CDMA 기술이 유럽 기술인 GSM보다 가입자 용량도 크고, 데이터 처리 속도가 더 빠른 앞선 최신 기술인데 '상용화가 가능 하느냐?'가 주요 핵심 논쟁이었다. 한국에서 CDMA 상용화에 성공했는데, 신생 후발 사업자였던 스프린트는 차별성을 위해 최신 CDMA 기술을 택했던 것이다.

당시 전 세계적으로 CDMA 휴대폰을 대량으로 만드는 회사가 없었다. CDMA 휴대폰을 대량으로 만들고 상용화 시킨 곳은 한국밖에 없었다. 한국의 삼성과 LG, 두 회사가 해냈던 것이다. 사실 그때 국내에서는 페이저 사업자들이 휴대폰 사업에 많이 뛰어들었다. 당시 페이저 가입자가 1500만 명이던 시절이었다. 갑자기 페이저가 지고 휴대폰이 부각되자 페이저 사업자들이 미국 퀄컴에서 CDMA 기술을 많이 사들였다. 텔슨, 팬텍이 대표적이었는데 대부분의 페이저 업체들은 한두 번 상용화에 성공은 했으나, 길게 가지 못하고 규모의 경제에 밀려 퇴출당하고 말았다. 휴대폰은 글로벌 사업인 만큼 규모의 경제에서 그 기업들이 한계를 보였기 때문이다. 국내에서 삼성, LG에서만 휴대폰을 상용화시킬 수밖에 없었던 배경이다.

결국 세계 최첨단 휴대폰을 미국에 판매할 수 있는 절호의 기회를 삼성이 잡는가, LG가 잡는가의 문제였다. 국내에서 CDMA 휴대폰 판매가 급증하고 있어서 수출용 CDMA를 만들 개발 인력이 절대적으로 부족했다. 더군다나 스프린트가 CDMA 이동통신 장비를 설치하고 있는 중이었으므로 통신망의 품질도 확신할 수 없었다. 만일, 휴대폰에 품질 문제가 생기면 원인이 장비 쪽 문제인지 휴대폰 문제인지를 가리기도 어렵고, 장비 설치가 늦어지면 휴대폰 공급도 지연된다. 휴대폰 공급이 지연되면 패널티를 물어야 하는 상황으로 어느 것 하나 만만한 것이 없는 대형 프로젝트였다.

하느냐 마느냐는 언급할 필요도 없이 스프린트의 요구를 어떻게 맞출 것인가가 문제였다. 당시 미국 수출용 CDMA 휴대폰을 개발할 인력도 절대적으로 부족했지만 더 큰 문제는 개발을 책임질 개발 리더가 없었다. 그렇다고 매력적인 계약을 눈앞에서 놓칠 수도 없는 일! 재빨리 TF를 구성했다. 개발 리더를 누구로 할 것인지가 제일 중요했다. 국내에서는 찾을 수가 없어서 미국 산호세에 있는 삼성전자 미국 R&D연구소의 개발 리더를 지목했다. 그런데 이 사람은 아날로그 휴대폰에서 데이터통신을 전송하는 방식인 CDPDCellular Digital Packet Data를 개발하러 삼성에 들어왔기 때문에 CDMA 개발은 못하겠다고 버텼다. 수차례 설득을 했으나 엔지니어 특유의 고집인지, 아니면 새로운 것에 대한 도전이 두려운 것인지 설득에 결국 실패했다. 우리는 하는 수 없이 디지털 휴대폰 기술 연수를 위해 미국에 파견 보냈던 개발 인력을 한국으로 불러들여 미국 CDMA 휴대폰 개발을 맡겼다.

따라서 CDPD 개발 과제는 중도에서 중단되었고, CDPD 개발 책임자는 자연히 삼성을 떠나게 되었다. 결과론적인 이야기지만 만일 CDPD 개발 책임자가 CDMA 개발을 성공시켰다면, 그 개발자는 한국 최고의 핵심 개발자가 되었을 텐데 절호의 기회를 놓친 셈이다. 이런 우여곡절 끝에 비록 납품일이 한 달 지연되었지만, 미국시장에 성공적으로 CDMA 휴대폰을 최초로 공급할 수 있게 되었다. 최첨단 휴대폰을 미국시장에 수출한다는 것에 모든 임직원들이 자랑스러워했고, '하면 된다'라는 자긍심도 갖게 된 계기가 되었다.

타이밍이 생명이다

내가 삼성에 있을 때 외부 사람들에게 종종 듣는 말이 있었다. '한국은 왜 리서치를 안 하냐'라는 이야기였다. 그런데 이건 현실성이 없는 말이다. 우리는 원천기술도 부족하고 시장 수요도 부족한데다 자금도 부족하고 인력도 부족하다. 리서치를 하다 보면 시장 타이밍을 놓치는 경우가 발생한다. 내가 잘하는 건 내가 하고, 나한테 없거나 부족한 것은 재빨리 사오면 된다.

한국은 흔히 하드웨어는 강하지만 소프트웨어는 약하다고들 하는데, 우리가 하드웨어라도 강하니까 다행인 것이다. 만약 호텔 음식을 깡통에 넣어서 먹는다고 생각해보자. 음식을 잘 만드는 것도 중요하지만 좋은 식기도 중요하다. 호텔 음식은 재료나 조리법에 걸맞은 차림으로 내기 때문에 호텔 음식이 될 수 있다. 내 강점을 가지고 약점은 보완해가면 되는 것이다.

내가 잘하는 가치로 시장에 재빨리 치고 들어가서 돈을 벌어야 한다. 그 여력으로 내가 부족한 소프트웨어 분야를 키우면 선순환 구조가 된다. 융·복합 시대에 내가 모든 기술을 가질 수도 없고 가질 이유도 없다. 물론 기술료를 지불해야 하지만, 그만큼 다른 데 집중하면 된다. 기술을 확보한다고 사업 진행 타이밍을 놓치면 안 된다.

휴대폰에는 많은 중요 기술이 들어가지만, 가장 핵심기술은 모뎀 칩이라는 CPU와 이를 구동할 수 있는 OS이다. CDMA 경우에는 칩과 OS를 퀄컴에서 만든다. 이러한 핵심기술을 연구하고 개발하려면 고도의 기술력이 필요하다. 그런데 우리에게는 그런 원천기술이 거의 없다. 그것을 연구할 핵심 인력도 턱없이 부족하지만, 수년간 많은 개발비를 쏟아부어도 성공할 확률이 극히 적기 때문이다.

원천기술 글로벌 전문 업체와 경쟁해서 적기에 기술을 완성한다는 보장도 없다. 하나의 예로 GSM 칩을 개발하는데, 영국 연구소에서 해외 인력을 채용해서 1000억 이상의 개발비를 들이고 나서도 10년이라는 오랜 기간이 걸렸다. 처음에는 3년이면 될 것 같아 시작했으나 10년이란 세월이 걸렸다. 결과적으로 사장에게 곧 개발된다고 잘못 보고한 양치기 소년이 되었다.

그래도 3세대 이동통신 W-CDAM 칩은 우리 기술을 가지게 되어 4세대, 5세대 이동통신 칩 개발의 발판을 마련했다. 한쪽에서 다른 회사의 기술을 가져와서 제품을 만들면서 한쪽에서 자체 개발을 하는 것은 이 때문이다. 우리가 핵심기술을 가져야 다음 시대를 더 유리한 고지에서 준비할 수 있다. 아직은 양도 부족하고 퀄컴보다 기술도 약해 중저가 폰에만 쓰고 있다. 만일 자체 기술을 확보하겠다고 GSM 자체 칩을 개발할 때까지 기다렸다면, 이미 시장은 다음으로 넘어가 사업을 시작하기도 전에 이미 망했을지도 모른다. 사업은 시간과의 싸움이고 어떻게 해서든 좋은 제품을 적기에 만들어서 팔아야 기업체가 운영된다.

그러니 사업을 잘 아는 경영진이 수많은 실전 경험을 바탕으로, 회사의 강점과 약점을 잘 분석해서 강점을 주도적으로 키우고 부족한 부분은 기술을 사든지 제휴를 해서 빨리 보완해야 한다. 그렇게 해서 고객이 원하는 제품과 서비스를 적기에 시장에 내놓아야 한다. 기술도 타이밍을 놓치면 쓸모가 없다. 기업을 운영하면서 부족한 부분을 잘 보완해나가는 것이 회사 운영의 묘이다.

역사의 뒤안길로 사라진 모토로라와 노키아

아날로그 시대에 모토로라는 그야말로 최강자였다. 그런데 디지털 시대로 전환이 되면서 유럽의 노키아에 발목이 잡혔다. 그 이유는 모토로라가 자신이 보유한 기술력에 자만해서 디지털 휴대폰이라는 시대의 거대한 흐름을 간과해 적극적으로 대응하지 못했기 때문이다. 모토로라의 이런 조짐을 우리는 알고 있었다. 모토로라 조직 내부의 갈등이 포착되었기 때문이다. 아날로그 휴대폰을 맡았던 팀과 디지털 휴대폰을 담당하는 팀의 갈등이 심했다.

노키아는 유럽 GSM 휴대폰과 장비를 선점함으로써, 아날로그 휴대폰 1위 업체였던 모토로라를 제치고 2011년까지 세계 휴대폰 시장의 강자로 군림했다. 그런 노키아도 약점이 있었다. 미국시장에서 보이지 않는 시장 장벽 때문에 노키아의 미국 시장점유율이 10퍼센트대 이하로 매우 낮았다. 모토로라와 경쟁 관계에 있었기 때문에 미국 국민들의 정서도 거부감이 있었다. 그런 와중에 노키아의 사장이 바뀌면서 전략과 목표가 바뀌었다.

디지털 휴대폰 시장에서 노키아에 대항할 회사가 없었다. 모토로라가 무너지고 휴대폰 시장의 점유율이 40퍼센트로 거의 독과점이나 마찬가지였다. 그런 와중에 새로운 사장이 선임되었는데, 신임 사장은 전임 사장보다 회사를 더 키워야 한다는 부담감을 가졌다. 이에 휴대폰 시장을 넘어 ICT 전체 시장에서 1등을 하겠다는 목표를 설정하고 도전장을 내밀었다.

주력 사업인 휴대폰 사업을 튼튼하게 다지면서 다른 분야를 공략했어야 하는데, 휴대폰 쪽의 역량을 분산시키면서 사업 영역을 넓혀갔다. 이때 이미 애플이 유럽시장에 들어왔는데도 노키아는 관심이 없었다. 미국시장에 노키아가 들어가기가 쉽지 않듯, 유럽시장에 미국 업체가 들어오는 것도 쉬운 일은 아니다. 노키아는 애플이 유럽시장에서는 어림도 없다고 과소평가한 것이다.

노키아의 휴대폰 과점 상태에 불만이 많았던 이동통신 사업자들은 새로운 노키아 사장이 휴대폰 사업을 등한시하자 불만이 더욱 커져만 갔다. 더군다나 노키아는 2007년 애플의 아이폰 출시를 간과하면서 휴대폰 분야에서 고전을 면치 못하게 되었다. 결국, 2013년 9월 노키아의 휴대폰 부문이 마이크로소프트MS 사에 32억 유로4조 2500억 원에 매각이 되면서 노키아 휴대폰은 역사 속으로 사라졌다.

노키아의 사업 확대에 따른 절묘한 타이밍

사람이든 기업이든 성공한 자들에게는 자기만의 성공 방정식이 있다. 이런 성공 방정식은 노하우가 되겠지만, 때로는 이것이 앞으로 더 나아가지 못하게 하는 덫이 될 수도 있다.

휴대폰 시장에서 삼성의 고가 전략은 성공적인 전략이었다. 하지만 시간이 흐르자 고가 정책이 더 이상 성장을 이끌어내지 못했다. 휴대폰 고급 시장 비중이 전체 중에서 35퍼센트를 차지했는데, 삼성이 고급 시장에서 50퍼센트 이상 차지하자 더 이상 판매를 확대하기 어려워졌기 때문이다. 삼성 휴대폰 부문의 판매 정체가 좀처럼 풀리지 못했다. 전략 변화가 필요한 시기였으나 고급 시장만 주력했다.

2007년 삼성 휴대폰에 새로운 수장이 부임했다. 새로운 사장은 노키아를 정조준하면서 중저가 시장을 공략해 들어갔다. 3년 안에 노키아를 잡자는 게 당시 목표였다. 지나고 보니 이게 조금만 늦었더라면 삼성도 상당히 힘들었을 것이다. 애플 스마트폰이 출시된 상태에서 노키아를 추격하는 데 모든 역량을 투입했다면, 애플의 스마트폰 추격에 맞서지 못하는 우를 범할 수 있었을 것이다. 한마디로 운이 좋았다.

중저가 시장에 들어가는 것에 대한 내부 우려도 많았다. 노키아는 고가 시장부터 중저가 시장을 다 장악하고 있었다. 노키아의 전략은 기본 모델을 하나 만들어 디자인만 바꾸어서 판매하는 것이었다. 기본 모델 한 개를 약 2억 대씩 팔았으니 상당한 이익을 만들어냈다.

휴대폰 신임 사장은 삼성 최고의 마케팅 전문가로 노키아의 유통 전략을 철저히 벤치마킹해서 추격했다. 앞에 언급했듯이 노키아 수장이 바뀌면서 삼성의 저가 시장 진입에 새로운 기회가 생겼다. 삼성이 고급 시장만 주력하다 노키아의 중저가 시장에 들어가자, 이동통신 사업자들은 두 손 들고 환영하며 삼성 제품을 구매해줬다. 중저가 시장은 노키아가 장악해 경쟁 제품이 없다 보니 노키아가 갑의 횡포를 부렸던 것이다. 전략과 시기가 절묘하게 맞아떨어졌다.

반면 LG는 삼성을 추격하는 입장으로 삼성이 중저가 시장으로 전환할 때 중·고급 시장에 주력했다. 그러다 나중에 삼성을 따라 저가 시장에 진출하고자 중국시장에 투자를 많이 했지만 큰 손실을 보고 말았다. 이미 휴대폰 시장은 애플 아이폰이 주도하는 스마트폰 시대로 접어들고 있었는데, 디지털 시장에 너무 많은 역량을 쏟아부으면서 스마트폰 시대 대응이 늦어졌다.

삼성은 중저가 시장 공략을 위해 제품수를 늘리고 SCM을 구축해 물동량 조절을 전산화했다. 생산도 제조비용이 싼 중국이나 베트남 등으로 확대했다. 개발 거점 또한 선진국보다는 인도나 폴란드 같이 개발 인건비가 싼 쪽으로 대폭 늘리고, 영업망도 대대적으로 확충했다.

전에는 국가별 1, 2위 유통업체에만 물건을 주었는데, 삼성 휴대폰을 원하는 유통업체에 웬만하면 물건을 다 공급해 현지 유통망도 확충했다. 기존 백화점만을 고수하던 유통전략도 다시 짰다. 양판점도 좋고 일반 휴대폰 시장도 들어갔다. 국가별로 유통망을 확보하는 작업은 다 돈이다. 사람도 있어야 하고 광고도 해야 한다. 이게 다 투자다. 유통망이 점점 확대되니까 사람도 늘고 시장도 늘고, 제품수도 늘어서 물량 공급 체계를 전산화할 필요가 있었다.

따라서 SCM 시스템을 도입해서 공급 물량을 전산화했다. 이 시스템은 전 세계 어느 지역에서 어떤 제품이 몇 대가 팔렸는지, 어느 지역에 재고가 얼마나 남아 있는지 한눈에 알 수 있다. 사장 주관으로 SCM을 보면서 매주 회의를 했다. 예를 들어, 남아프리카공화국에 어떤 물건이 왜 남아 있으며, 소진방안은 무엇인지 회의가 진행될 수 있었다. 아마 SCM이 없었으면 엄청난 인력이 필요했을 것이다. 실시간으로 재고 상황이 컴퓨터로 뜨니까 개발 임원과 영업 임원이 그걸 함께 보고 대책을 수립했다. 싸게 팔든지, 다른 지역으로 물건을 보내든지, 안 되면 반값에 팔아라 등이다. 이제 모든 것이 타이밍 싸움이 되었다. 경쟁력이 높아진 셈이다.

기술도 타이밍이다

내가 '미래전략'을 주제로 강연을 할 때 강의를 듣는 CEO나 학생들에게 항상 물어보는 말이 있다. "미래를 과연 예측할 수 있을까?" 그러면 '예측 가능하다'라는 답변과 '아니다'라는 답변으로 나뉜다. 이 질문에 답하자면, 나는 어느 정도는 예측 가능하다고 본다. 기술의 발전 추이를 근거로 삼으면 대략 5~10년은 예측이 가능한 것 같다. 대부분의 회사들은 '기술 로드맵'을 만들어 미래 기술 추이를 분석한다. 어느 정도 규모를 갖춘 기업들은 기술 로드맵 분석을 매우 중요하게 생각한다.

통신을 예로 들자면, 유선전화에서 호출기, 그 다음으로 씨티2, 씨티3로 발신만 하는 전화기가 나왔다. 이어서 카폰, 휴대폰이 나왔다. 이러한 기술의 변화 과정에서 이 시점에서는 이 시장이 어느 정도 커진다고 예측해야 한다. 하지 말자고 했는데 그 기술이 뜨면 시기를 놓치고, 그러면 자원이 분산되니까 힘들어진다. 그래서 예측을 잘해야 한다. 이건 혼자 하는 게 아니라 회사 내에서 모두 공감해서 결정해야 한다. 그래야 하나의 회사 전략이 된다. 그게 그 회사의 힘이자 경쟁력이다.

이렇게 기술 발전 방향을 분석해보면 우리 회사에 부족한 기술이 무엇이고, 신기술이 반영된 신상품이 미래의 어느 시점에서 출시될지 어느 정도 예견할 수 있다. 기술 로드맵 분석으로 자신들의 개발 로드맵을 만든다. 이렇게 자기 회사에 맞는 개발 로드맵을 만들다 보면 어느 부분이 핵심이고 요소기술인지, 우리 역량으로 만들 수 있는 기술과 도저히 만들 수 없는 기술을 분석할 수 있다.

그런데 대부분 개발자들이 개발 로드맵을 만들다 보니 엔지니어들은 시간만 주면 뭐든 할 수 있다고 이야기한다. 경영자가 기술을 보는 안목이 부족하면 내부 기술자들의 말에 의존할 수밖에 없다. 대부분의 엔지니어들은 새로운 기술에 도전하고 싶어 하는 속성이 있다. 따라서 남의 기술을 가져와야 한다고 말하게 되면 자신들의 기술력이 없다는 것을 반증하는 셈이라고 생각하고, 그 기술을 도입하면 자신들은 상품화 개발을 해야 하는 데 대해 썩 달갑게 생각하지 않는다.

하지만 기술은 타이밍이다. 시간을 많이 주고 개발 인력이 많다면 못 만드는 기술이 어디 있겠나? 이런 개발 목표와 전략을 경영자가 잘 조정하고 결정해야 한다. 그래서 경영자가 중요하다. 어느 회사든지 해당 사업에 대한 모든 기술을 다 가질 수 없다. 그래서 부족한 기술은 밖에서라도 가져와서 적기에 상품을 시장에 내놓아야 한다. 중국 텐센트 같은 기업은 M&A의 귀재이고 아마존닷컴도 M&A를 많이 한다. 구글도 알파고를 내놓을 수 있던 이유가 영국의 '딥마인드'라는 회사를 샀기 때문이다.

'타이밍을 놓친 기술은 경영의 독이다.'

원천기술보다 상용화 기술의 강점을 살려라

앞으로는 기술과 산업이 복합되고 융합되어 지금까지 없던 기술과 서비스, 산업과 산업이 만들어졌다 사라지는 흥망성쇠가 가속화될 것이다. 이러한 시대에는 어느 한 기업이 모든 영역을 다 망라하거나 대응할 수가 없다. 과거부터 대부분의 기업들이 그래왔듯, 앞으로는 더욱더 내가 가진 역량과 강점을 기반으로 약한 부분을 보완하는 전략을 취해야 한다.

나의 약점을 보완하는 사이 타이밍을 놓칠 수 있으므로 기업이나 사람들은 자신의 강점과 약점을 항상 분석하며 대처해야 한다. 사업 영역이 더욱 넓어지기 때문에 전략적인 제휴를 확대하고 부족한 부분은 매입을 하거나 지분을 참여하는 방법 등으로 타이밍은 놓치면 안 된다.

삼성은 매스티지 전략을 추구한다. 최상품의 고급 시장을 타깃으로 하지 않고, 비행기로 따지면 퍼스트클래스보다는 비즈니스 석을 공략하는 전략이다. 사실상 이러한 전략이 고객들에게 먹히고 있다. 이런 와중에 삼성은 명품 반열에 올라서기 위해 여러 가지 시도를 한 적이 있다. 오디오 분야와 카메라 분야다. 고급 오디오 시장에 진입하려고 최고의 부품을 사용했지만, 소리에 관한 장인이 없었다. 즉 하드웨어는 있었지만 소프트웨어와 핵심기술, 무엇보다 고객의 니즈 파악을 못했다. 만약 삼성이 덴마크의 뱅앤올룹슨을 매입해 브랜드를 유지하면서 그들의 장인정신과 기술을 습득하고 고객의 니즈 파악에 관한 노하우를 배웠다면, 지금 삼성은 오디오 분야에서 독보적일 수 있었을 것이다.

또 하나는 디지털 카메라 사업이다. 2012년, 삼성에서 카메라 일류화 프로젝트가 진행되었다. 펜탁스와 제휴를 맺어 소니나 캐논 같은 100년 이상 된 일본 카메라 회사들을 추격해갔다. 미러리스 카메라를 만들어서 시장을 공략했지만, 소니의 브랜드력을 기반으로 한 반격으로 한국시장에서조차 시장 점유율이 밀리고 말았다. 이미지 프로세싱 기술과 디자인 능력, 브랜드 명성에서 일본의 카메라 기업들을 이겨내지 못한 것이다. 실패한 가장 근본 원인은 원천, 핵심기술이 부족해서였다.

핵심, 원천기술은 단 시간 내에 추격할 수 없는 분야이므로 사오거나 배워오거나 제휴를 하거나 했어야 하는데 그걸 못했다. 기술력이 부족하고 고객의 이해도가 낮은 상태에서는 그냥 만들기만 한다고 되는 게 아니다. 이래서 앞서가는 선발주자들을 이기기가 어렵다는 것이다.

한국 대부분의 기업들은 원천기술보다는 상용화 기술에 강점을 가지고 있다. 소프트나 콘텐츠보다는 하드웨어에 강점을 가지고 있기에 과거 불모지에서 지금에 이를 수 있었다. 세계적 기업들에 비해 역사가 짧기 때문에 선택한 방식이었다. 하지만 새롭게 시작되는 산업 분야에서는 한국 기업도 빨리 뛰어들어 선점한다면 새로운 부를 창출할 수 있는 기회가 있다. 세대 변화야말로 위기와 기회를 동시에 가져온다. 한국이 그간 약했던 소프트웨어 분야에서도 두각을 나타낼 수 있는 기회가 오고 있다. 반복하지만, 새로운 시각과 과감한 결단과 투자로 미래를 선점하고 주도해야 한다는 이야기이다.

새로운 산업을 일으키려면 거대한 수요가 있어야 한다

지금까지 우리는 세계시장에서 새로운 비즈니스 모델이 나오면 재빨리 추월하는 전략을 펴왔다. 우리가 자체적으로 새로운 산업을 일으키기는 굉장히 어려웠다. 3D프린터로 집을 짓든 로봇이 집을 짓든 모든 것에는 아이디어만 가지고 되지 않는다. 자본이 필요하고 시장이 필요하다. 우리가 만든 것을 사줄 수 있는 커다란 시장, 즉 수요가 있어야 한다.

그런데 한국에서 새로운 산업을 했다고 해보자. 이를테면 우주선을 띄운다고 했을 때 그 우주선에 누가 탈까? 국내시장은 그 비용을 다 뽑을 수 있을 만한 규모가 안 된다. 새로운 산업일수록 수요가 있어야 한다. 미국은 인구가 3억 명이고 1인당 GNP가 5만 8,000달러, 국가 GDP 18조 5500억 달러로 우리나라 경제 규모의 무려 14배가 넘는 어마어마한 경제력을 지니고 있다. 2008년 리먼 사태 이후에 미국의 다우지수나 나스닥 주식 가격이 두 배 이상 올라서 경제력이 더욱 커졌다. 규모 자체가 틀리기 때문에 한국에서 아무리 잘 된 사업이라도 미국시장에 진출한다는 것은 다른 문제다.

미국은 어느 나라보다 기업하기 좋은 환경을 가지고 있다. 누구든지 사업을 하겠다면 원하는 사람은 얼마든지 고용할 수 있으며, 대규모 자금 확보도 어느 나라보다 용이하다. 그러니 자율주행차도 만들고, 드론도 만들고, 3D프린터도 만들어내면서 산업을 더욱 역동적으로 발전시켜갈 수가 있다. 아이디어만 있으면 창업하기도 쉽고, 성공만 하면 투자비용을 뽑는 것은 물론 엄청난 부도 거머쥘 수도 있다. 하지만 한국은 시장도 적고 상대적으로 인적자원이나 자본력도 약하다. 그래서 미국 기업들보다 한국 기업들이 국내시장에서 신사업을 일으키기 어려워 선도주자가 나오기 힘든 것이다.

현재 구글의 스마트폰 OS인 안드로이드 OS를 만든 앤디 루빈이 삼성에 안드로이드를 매각하려고 했는데 삼성이 거절했다고 해서 언론에서 이슈가 된 적이 있다. 또한 CDMA 원천기술을 보유한 퀄컴도 삼성에 매각제안을 했는데 이 역시 거절했다는 설이 있다. 여기서 진위 여부를 밝히는 일이 중요한 것이 아니라, 만약 이 기술 두 가지를 모두 삼성이 매입했다면 '지금처럼 상용화에 성공했을까?' 하는 의문이 남는다.

많은 사람들이 그걸 샀어야 하는 게 아니냐고 하겠지만, 당시 그 기술들을 삼성이 손에 넣었다고 해도 상용화하기는 어려웠을 것이다. 설령 삼성이 매입해서 상용화에 성공했다라고 해도 과연 어떤 기업들이 삼성이 만든 안드로이드 OS와 퀄컴 기술을 채택할까? 이런 기술을 쓸 기업들이 모두 삼성의 경쟁사이고 한국은 시장 규모도 작고 기술도 부족해서 산업을 일으키기 힘들다. 미국이니까 자본도 모이고 기술도 모여서 산업을 일으킨 것이다. 또한 구글이나 퀄컴은 휴대폰 제조를 안 하니까 휴대폰 업체들이 채택을 해서 성공할 수 있었던 것이라고 생각한다.

원천기술 회사들과 상생하다

2007년 6월 애플이 아이폰이라는 혁신적인 제품을 내놓으면서 거대한 휴대폰 시장에 진입했다. 이때만 해도 노키아는 애플의 등장을 가볍게 보았다. 노키아는 유럽 판매 대수는 많았지만 미국에서 시장점유율이 낮아서 애플에 대한 경계심이 적었다. 휴대폰은 일반 유통시장이 아니고 이동통신 사업자가 구매하는 B2B 시장 개념이라, 노키아의 오랜 비즈니스 파트너였던 이동통신 사업자들이 노키아 제품을 계속 구매할 것이라는 착각에 빠져 있었다.

이동통신 사업자들이 노키아의 그늘을 벗어나고 싶어 하는 속내를 읽지 못했다. 삼성도 노키아를 추격하느라 애플의 등장을 심각한 위기상황으로 받아들이지 못했다. 스마트폰에 관한 지식이 부족해서 애플의 파괴력을 생각하지 못한 것이다. 그야말로 노키아도 삼성도 하루아침에 날벼락을 맞은 셈이었다.

스마트폰이 무엇인지 알자

애플의 아이폰을 보는 순간 두려웠다. 삼성은 아무 대항할 게 없었다. 스마트폰을 하자니 스마트폰이 무엇인지 잘 몰랐고, 스마트폰 OS와 어플리케이션 콘텐츠가 없었다. 다들 노키아와 싸우는 데만 주력하느라 스마트폰에 관해서는 준비가 부족했다. 이런 와중에 미국시장에서 LG가 초콜렛폰이라는 제품으로 삼성을 앞섰다. 이 사실이 회장한테 보고되어 불호령이 떨어졌다. 사실 내가 삼성에서 구조조정본부로 가자마자 경영진에 보고를 했다. 어쨌든 경영진에서 '미국시장에서 LG를 꺾어라'라는 특명이 내려왔다.

그런데 그때 애플이 스마트폰을 세상에 내놨던 것이다. 이에 대한 대책이 시급했다. 당시 삼성에서 컨설팅회사인 M사에 의뢰해서 컨설팅을 받았다. 우선은 스마트폰이 무엇인지 알기 위해 사원들과 임원들이 토론을 해가면서 스마트폰에 대해 공부를 하게 됐다. 컨설팅 리더를 따로 만나 이야기해보니 휴대폰에 관한 전문성이 떨어져서 결론 세 가지를 주문했다. 무선사업부 임원들은 내 말보다는 컨설팅회사 제안을 더 받아들일 것이기 때문이었다. 그때 내가 주문한 결론은 다음 세 가지였다.

첫째, 안드로이드 OS에 주력하라.

둘째, 산호세에 스마트폰 개발 전진기지를 구축하라.

셋째, 일반폰과 스마트폰으로 무선사업부 조직을 이원화하라.

'안드로이드 OS에 주력하라'.

그때 무선사업부에서는 스마트폰 OS를 모두 개발하고 있었다. 노키아의 심비안 OS는 전화기 개념에서 만든 OS로 애플의 아이폰은 컴퓨터 기반의 OS를 절대 못 당할 것이라고 보았다. 마이크로소프트의 스마트폰 OS는 PC의 OS를 축소시켜 놓은 것으로 배터리 소모가 많았다. 또 PC용 어플리케이션은 많았으나 휴대폰용은 극히 적어 스마트폰용으로는 부적절하다고 판단했다. 대신 구글의 안드로이드 OS는 스마트폰 전용으로 만들었고, 구글은 휴대폰을 제조를 하지 않아 직접적인 경쟁자가 아니었다. 스마트폰용 어플리케이션도 풍부했기 때문에 주력으로 해야 한다고 이유를 설명해주었다.

'산호세에 스마트폰 개발 전진기지를 구축하라.'

이는 당시 무선사업부의 미국 개발 거점이 댈러스에 있었는데, 스마트폰 개발 지역으로 적합하지 않다고 판단했기 때문이다. 애플이 있고 구글이 있는, 세계 굴지의 IT 기업들이 있는 산호세가 스마트폰 개발의 적지였다.

'일반폰과 스마트폰으로 무선사업부 조직을 이원화하라.'

이 주문은 만약에 스마트폰으로 전환이 늦어진다면 안 되기 때문에 적은 수의 인력이라도 스마트폰에 전념할 수 있도록 하기 위함이었다. 결국 갤럭시 개발을 위해 모든 인력을 스마트폰으로 전환해 조직 문제는 큰 이슈는 아니었다. 컨설팅 결과 M사는 두 번째, 세 번째를 빼고 첫 번째인 안드로이드 OS를 선택하도록 무선사업부에 제안했다.

삼성이 안드로이드 OS를 하니까 차별화를 위해 LG는 마이크로소프트 OS를 선택했는데, 여기서 이미 삼성과 LG의 스마트폰 시장에서의 승부는 결정되었다. 지금 생각해도 전략적 선택이 얼마나 중요한 것인지 알게 되는 대목이다.

LG의 선택에 안타까운 마음이 있었다. 삼성도 MS의 OS를 이용한 옴니아를 출시했지만 품질 문제가 많아 경쟁력이 없었다. 이런 와중에 애플이 이미 한국시장에 들어와 발등에 불이 떨어졌다. 이리하여 삼성 휴대폰 관련 전 인력이 달라붙어 만든 게 안드로이드 OS를 베이스로 한 지금의 갤럭시다.

서로의 경쟁력이 떨어지면 제휴관계도 끝난다

구글 안드로이드와 관련 앱들이 삼성에 제공되지 않았다면 아마도 지금의 갤럭시는 탄생하지 못했으리라. 반대로 삼성의 갤럭시가 없었다면 구글이 애플에 대항해 스마트폰 OS 생태계를 지금처럼 발전시키지 못했을 것이다. 두 회사는 상대에게 없는 강점을 가지고 있기 때문에 전략적 제휴관계를 오래 지속할 수 있었다. 하지만 앞으로도 계속 우호적인 관계가 지속될지는 아무도 모른다.

구글이 모토로라를 매입했을 때 스마트폰 제조업에 진출하는 것 아니냐는 우려로 삼성의 수뇌부들은 잔뜩 긴장했다. 구글이 스마트폰 제조를 하지 않기 때문에 삼성이 구글의 OS를 전적으로 사용하고 있다. 만일 구글이 스마트폰 제조를 하거나 OS에 과다한 비용을 요구한다면, 스마트폰 업체로서는 경영상에 커다란 부담을 가지게 되고 자칫 경쟁관계가 될 수도 있다. 서로의 경쟁력을 강화시켜야 전략적인 관계가 유지되는 것이다. 경쟁력이 떨어지면 제휴관계도 자연히 끝난다.

삼성 갤럭시 노트의 S펜은 일본 회사의 기술이다. 유럽이나 미국 대부분의 업체들은 자사에 필요한 기술이 있으면 그 기술을 가진 회사를 M&A해서 자신들의 회사로 만들어버린다. 반면 삼성은 협력 관계를 지속적으로 유지한다. 어느 쪽을 취하든 장단점은 있다.

전문 기술을 가진 회사를 사버리면 필요할 때 언제든지 사용할 수 있지만, 기술력을 계속 발전시켜 나갈 수 있을지는 불투명하다. 반대로 삼성처럼 협력 관계를 유지하면 전문 기술 업체는 생존을 위해 기술 개발에 매진하겠지만, 이 업체가 삼성의 경쟁사에 기술을 줘버리면 차별성이 없어지는 단점이 있다.

그렇다고 S펜 회사를 삼성에 편입시킨다면 뛰어난 기술을 계속 개발하지 못할 확률이 높다. 삼성의 관리 시스템으로 전문 기술 업체를 운영하면 기술회사 본연의 차별성이 상실될 수 있기 때문이다. 삼성은 원천기술이 부족하다 보니 원천기술을 가진 회사들과 제휴관계로 협력하며 계속 상생해서 간다.

5.5인치 갤럭시 노트, 애플의 대항마로 부상

삼성으로서는 애플 아이폰이 국내에 상륙해서 안방 시장을 장악하는 것을 도저히 받아들일 수 없었다. 심각한 상황이었다. 휴대폰의 모든 인력을 안드로이드 OS 기반의 갤럭시 개발에 투입했다. 무선사업부 임직원들은 철야는 기본이고 죽을힘을 다해 개발에 들어가 7개월 만에 갤럭시S를 출시했다. 불가능한 것이 가능해졌다. 이것이 삼성의 저력이었다. 갤럭시S는 옛날

SGH600과 같은 대성공을 거두었다. 출시한 첫해 500만 대 이상을 팔면서 삼성은 애플을 대항할 수 있는 유일한 업체로 부상했다.

4세대 이동통신인 LTELong Term Evolution 시대의 킬러 단말기로 부상한 갤럭시 노트도 성공적으로 시장에 데뷔했다. LTE 시대는 휴대폰이 과거처럼 통화를 주력으로 하는 게 아니라 보는 휴대폰 시대가 열릴 것으로 예상하고 대처해야 했다. 5.5인치로 화면이 큰 갤럭시 노트의 성공적인 시장 진입을 위해 모든 전략을 구사했다.

당시 국내 판매 임직원들 중에는 갤럭시 노트는 크고 비싸서 주력으로 팔기 부적절하다는 의견도 있었다. 호불호가 강해서 판매에 위험 요소가 있다는 판단이었다. 하지만 판매 담당 임직원들에게 LTE 시대의 의미가 무엇인지를 설득하고, 앞으로는 크고 비싼 갤럭시 노트가 시장을 주도한다고 확신하며 대대적인 마케팅과 물량 공세로 국내시장을 공략했다.

국내 이동통신 사업자들이 갤럭시 노트 매입에 돈을 다 썼기 때문에 다른 회사 제품을 구매할 돈이 없었다. 따라서 삼성의 국내 휴대폰 시장점유율이 기존 50퍼센트대에서 70퍼센트대로 급상승해, 지금도 삼성이 국내 휴대폰 시장에서 70퍼센트 점유율을 유지하게 된 계기가 되었다. 그 결과 당시 경영목표 7조 5000억 원을 훨씬 넘긴 11조 원의 판매고를 기록하며, 애플 아이폰의 유일한 대항마로 삼성 갤럭시를 전 세계 소비자들에게 각인시켰다.

이 이야기를 좀더 자세히 하자면, 한국에서 아이폰을 처음 도입한 이동통신업자는 KT이다. 우리나라의 이동통신 사업자 SKT, KT, LG유플러스 중에서 당시 SKT가 1위 업체, KT는 2위 업체였다. 1위 업체는 시장의 판이 바뀌면 안 되기 때문에 시장의 변화를 싫어한다. 그런데 2위 업체는 판을 바꾸어야 1위 업체가 되니까 도전을 한다.

스티브 잡스가 아이폰을 들고 와서 을이 갑한테 큰소리치는 격으로 통신 사업자들에게 "수익을 나눠달라, 아이폰 제품에 보조금을 주어라"라고 이야기하니까, 1위 업체가 아닌 2위 업체인 KT가 아이폰을 잡은 것이다. KT로서는 판을 뒤집을 혁신적인 제품이 필요했다. 다른 나라도 마찬가지로 애플은 다 2위의 통신사업자들에게 아이폰을 공급했다. 일본도 NTT 도코모가 아니라 소프트뱅크에 공급했다.

KT에 가입자들을 빼앗기게 생기자 SKT에서 KT에 대응하고자 삼성의 갤럭시S를 대량으로 구매해, 국내에서 갤럭시S가 아이폰의 유일한 대항마로 부상했다. 그렇게 해서 국내에서 삼성이 애플보다 스마트폰의 점유율을 높일수 있었고, 다른 나라도 마찬가지로 2위 업체에 가입자를 빼앗기게 생긴 1위 통신사업자들에게 삼성 스마트폰을 공급해서 점유율을 높였다.

아이폰이 국내에 상륙했을 때만 해도 눈앞이 캄캄했는데 이런 반전이 기다리고 있을지는 아무도 예상하지 못했다. 이래서 각본 없는 드라마가 더 재미있다. 하지만 이 기회도 아무나에게 오는 것은 아니다. 삼성이 자만하지 않고 기술력을 계속 쌓으면서 제품을 만들어낼 능력이 있었기 때문에 잡을 수있는 기회였다. 상투적인 말이지만 준비된 자에게 기회는 온다.

통신 생태계가 조성되다

우리가 현실을 분석하는 것은 좀 더 나은 미래를 준비하기 위해서다. 현실을 늘 인색하고 냉정하게 분석하는 이유는 준비를 더욱 철저히 하기 위함이다. 현실 직시는 늘 우리를 긴장하게 하지만, 그렇다고 우리의 현재와 미래가 암울하기만 하지는 않다. 우리에게는 인터넷으로 대표되는 3차 산업혁명으로 이루어놓은 열매가 아직 있다. 다만, 지금은 이 열매를 꺼내먹기만 하는 것 같으니 다음을 위한 대비를 더 잘하자는 뜻이다.

통신망의 발전으로 휴대폰을 중심으로 하는 스마트폰 생태계는 일반인이 생각하는 것보다 훨씬 넓고 광범위하다. 기기로는 이동통신 장비와 스마트폰 제품군, 기기 속에 들어가는 부품군, SW, 콘텐츠, 앱……. 스마트폰 시장이 커지면서 사물인터넷까지 생태계가 확대되고 있어, 그 영역이 어디까지인지 미래를 예측하기 어려울 정도다. 기술이 융·복합되면서 어느 한 기업이 모든 기술을 가져갈 수 없다. 따라서 자신이 보유한 중에서 부족한 부분은 다른 곳에서 빨리 가져와서 제품에 적용해서 개발해야 한다.

다행히도 우리는 정보통신 강국의 이미지와 세계 최대의 휴대폰 생산 국가로 다가올 4차 산업혁명에서 유리한 고지를 선점하고 있는 셈이다. 비록 미국의 애플과 치열한 선두 경쟁을 하고 있고, 중국 업체들의 추격을 뿌리쳐야 하는 난제와 앞으로 닥칠 일본의 거센 도전이 있지만 말이다. 그래도 우리에겐 이미 통신 생태계가 조성되어 있다는 커다란 강점이 있다. 어떤 생태계들을 갖추고 있는지 한번 보자.

세계 최고 스펙의 하드웨어를 만든다

우리나라 스마트 기기의 대표적인 제조업체인 삼성의 최고 강점은 세계 최고 스펙의 하드웨어를 구성한다는 데 있다. 하드웨어가 세계 최고라는 것은 굉장한 강점이다. 삼성 휴대폰에 들어가는 반도체, LCD 등 최첨단 부품은 삼성 계열사에서 거의 다 만들고, 관계사가 만든 핵심 부품을 제일 먼저 삼성 갤럭시에 준다. 물론 최초로 나온 부품을 쓰다 보니 제품이 비싼 단점은 있어서 애플보다 마진이 적다. 삼성이 세팅해서 세계 최강의 하드웨어를 구성하지만 애플은 상대적으로 소프트웨어와 콘텐츠가 강하다. 삼성은 소프트웨어는 다소 약하지만 구글 안드로이드 OS를 활용하고, 하드웨어에서는 경쟁력을 가지고 있으니까 애플과 경쟁이 가능하다.

삼성그룹 내의 휴대폰 부문과 휴대폰 부문에 부품을 공급하는 회사 간의 이야기를 들어보면 서로가 서로를 먹여 살리고 있다고들 한다. 삼성전자는 갤럭시가 있어서 관련 부품회사들이 먹고산다고 하고, 반대로 관련 부품회사들은 자신들이 최신 부품을 삼성전자에 공급해서 갤럭시가 경쟁력을 가지게 되었다고 한다.

대세를 좌우하는 중요한 이야기는 아니지만, 갤럭시의 경쟁력 중 하나는 삼성 관계 부품회사들의 도움이라는 것은 사실이다. 최근 출시한 갤럭시 노트7의 배터리 문제로 사상 초유의 리콜 사태가 벌어지는 현상만 보아도 부품 하나가 얼마나 중요한지 알 수 있다. 삼성 LCD에서 최고의 화질을 자랑하는 OLED를 갤럭시에 제일 먼저 공급함으로써, 갤럭시가 세계 최고의 화질을 가질 수 있게 되었다. 반대로 삼성 LCD는 휴대폰 부문에서 원하는 부품을 만들어주기만 하면 판매 루트에 관한 걱정 없이 최첨단 LCD를 선행적으로 개발할 수 있고, 양산투자도 과감하게 할 수 있다. 반도체나 배터리, 휴대폰에 들어가는 각종 부품 등, 삼성 계열사 간에 서로 도움을 주고받으며 시너지를 일으키는 것은 대단한 강점이다.

원천기술을 상용화하는 능력이 있다

삼성의 또 하나의 강점은 원천기술을 상용화하는 능력이 있다는 점이다. 디지털 휴대폰 기술인 CDMA만 해도 원천기술은 미국 퀄컴이 가지고 있었지만, 그 기술로 휴대폰 제품을 상용화한 것은 삼성이다. 연구소나 실험실에서만 구현되는 원천기술이 실제 휴대폰에 탑재되어, 실생활에 불편 없이 사용할 수 있게 하는 상용화 기술은 원천기술과는 또 다른 기술이다.

국가별로 전파 환경이 다르고 이동통신 장비도 다르다. 따라서 전 세계 어디서나 균일한 품질을 유지할 수 있게 한다는 것은 많은 개발 인력과 시간, 비용이 들어간다. 몇 년 전만해도 삼성전자 휴대폰 부분에서 제품 테스트를 위해 해외 출장을 나가는 사람들이 매일 천 명 정도는 되었다. 그 출장비도 만만치 않았다.

퀄컴은 한국의 스마트폰 제조업체들이 자신들의 칩과 소프트웨어 기술의 상용화 테스트를 다 해주니 좋을 수밖에 없다. 삼성과 LG가 제품을 서로 먼저 시장에 출시해야 하는 만큼 휴대폰 안정화에 모든 역량을 쏟아붓기 때문이다. 남보다 빨리 제품을 상용화시키는 기술도 중요한 핵심 역량이다. 2016년 출시된 갤럭시 노트7에 들어간 홍채인식 기술도 10년 전에 나온 기술이다. 그때는 인식률이 낮아서 쓸 수가 없었다. 그걸 삼성이 상용화 기술로 쓸 수 있도록 4~5년 전 세계 최초로 갤럭시 노트7에 적용시켰다. 홍채 관련 부품은 사오고 삼성의 소프트웨어를 적용해서 만들었다고 한다. 구슬도 꿰어야 보배다. 원천기술이 아무리 많아도 소비자가 잘 쓸 수 있도록 상용화시키는 개발을 해야 한다. 삼성을 비롯한 우리나라 기업들은 소비자의 요구에 맞는 기술을 빨리 상용화할 수 있는 능력, 최고의 하드웨어를 만들 수 있는 능력, 자관계회사와 서플라이 네트워크를 통한 부품을 조달할 수 있는 능력이 탁월하다.

휴대폰과 통신 장비 사업의 시너지 효과

휴대폰과 이동통신 장비 사업을 같이 하는 것도 좋은 환경이라고 생각한다. 여기에 관한 이견도 있지만, 나는 장비 부문이 적자를 내지 않아 휴대폰 부문에 재정적인 부담을 주지 않는다면 충분히 시너지를 가질 수 있다고 생각한다.

CDMA 기술을 세계 최초로 상용화할 수 있었던 것도 삼성이 장비와 휴대폰을 같이 개발했기 때문이다. 장비를 설치하고 안정화 시험을 할 때 문제가 생기면, 장비와 단말기 개발 인력들이 함께 모여 원인을 분석했다. 그리고 장비 쪽에 시험용 단말기를 제공함으로써 빠른 시간 내에 CDMA 장비를 상용화할 수 있었다. 제품의 상용화 이후에도 현장에서 문제가 생길 때마다 함께 대응을 해나갔다. 이렇게 장비가 있으면 차세대 이동통신 기술을 한발 앞서 공유하고 테스트할 수 있어, 시너지를 일으키며 기술 관련 특허도 많이 낼 수 있는 장점이 있다.

애플의 경우에는 장비가 없으니까 통신 기술 관련 특허는 거의 없다. 스마트폰 자체의 디자인, UI 특허, 사용성에 대한 특허가 많다. 최근에 알려진 바이지만 애플이 통신 기술 특허에 대응하기 위해 세계 통신 장비 1위 업체인 중국 화웨이에서 특허를 빌려 쓰고 있다고 한다. 이는 우리에게 시사하는 바가 크다. 물론 장비가 없다고 해서 스마트폰 사업을 못하지는 않지만, 한 회사에서 휴대폰에서 장비 사업까지 모두 한다면 회사 전체로는 커다란 이익이다.

세계시장에 관한 유통망과 노하우를 가지다

모든 회사가 내수 시장에서 어느 정도 성공을 거두면 해외시장으로 나가려고 한다. 특히 한국처럼 내수가 적은 국가에서는 지속적인 성장을 하려면 글로벌 시장 진출이 필수 요건이다. 하지만 해외시장은 내수 시장과 달라서 제품 경쟁력이 없으면 언제든지 퇴출당할 수밖에 없다. 해외 유통망 구축에도 많은 돈이 들고, 현지 인력 확보도 그리 쉬운 일은 아니다. 삼성 휴대폰도 내수를 기반으로 글로벌 시장에 진출할 때 기존 삼성전자의 해외 유통망 거점과 해외 경험이 있는 인력들, 그 외 다양한 해외 진출 노하우가 있었기에 가능했다.

휴대폰 세계화 전략을 추진하면서 통신 수출 담당 인력은 물론, 가전과 컴퓨터 등에서 해외 경험이 있는 인력들을 휴대폰 부문으로 많이 배치했다. 덕분에 해외 진출 초기에 있을 시행착오를 많이 줄일 수 있었다. 사실 삼성 내부에서도 반도체와 가전, 통신 TV 분야가 비록 한 회사지만 이른바 텃세가 있다. 그나마 통신 분야에 있는 사람들은 새로운 사람들을 잘 받아들이는 편이다. 그리고 반도체 분야의 해외영업 거점은 삼성전자 전체 통합 거점과는 다르게 운영이 된다. 반도체는 부품이기 때문에 고객이 다르다는 면도 있지만, 반도체가 한창 잘나갔을 때 독자적으로 운영을 해나갈 재무 여건이 충분했기 때문이다. 여기에 법인장이 가전 출신이라면 반도체를 잘 모르니까 판매를 잘 못하지 않을까 하는 이유도 있었다.

휴대폰 해외 판매 거점은 삼성전자 전체 거점에 소속을 두고 있었으나, 미국 댈러스에서는 통신 장비와 휴대폰 판매, 개발 거점을 별도로 운영했다. 지금은 통합을 했지만, 통신을 잘 모르는 사람이 법인장이 되면 사업 내용을 잘 모르기 때문에 별도로 둔 것이다. 만약 기존의 해외 거점이 없었다면, 국가별로 사무실을 만들고 사람을 뽑고 주재원을 보내야 하는데 그 비용이 엄청나다. 이런 것들이 다 삼성의 경쟁력이었다.

한국 사회가 빠진 트랩

대부분 사람들이 가장 아프고 예민할 때가 나의 부족한 점과 한계를 느낄 때다. 그래서 애써 외면하려는 사람들도 있다. 하지만 상처가 곪으면 수술로 과감하게 도려내야 하듯, 우리 사회의 환부를 직시하고 과감한 처치를 하지 않을 수 없다. 당장은 힘들고 아프지만 그래야 더욱 장기적인 미래가 보장이 된다.

우리에게도 배고프던 시절이 있었다. 사실 그때는 전 국민이 발로 뛰면서 정말 열심히 했다. 그런데 지금은 조금 먹고 살 만하니까 서로 싸운다. 세계를 향한 도전정신도 많이 없어졌다. 정치하는 사람들도 늘 싸우기만 하고, 2, 3세대 오너들은 혁신적인 마인드 없이 수성만 하려고 한다. 인터넷 기업의 창업 1세대들도 마찬가지로 어느 정도 회사가 커지면 팔고 뒤로 물러앉기 바쁘다.

중국만 해도 지금 인터넷 기업 창업 1세대들이 중국 경제를 주도하고 있다. 우리보다 땅도 넓고 외부에서 자본도 많이 들어오는데 정부, 기업, 국민들 모두 하나 되어 우리나라의 1970년대처럼 똘똘 뭉쳐 급성장을 하며 우리를 쫓아오고 있다. 한국이라는 배가 서서히 침몰하고 있는 느낌이다. 현재 우리나라 가계 부채만 해도 1200조 원을 넘어섰다. 더 큰 문제는 부채의 증가 속도다. 2015년 말 가계 부채 총액은 1207조 원이었다가 2015년 1년 동안 불어난 부채가 121조 7000억 원이다. 2014년 증가액인 66조 2000억 원의 거의 두 배 수준이다. 국가부채도 1300조 원을 넘어섰고, 세계 경제 둔화로 2016년 상반기 수출액이 2015년 상반기보다 9.9퍼센트 하락했다. 2016년도의 경우, 당초 경제성장률 목표치 3퍼센트를 2.6퍼센트대로 계속해서 낮추고 있는 등 저성장 모드에 접어들고 있는 형국이다.

2015년 국책연구기관인 한국개발연구원KDI이 정책 세미나에서 2011~2015년 잠재성장률은 3.1퍼센트, 향후 10년 이후인 2026년부터 2030년 한국의 잠재성장률을 1.8퍼센트로 전망했다. 우리나라도 일본의 잃어버린 20년을 답습할 수 있다고 제시했다. 이렇듯 한국의 미래는 암담하다.

우리의 가장 큰 위기는 이러한 위기 상황을 모른다는 점이다. 개구리가 서서히 뜨거운 물에 죽어가고 있는 형국이다. 이미 많은 것들이 중국에 잠식당하고 있는데 인식을 하지 못하고 있다. 내가 겪어본 중국 사람들은 모두 참 똑똑하다. 그런데도 우리는 아직 중국을 얕보는 경향이 있다. 이렇게 가다간 중국에게 한국이 다 먹힐 수도 있다는 경각심을 가져야 한다.

이제부터 하나씩 준비를 해서 4차 산업혁명 시대를 잘 맞이해야 한다. 우리 사회의 어느 곳이 잘못되었는지 진단하면서 우리의 강점을 살려 우리가 가야할 길을 제대로 찾아야 한다. 뻔한 이야기가 아니라 절박한 외침이다.

성장이 아니라 생존을 고민하는 한국의 기업들

국내 모 대학에서 국내 중견기업 중 글로벌 기업으로 육성할 '월드 클래스 300'에 뽑힌 기업들을 대상으로 교육하는 고급 경영자 과정이 운영되고 있다.

나는 그 과정에 멘토로 참여를 하며 삼성의 해외 진출 전략이나 통신의 역사, R&D 공장을 세우려면 어느 나라가 가격 경쟁력이 좋고 어느 나라의 입지가 좋은지 등에 대한 강의를 한 적이 있다. 제품과 품질이 완벽하지 않으면 해외시장에 도전하지 말라는 실질적인 조언을 하기도 한다. 교육과정에 모인 대부분의 우수 중견기업 대표나 임원들이 미래에 관해 많은 걱정을 하고 있었다. 사업을 어떻게 성장시킬까를 고민하는 것이 아니라, 어떻게 생존해야 하나를 고민하고 있는 것이다. 비록 지금 세계 경제가 어렵더라도 앞으로 다가올 경제 회복기를 대비하는 것이라면 좋겠는데, "그럴 여유가 없다"고 이구동성으로 말한다. "현재 생존이 어려워 미래를 위해 새로운 사업을 발굴하고 투자할 수 없는 현실이 안타깝다"라는 한 중견기업체 임원의 말이 계속 귓가를 맴돌았다.

이렇듯 지금 한국 경제는 어렵고 불투명하다. 고령화, 저출산, 청년실업, 국가와 가계 부채 증대, 저성장, 세대 간의 갈등, 남북 대치, 주변국과의 외교마찰······. 어느 것 하나 만만한 것이 없다. 이 모든 것을 근본적으로 해결할 수 있는 방안은 결국 경제 활성화밖에 없다.

대기업들, 글로벌 신규 사업에 적극 나서라

4차 산업혁명 시대를 아직 접해보지 않았기 때문에 실제로 어떤 세상이 될지 아무도 모른다. 그래도 우리는 다가올 시대를 예견하고 연구를 해야 한다. 그런데 4차 산업혁명에 관련해서 교육을 하거나 알려주는 곳이 적다. '알아야 면장을 한다'라는 속담이 있듯, 4차 산업혁명에 대한 지식이 있어야 지혜가 생기고 새로운 아이디어도 생겨날 수 있는데 이에 관한 연구가 부족하다.

미국이나 중국, 일본처럼 4차 산업혁명에 관련된 내용이 이슈화되어서 뉴스에 나오는 것도 적다. 단지, 유튜브나 페이스북에 올라온 내용들을 보고 '아, 이런 세상이 온다고!'라며 흥밋거리로 여길 뿐이지, 무언가를 준비해야 한다는 생각은 못하고 있는 느낌이다. 남들은 이미 무언가를 만들어내고 홍보까지 하는데 우리는 그저 바라보기만 할 뿐이다. 그나마 최근에 4차 산업혁명에 관련된 책도 나오고 방송 프로그램도 방영되고 있어, 그래도 미래에 대한 준비가 필요하다는 인식이 점차 늘고 있는 것 같아 다행이다. 그래도 당장 현실이 어렵기 때문에 이도저도 못한다.

이런 새로운 산업혁명에 관한 도전은 지금 기반이 잡혀져 있는 대기업의 오너들이 주도해야 한다. 예를 들어 지금 잘 굴러가고 있는 휴대폰 사업에 오너가 들어가면 안 된다. 이런 자리는 전문경영인에게 위임하고 어떤 사람을 어떤 자리에 앉히면 될지 사람을 잘 영입하고, 사람들을 잘 관리하고 평가하면 된다. 그들에게 일하는 분위기를 만들어주면 된다. 오너가 집중적으로 해야 할 일은 신규 사업 분야다. 이를 테면 "반도체 시장에 들어가자" 하는 결정은 오너가 해야 한다. 새로운 사업을 하려면 자금이 많이 필요하고 인력도 끌어와야 한다. 이것은 전문경영인의 영역 밖이다. 휴대폰 사업부서에도 전문경영인이 있고, 새로운 사물인터넷 사업부서에도 전문경영인이 있다고 하자. 이때 휴대폰에서 인력을 빼서 사물인터넷 부서로 투입하려고 하면 휴대폰 쪽 사장이 가만 있지 않고 소리칠 것이다. "왜 우리 부서 사람을 빼 가냐? 너희 부서는 너희가 알아서 해라!"

이 일을 할 수 있는 사람은 오너뿐이다. 휴대폰 부서 인력 20퍼센트를 사물인터넷 담당부서로 보내라. 휴대폰 사업부서에서 난 이익의 몇 퍼센트를 사물인터넷 부서에 넣어라. 이런 것을 결정하는 게 오너의 역할이다. 우주산업을 할 것인가 말 것인가, 해저 산업을 할 것인가 말 것인가, 이런 메가트렌드를 놓고 고민해야 한다.

지금 한국의 오너 중에는 우리나라 산업혁명기를 이끌었던 이병철 회장, 정주영 회장, 구인회 회장 같이 기업가 정신을 가진 사람들이 없다. 지금의 오너들은 창업주의 2, 3세대나 가족들로 1세대 창업주들보다 도전정신과 전문성이 부족한데다 실패하면 안 된다는 강박관념도 있어 전면에 나서지 못하고 있다. 자칫 새로운 사업을 주도적으로 이끌다가 실패하면, 단지 부모 잘 만나서 경영능력도 없으면서 자리만 지킨다는 국민들의 시각이 무서울 수 있다. 하지만 기업가 정신을 가지고 있다면 과감히 앞장서야 한다. 실패를 무서워하면 안 된다. 1세대 선대들은 실패를 두려워하지 않았기 때문에 지금의 기업을 일으킬 수 있었다.

그런데 지금 기업 오너들의 모습은 미래의 먹거리를 준비하기는커녕 자신이 가진 권력과 힘으로 자신보다 영세한 개인 사업 영역에 들어가는 경우가 많다. 기존 사업을 개선하려는 소극적인 경영이 아니고 판을 바꾸려는 혁신

Evolution이나 개혁Revolution을 해야 한다.

대기업이나 재벌들의 경쟁상대는 국내 중견, 중소기업들이 아니라 세계 글로벌 기업들이다. 이들에게 도전해야 기업도 크고 국가도 발전한다. 그러면 국민들에게 추앙받는 기업인으로 길이 남을 수 있다. 특히 인터넷 기반으로 급성장한 한국을 대표하는 차세대 기업 1세대 오너들은 국내 성공에 안주하면 안 된다. 아직 나이도 젊고 앞으로 한국을 끌고 갈 미래 지도자이기 때문이다. 이들은 경쟁상대로 중국의 바이두나 미국의 페이스북이나 아마존닷컴을 정조준해야 할 것이다.

한 기업을 책임지는 것 이상으로 한국을 대표한다는 국가대표급 기업인의 소명의식이 있어야 한다. 과거 국내 재벌들의 구태를 저지르지 말아야 하고, 국내에만 머물러 있으면 안 된다. 더욱 미래지향적으로 움직이고 꿈을 크게 가져야 한다. 국민들의 기대를 저버려서는 안 된다.

관리의 한국, 전문가가 주도하게 하라

한국의 리더들이 대부분 관리형이라는 것도 지나칠 수 없다. 애플의 스티브 잡스나 페이스북의 마크 저커버그 같은 오너들은 자신이 확신에 차 있다. 때문에 미래를 정확히 예견하고 "이쪽으로 가자!"며 조직을 강력하게 끌고 가는 힘이 있다. 어쩌면 경제학자나 경영학자, 법학자, 인문학자나 인류학자들이 기업의 리더로 포진하고 있는 미국 기업들과의 싸움에서 우리가 지고 있는 이유일지도 모른다. 진화는 한계가 있지만 생각과 창조에는 한계가 없다.

　우리 조직들에서는 이런 오너가 거의 없다. 밑에서는 "오너도 안 하는데 내가 왜 해야 하냐"는 분위기가 내재되어 있다. 기업체는 돈을 벌어야 하는데 신규 사업은 위험 요소가 엄청 크고 돈을 쓰는 곳이다. 그 사업부서를 책임지고 있으면서 돈을 벌지 못하면 내가 잘린다. 오너라면 그 위험마저 감당하겠지만, 위험 요소를 감당하고 신규 사업에 뛰어들 전문경영인은 거의 없다. 자칫 일을 벌렸다 실패라도 하는 날에는 뒷감당을 못한다. 성공한다 해도 평가 시스템이 잘 되어 있지도 않다. 신규 사업에 대한 평가는 극히 미미하다. 미래에 관한 투자를 하지 않는다면 우리 기업들의 미래는 분명 없다. 이것이 한국 사회가 빠진 트랩이다.

　일본이 20년 동안 정체를 겪은 이유도 바로 이 때문이다. 단카이 세대, 지금 50~60대들은 일본의 고도 성장기를 겪은 세대들이다. 한국이나 일본이나 고도 성장기를 지내온 이 세대들은 고생은 했지만, 이제는 은퇴할 나이로서 더 이상의 도전을 기대할 수가 없다. 더욱이 현재 일본의 젊은이들은 우리나라 젊은이들과는 달리 경쟁 없는 세상에서 살았기 때문에 도전정신을 기대할 수 없다. 반면, 우리나라 젊은이들은 당장 등록금 내고, 방값 벌어야 하는 현실에 치어 도전할 엄두조차 내지 못하고 있다.

　기업의 핵심은 사람이다. 한국을 대표하는 기업인 삼성만 봐도 '관리의 삼성'이라는 말이 붙을 정도다. 그러나 이제는 관리형 리더보다는 전문가 리더의 시대다. 앞으로는 핵심기술 한 가지만 가진다고 해서 사업이 되지 않는다. 여러 가지 기술이 융합되고 복합된 기술로 새로운 것을 만들어야 하는 융·복합, 창조의 시대다.

무인화, 자동화, 사물인터넷, 우주, 바이오, 가상현실, 집단지성, 인공지능이 일상화되는 새로운 시대는 전문지식을 가진 창의적인 인재가 필요하다. 언급한 기술들은 불과 얼마 전까지만 해도 낯선 개념이었다. 그렇기 때문에 기존 인재상보다는 미래를 보는 통찰력과 실패를 무릅쓰고 도전과 실행을 과감히 주도할 수 있는 전문가형 리더가 필요하다.

한 산업을 이끌고 가는 리더들은 자기가 목표와 방향 설정을 해서 지시를 내릴 줄 알아야 한다. 예를 들면 지금 우리 회사가 우주 산업이 유망하니까 우주 산업에 투자를 해야 한다, 우주 산업은 이런 문제 때문에 투자를 해서는 안 된다 하는 시의적절한 판단을 할 수 있어야 한다. 고위직 임원은 미래를 예측해서 목표를 설정한 다음, 이를 달성할 구체적인 전략 방향과 전술까지 제시해야 한다. 이러한 업무 지시를 통해 부하들을 키우고 회사 목표를 달성하게 하고, 그 보상으로 높은 연봉을 받아가야 한다.

하지만 아직까지 우리나라 기업의 리더들은 관리형으로 조직 관리에 힘을 쏟는다. 이러한 관리형 리더들은 부하들에게 목표를 부여하고, 부하들이 만들어오는 전략을 보고 의사결정을 내린다. 전문성이 부족하기 때문에 부하들에게 의존하고, 의사결정은 그동안의 경험을 바탕으로 한다. 앞으로는 이렇게 사업 방향을 정하면 안 되는 시대다. 앞서 무수히 많은 국내 굴지의 기업들이 순간 판단을 잘못해서 실패한 사례를 보지 않았는가.

전문가 리더가 자신의 확신으로 목표를 설정하고 전략 방향을 정했다면 죽을힘을 다해 끌고 갈 것이다. 반대로 부하들이 올린 전략을 바탕으로 새로운 것을 추진하다 중도에 문제가 생긴다면, 자기 확신이 부족하니 추진력도 떨어질 수밖에 없다. 그러면 실패할 확률도 많아진다. 따라서 최고의 전문가들을 리더로 두어야 한다.

경영자들은 실무진보다 경험도 많고 정보도 많다. 그러니까 종합적으로 판단해서 결론을 내리고 '우리 사업의 방향은 이렇게 가자' 확신 있게 이야기해야 한다. 예를 들어, 휴대폰 시장에서 중국이 치고 들어오면 어떻게 할지에 대한 판단은 경영진에서 해야 한다. 하지만 전략과 방향을 실무 TF를 만들어 어떻게 하면 좋을지 밑에 시키는 경우가 태반이다. 물론 중요한 결정인 만큼 경영진도 고민을 하겠지만, 실무팀에서 자료를 몇 번을 돌려보내고 마지막에 결정을 내린다. 우스갯소리지만 한국 기업들의 전략은 대리, 과장들이 수립하고 임원들이 실행한다는 말이 있을 정도다. 더 이상 이런 이야기가 들려서는 안 된다.

PART 2

또 한 번 세상이 뒤집어질 4차 산업혁명

O2O, 모바일 인터넷 세상

2015년 11월 11일 솔로데이, 중국 최대 전자상거래 기업인 알리바바는 온라인 쇼핑몰 오픈 시작 12분 28초 만에 100억 위안약 1조 8100억 원이라는 판매고를 올리며 전 세계의 이목을 집중시켰다. 전 세계를 향한 알리바바의 새로운 도전이 시작되는 순간이었다.

미국 최대의 전자상거래 기업인 아마존닷컴 역시 2015년 11월 11일 기준 시가총액 3000억 달러를 넘어서며 미국 유통업계의 새 역사를 썼다. 세계 최고의 유통업계 공룡인 월마트의 시가총액 1875억 달러를 가볍게 넘긴 것이다. 1997년 아마존이 첫 상장했을 때 월마트의 시가총액은 아마존보다 무려 100배 이상이나 높았다. 불과 18년 만에 아마존닷컴이 유통업계에 이변을 만들었다.

월마트가 아마존닷컴에 역전 당한 이유는 오프라인 중심의 사업구조를 벗어나지 못했기 때문이다. 통신망이 또 한 번 진화하는 4차 산업혁명은 '모바일 인터넷 세상'이라고 칭해도 좋을 만큼, 모든 것이 다 모바일에서 이루어진다. 따라서 모바일 인터넷, 즉 온라인 판매를 높이기 위한 물류 관련 제반 투자도 확대해야 하고, 재고 관리 시스템도 대대적으로 재정비해야 한다. 이러한 현상은 더욱 가속화되고 있다. O2OOnline to Offline와 옴니 채널omni channel(소비자가 온라인, 오프라인, 모바일 등 다양한 경로를 넘나들며 상품을 검색하고 구매할 수 있도록 한 서비스로, 온오프라인 매장을 결합해 소비자가 언제 어디서든 구매할 수 있도록 한 쇼핑 시스템)을 지나서 이제는 세상 자체가 온라인 세상이 된다. 역시 철저히 준비해야 생존한다.

2010년 4월에 창업해서 단기간에 중국 스마트폰 1위, 세계 스마트폰 5위 업체로 급성장한 샤오미의 대표가 세상을 향해 한 말이 있다. '태풍을 만나면 돼지도 날 수 있다.' 여기서 말하는 태풍은 당연히 인터넷이다. 샤오미의 로고 MI는 '모바일 인터넷Mobile Internet'을 뜻한다. 샤오미 대표는 미래 시장의 트렌드를 정확히 읽고 스마트폰 제조업체가 아니라 '모바일 인터넷'이라는 큰 그림을 그렸다. 샤오미는 현재 모바일 인터넷을 핵심으로 휴대폰은 물론 가전제품과 로봇까지 다양한 영역에서 급속도로 영향력을 넓히고 있다.

우리나라는 1990년대부터 초고속 통신망 인프라 구축에 집중적으로 투자하면서 21세기 초고속 인터넷 강국이란 명성을 얻었다. 그런데 역설적이게도 우리나라에는 인터넷으로 성장한 글로벌 기업을 찾아볼 수 없다. 즉, 통신 인프라망은 세계 최고 수준으로 인정받고 있지만, 정작 이를 활용해 많은 부가가치를 창출할 수 있는 인터넷 사업은 국내시장을 지키는 정도의 경쟁력만 가지고 있다.

앞으로도 통신망의 데이터 전송속도는 계속 빠르게 발전할 것이고, 자연히 우리의 모든 일상도 더욱더 인터넷에 의존하게 될 것이다. 2015년도에 발간된 《유엔미래보고서 2045년》이란 책에서는 '미래에는 대기업의 판도가 바뀌어 인터넷 기업이 대기업이 된다'라고 예측하고 있다.

인터넷 인구는 현재 20억 명에서 2020년에는 70억 명으로 급격하게 늘어나고, 인터넷은 일상적인 활동의 공간이 된다는 전망이다. 즉, 앞으로 인터넷 사업을 하지 않은 기업은 대기업이 될 수 없다는 지적인데, 그렇다면 현재 수많은 우리나라의 대기업들은 앞으로 어떻게 된다는 것일까? 각자 생각해볼 일이다.

내가 이처럼 인터넷 사업의 중요성을 계속 강조하는 이유는 분명하다. 이미 현재에도 인터넷을 통한 인간관계가 활발하게 형성되고 있고, 더 나아가 미래에는 '가상공간에서 일하고 모든 일상생활이 인터넷을 통해서 이뤄질 것이기 때문이다. 즉, 인터넷이 물과 공기와 같은 역할을 할 것이다.

인터넷 기업들이 지배하는 세상

이제는 아마존닷컴이나 알리바바 같은 인터넷 기업들이 지배하는 세상이다. 제조업체들은 인터넷 기업들의 하청업체로 전락할 것이다. 세계적인 인터넷 기업들에 대응을 하지 못하면 사업 영역을 점점 잠식당한다.

삼성의 전 미주법인장에게 들은 이야기다. 아마존닷컴과 미팅을 한 번 하고 혀를 내둘렀다고 한다. 자기네들 유통 마진을 최대한 가져가려고 말도 안되는 가격에 제품을 공급해달라고 요구했다고 한다. 그들이 제조업체에 이렇게 과감하게 요구할 수 있는 것은 대량 판매를 미끼로 삼았기 때문이다. 제조업체들이란 원래 어느 정도 이상이 팔려야 손익분기점Break Even Point, BEP을 맞출 수 있다. 그런데 제품 판매마진이 줄더라도 BEP 물량을 맞출 수 있다는 유혹으로 많은 제조업체들이 인터넷 플랫폼 기업들에게 잠식당한다.

여담이지만, 내가 삼성에서 일할 때 소프트뱅크의 손정의 회장과 함께하는 미팅에 참석한 적이 있었다. 손정의 회장이 삼성에 셋톱박스를 사러 왔다. 손 회장 역시 재료비 수준의 가격을 제시하며 협상을 했으나 결국은 무산되었다. 손 회장도 물량을 담보로 가격 인하를 요구했다. 이를 테면 우리가 5만 대를 사줄 테니까 얼마에 공급하라는 식이었다. 삼성에서도 판매 물량이 많고 일본시장에 진출한다는 명분도 있었으나, 도저히 받아들일 수 없는 가격을 요구해서 응하지 않았다. 내가 손 회장을 보고 느낀 것은 '소프트뱅크라는 명성을 확실히 이용하는구나! 체구는 작지만 보통 사람이 아니구나!' 하는 점이었다.

삼성은 온라인 판매업체들의 터무니없는 가격요구에 제품 가격을 낮추면서 굳이 들어가지 않아도 버틸 수 있는 힘이 있다. 삼성은 홈쇼핑도 제일 마지막 단계에서 들어간다. 홈쇼핑에서 제품의 공급 단가를 엄청 낮추어서 요구하기 때문이다. 결국 내가 제품 경쟁력을 가지고 팔 자신이 있으면 유통업체들의 요구에 좌지우지되지 않을 수 있지만, 팔 자신이 없다면 울며 겨자 먹기로 그들이 원하는 요구사항을 받아들일 수밖에 없다. 대부분의 중소기업체들은 글로벌 유통 시스템을 갖추기도 힘들고 규모 싸움에서도 게임이 안된다. 때문에 제조업체들이 인터넷 플랫폼 기업들의 하청업체로 전락한다고 보는 것이다.

온라인 업체의 스피드를 따라가지 못하는 제조업체들

제조업체들은 업체 특성상 온라인 업체들의 아이디어와 스피드를 쫓아갈 수 없다. 기존의 오프라인 유통채널로는 중간 유통마진을 과감히 없앤 온라인 판매채널에 비해 가격 경쟁력을 가질 수도 없다. 따라서 시간이 갈수록 일반 오프라인 유통채널을 가진 제조업체들은 서서히 경쟁력을 상실할 수밖에 없다. 그렇다고 뒤늦게 온라인 체제로 전환한다고 해도 기존 앞선 온라인 전문 업체를 이겨낼 수도 없다. 진퇴양난의 형국이다.

이런 시대의 흐름을 놓친다면 기업은 어느 순간에 사라질 수 있다. 한 시대를 주도했던 수많은 기업들이 '디지털'이라는 시대의 조류에 편승하지 못해 우리의 기억에서 사라졌다. 우리나라를 대표하는 대기업은 지금의 동종업계 경쟁상대만 바라보고 안주하면 큰일이 난다. 업종 간의 경계가 급격히 무너지고 있는 것을 엄중하게 직시해야 한다. 한마디로 위기상황인데 잘 모르니 그냥 하던 대로 하고 있다. 타이태닉호가 침몰하고 있는데 안에서 의자를 고치고 있다. 더 늦기 전에 기업들도 생존을 위해 지금 뭘 해야 되는지 심각하게 고민해야 할 것이다. 과연 이러한 미래의 변화에 대해 얼마나 위기감을 가지고 준비를 해나가고 있는지 의문이다.

2016년 2분기 LG전자는 전략모델 G5의 판매 부진으로 휴대폰 부문에서 약 1500억 원 가량의 적자가 났다. 1분기보다 적자폭을 줄였으나 4분기 연속 영업적자를 기록했다. 고급 모델은 애플과 삼성에 눌리고, 중저가 모델은 중국의 화웨이나 샤오미 같은 신생 기업에 쫓기는 '너트 크래커nut cracker 현상'(호두를 양쪽에서 눌러 까는 호두까기 기계를 말한다. 한 나라가 선진국에 비해서는 기술과 품질 경쟁에서, 후발 개발도상국에 비해서는 가격 경쟁에서 밀리는 현상을 지칭할 때 쓰임)에 심하게 시달리고 있다.

지금처럼 해서는 더 이상 휴대폰 사업에서 돌파구를 찾기란 힘들어 보인다. 판을 바꾸어야 한다. 그것도 단번에 바꾸어야 한다. 예를 들어, 모바일 사업 조직을 차세대 고급형을 담당하는 조직과 중저가 제품군을 담당하는 조직으로 분리해보면 어떨까 한다. 중저가 부분에서는 샤오미처럼 인터넷 판매로만 승부수를 걸어볼 만하다. 아니면 모든 역량을 고급형으로만 다 쏟아붓고, 중저가 부문은 경쟁력을 갖출 때까지 포기하는 것이다. 이를 실현하기 위해서는 조직을 바꾸고, 사람도 바꾸고, 일하는 체제도 바꾸고, 모든 판을 단번에 확 바꾸어야 한다. 그렇지 않고서는 생존이 어렵다. 시간은 내 편이 되어 기다려주지 않는다.

모바일 인터넷 상거래를 준비하지 않으면 소멸된다

통신망이 더 빨라지고 스마트폰 사용자가 급증하면 모든 구매는 손 안에서 일어날 것이다. 따라서 대기업이든 중소기업이든 서비스가 고도화된 모바일 인터넷 상거래를 준비하지 않으면 생존이 어렵다. 모바일 상거래는 지금의 유통매장보다 더 중요한 유통채널이 되고 있다. 한마디로 유통체제가 오프라인에서 온라인으로 급격하게 바뀌는 중이다. 너무도 당연한 이야기 아니냐고 반문할 수도 있는데 의외로 이를 놓치고 있는 기업들이 많다. 왜냐하면 기업에서 의사결정을 하는 사람들은 50~60대가 많아 인터넷이 익숙하지 않기 때문이다.

국내 모 가구 기업의 회장이 선배다. 이 기업에서 온라인 사이트를 구축하면서 돈도 많이 들고 고생도 많이 했다. 하루는 선배를 만났더니 고민을 털어놨다. "돈만 들어가는 거 같은데 온라인 사업을 계속해야 할까?" 나는 그래도 무조건 해야 한다고 주장했다. 온라인에 점점 집중하면서 오프라인 매장을 조금씩 줄이는 게 미래 생존의 방법이라고 조언했다. 그 기업은 온라인 사업에 몇 년 동안 선행 투자를 하며 계속 진행을 했다. 온라인 사업은 지금 당장 수익을 생각하고 하면 안 된다. 몇 년에 걸린 선행 투자라는 개념으로 접근해야 한다. 그렇지 않으면 선진 온라인 업체들에게 우리가 다 잠식당한다.

알리바바와 아마존닷컴을 주목하면서도 한편으로 두려워하는 이유는 통신망이 빨라질수록 이들의 장악력이 더욱 커지기 때문이다. 1990년대 인터넷 시대 초창기에는 인터넷으로 물건을 산다는 데 많은 의구심을 가졌다. 물건을 실제로 보지 않고 사진만 보고 주문하는데 업체가 돈만 받고 물건은 안 보내주지는 건 아닌지 의심이 들고, 사진으로 본 물건과 실제 배달된 물건이 같지 않을 수 있다는 생각을 했기 때문이었다. 물론 초창기에는 그러한 일도 많이 있었지만, 현재는 그런 사기 판매 행위는 거의 없어진 것 같다.

한 달에 평균 27시간 정도 인터넷을 사용하고, 이들 중 80퍼센트가량이 인터넷으로 무언가를 구매한다는 통계가 나오고 있다. 이제부터는 고객이 주문한 제품을 전 세계 곳곳에 있는 고객들에게 얼마나 빨리 배달해주느냐가 사업의 관건이 된다. 여기에 대응하지 못하는 제조업체들은 서서히 인터넷 상거래 업체에 가격 경쟁력 있는 제품만을 공급하게 될 뿐이다. 온라인 쇼

펑업체들의 하청업체로 전락하는 것이다.

인터넷 상거래 업체들의 물류혁신 전쟁

현재 인터넷 전자상거래 시장 경쟁에서 뜨거운 이슈는 '물류혁신'이다. 물류혁신에 가장 적극적으로 나서고 있는 곳은 역시 제프 베조스가 이끄는 아마존닷컴이다. 아마존닷컴은 이 부분에서 세계 최고의 인프라와 노하우를 가지고 최강의 배송 서비스를 자랑한다. 잘 알다시피 미국은 물건을 사려면 자동차로 이동을 해야 한다. 특별한 경우가 아니면 배달 서비스를 기대할 수가 없다. 비싼 인건비 때문에 배달요금이 비싸다. 이런 환경 때문에 자연스럽게 인터넷 구매가 계속 증가하고 있다.

이런 상황에서 아마존닷컴은 주문 상품을 이틀 이내에 고객이 받아볼 수 있는 차별화된 서비스를 내놓았다. 고객이 연회비 99달러짜리 서비스를 신청하면 빠른 배송 서비스의 혜택을 받을 수 있다. 2015년 아마존닷컴 측은 "프라임서비스를 통한 주문 건수가 전년대비 열 배에 달했으며, 스마트폰을 이용하는 고객 비율이 60퍼센트가 넘는다"라고 밝혀 이 서비스가 얼마나 유효한지를 증명했다. 아마존닷컴은 여기에 총알배송을 위해 뉴욕 시 맨해튼 지역에서 자전거 배달 업체들을 활용해 1시간 이내에 배송하는 '프라임 나우 PRIME NOW' 서비스를 하고 있다. 소형 무인비행기로 시간과 거리에 제약 없이 빠르게 배송하는 드론 서비스도 하고 있다.

아마존닷컴은 고객들이 물건을 받아볼 수 있는 시간을 줄이는 노력을 계속하고 있다. 앞으로 전 세계 어디든지 물건 배송 시간을 반나절 이내로 줄이겠다는 계획이다. 최첨단 물류 시스템이 뒷받침되지 않으면 도저히 불가능하다.

아마존은 이러한 최첨단 물류 시스템으로 미국 최대의 오프라인 매장을 가지고 있는 월마트의 사업 영역을 점점 빼앗고 있다. 아마존닷컴이 성장하는 동안 월마트도 매장을 계속 늘렸지만, 2년 전부터 월마트의 시가총액은 아마존닷컴에 추월당했다. 2016년 8월 기준 아마존닷컴의 시가총액이 3600억 달러가 넘는 반면, 월마트는 2300억 달러로 그 격차는 계속 벌어지고 있다. 이를 통해 현재의 시장 트렌드를 알 수 있다. 이제는 O2O, 오프라인에서 온라인으로 바뀌는 현상이 두드러진다. 인터넷으로 검색해 오프라인에서 사기도 하지만 오프라인에서 보고 온라인으로 구매하는 경우가 많아지고 있다.

오프라인 유통 공룡인 월마트도 인터넷 상거래 업체에 대응하는 전략을 세웠다. 2013년 물건을 사러 매장에 오는 손님을 배달원으로 활용하는 '고객배송원제'를 시행했다. 그러니까 같은 아파트에 사는 사람이 매장에 장을 보러왔다 가는 길에 그 아파트에 사는 사람이 온라인으로 주문한 물품을 가져다주는 것이다. 그러면 월마트에서는 물건을 배송해준 고객에게 배송료만큼의 혜택을 준다. 이 제도는 아이디어는 좋았지만, 현실적으로 정착이 될 만큼 실효성은 없었다.

앞으로 이러한 변화는 어쩔 수 없다. 오프라인 매장은 운영비용이 만만치 않다. 매장 임대료에 사람도 고용해야 한다. 인터넷 업체들은 이 비용이 들지 않는데다 재고에 대한 부담도 적다. 체제상으로 오프라인이 온라인을 이기기는 쉽지 않다. 월마트는 온라인에서는 완전 후발업체이지만 자신들의 강점을 살리면서 부족한 부분인 온라인을 대대적으로 보완한다는 전략이다.

미국 인터넷 최대 검색 업체인 구글도 43개 업체의 점포가 개설된 구글 익스프레스GOOGLE EXPRESS 서비스를 2013년 가을부터 시작했다. 이 서비스를 연회비 95달러를 내고 가입하면 1회 주문 비용이 15달러 이상일 경우 무료 배송 서비스를 받을 수 있다.

이렇듯 인터넷 상거래의 가장 핵심 경쟁력은 '물류혁신'에서 갈린다는 것을 알 수 있다. 최단 시간 내에 제품을 소비자에게 배송하는 데 관련 기업들이 엄청난 투자를 하고 있다. 반면, 국내 기업들은 외국 기업들에 비해 인터넷 상거래의 혁신에 관해 상대적으로 등한시하는 것 같다. 배송 시스템도 여전히 '택배' 수준에 머물러 있다. 고객 만족을 위한 여러 방식의 배송 시스템에 관한 고민이 좀 더 필요해 보인다.

드론 같은 획기적인 방법을 도입하고 있는 세계적인 인터넷 전자상거래 기업들과 경쟁하려면 빠른 배송 시스템에 관한 투자와 시간, 운영 노하우도 필요하다. 기존처럼 배달을 위탁으로 줄 수도 있지만, 물류비용이 올라가 경쟁사에 비해 가격 경쟁력이 떨어지고 배송 책임에 관한 소비자의 신뢰도도 떨어지게 된다.

국가 간의 경계를 급속도로 붕괴시키는 인터넷 상거래

이처럼 미국과 중국의 대형 인터넷 기업들이 서로의 사업 영역을 넘나들며 미래를 위한 치열한 경쟁을 펼치고 있는 반면, 우리나라를 대표하는 제조업체들은 미래 경쟁자들에 대한 대비를 제대로 하지 못하고 있다. 현재의 경쟁 상대와 생존 경쟁을 벌이기만도 치열하기 때문에 다른 영역에서 넘어오는 미래 경쟁자를 대비하는 것을 엄두도 못내는 현실이다. 국내 대형 인터넷 기업인 다음카카오와 네이버가 있기는 하지만, 규모 면에서 글로벌 인터넷 기업들과 경쟁하기에는 역부족이다. 한국을 지탱하는 국내 대기업들이 경쟁력을 상실하게 되면, 결국 국가의 경제력도 떨어질 수밖에 없다.

유통구조가 오프라인에서 온라인으로, 모바일로, SNS로, O2O를 넘어서 옴니 채널화하고 있는데다 인터넷 상거래는 국가 간의 경계를 급속도로 붕괴시키고 있다. 우리나라에서도 해외 직구가 급격하게 늘어나고 있는 현실을 직시한다면, 머지않은 시기에 우리 안방까지 글로벌 인터넷 기업들이 치고 들어와도 아무런 대응도 못하고 보고만 있어야 할지 모른다.

이야기가 나왔으니 삼성전자와 LG전자의 유통 전략에서 아쉬운 점 하나를 언급하고자 한다. 삼성전자는 오프라인 매장인 디지털프라자를, LG전자는 오프라인 매장인 베스트숍을 경쟁적으로 운영하고 있다. 전국 주요 도시의 주요 상권에 큰 매장을 두는 것은 실로 시대에 뒤떨어지는 유통 전략이다. 매장은 200~400평이나 되는데 매장을 찾는 고객의 발길은 줄고, 판매 인력은 그대로 유지되어야 하니 수익을 남길 수가 없는 구조다.

옴니 채널에 대응할 수 있는 정도로 바뀌어야 하는데, 아직도 아날로그적인 경영 전략에서 벗어나고 있지 못하다. 서울을 비롯해 5대 도시의 매장은 온라인 체제로 전환하고 일부 핵심 매장은 고객들의 제품 구매 패턴을 분석하는 안테나숍과 디스플레이숍으로만 운영하는 전략이 맞다고 생각한다. 누군가가 먼저 하면 되는데 새로운 시도에 대한 실패의 위험 부담이 두려워 선뜻 나서지 못한다. 고령화 인구가 많은 지방도시는 오프라인 매장이 필요하겠지만, 이 역시도 시간문제일 따름이다. 먼저 하면 시장의 판을 바꿀 수 있다.

스마트 지능화 소사이어티, 4차 산업혁명

The Fourth Industrial Revolution

거시적으로 보면 지금의 세계적인 경제 혼란은 산업의 패러다임이 바뀌는 혼돈에서 비롯되었다. 19세기 증기기관과 비료의 발명으로 촉발된 1차 산업혁명은 식량문제 해결과 동시에 대량 생산 시대를 가능하게 했다. 2차 산업혁명은 전기 동력으로 인한 기계와 중화학 분야 발전으로 사회 전반적으로 효율적인 대량 생산체제로 현대화의 기틀을 갖추게 되었다. 3차 산업혁명은 컴퓨터를 통한 자동화 시스템과 초고속 정보통신망에 의한 정보통신 혁명이 삶의 풍요로움을 가져왔다.

3차 산업혁명 중심인 인터넷 시대가 오기 전에는 인터넷이 가져올 혁신적인 변화를 결코 상상하지 못했다. 메일, 메신저, 화상 통화……. 지금 우리가 공기와 물처럼 너무도 편리하게 일상적으로 사용하고 있는 이 모든 것들이 인터넷 시대의 산물들이다. 이제는 인터넷이 없는 세상을 상상할 수가 없다.

2004년 하버드 대학생인 마크 저커버그가 하버드대학 내의 인맥구축 온라인 네트워크를 소셜 네트워크인 페이스북으로 만들면서 소셜 네트워크 SNS 시대가 열렸다. 통화의 시대에서 네이버 라인이나 카카오톡 같은 메시지 전송 시대가 열렸다. 메시지 사용이 보편화되면서 지구 반대편에 있는 사람도, 바로 옆에 있는 사람도, 문자나 메신저로 연락을 주고받는다. 불과 몇 년 전만 해도 일반 전화기나 휴대전화로 통화를 하는 모습이 일반적이었는데 말이다.

4차 산업혁명이란

2020년, 불과 몇 년 안에 4차 산업혁명 시대가 예고되고 있다. 3차 산업혁명에 이은 4차 산업혁명은 통신망이 또 한 번 진화하여 일어나는 것으로, 5세대 이동통신과 광속의 유선 통신망을 근간으로 한다. 그러니까 모든 것이 인터넷으로 연결되는 '유비쿼터스 혁명'으로, 지금으로서는 상상조차 할 수 없는 변화를 예고한다. 더 빠른 속도와 다양성, 모든 면에서 인류의 태동에서 지금까지 이루어온 변화와는 비교도 안 될 정도로 다시 한번 세상이 발칵 뒤집어질 것이다.

내 나름대로 4차 산업혁명이 무엇인지를 말한다면, '5세대 이동통신'과 '무인화'를 근간으로 하는 '스마트 지능화 사회'라 하겠다. 스마트 지능화 사회란 인간도 동물도 사물도, 모든 것이 지금보다 더 똑똑해지고 지능을 가진 것처럼 지능화된다는 뜻한다. 기계도 컴퓨터도 지금은 사람들이 프로그래밍한 대로 조작이 되지만, 앞으로는 기계도 컴퓨터도 지능을 가지고 스스로 학습을 하고 조작을 하는 시대가 된다.

건물도 물건도 마찬가지다. 현재 여러분이 있는 건물을 예로 들면, 우리는 건물에 관한 정보가 거의 없다. 한마디로 잘 모른다. 그런데 앞으로는 건물에 관해 모든 것을 알 수 있게 된다. 건물 몇 층에는 어떤 가게가 있고, 가게는 몇 평이고, 무엇을 팔고, 또한 건물은 언제 지어져서 언제 리모델링이 되었는지도 알 수 있다. 만일 건물이 붕괴될 위험이 있으면 그것도 알려준다. 건물도 스마트해지고 지능화된다. 만약 우리가 청평댐을 지나고 있다면, 단지 청평댐을 스마트폰으로 보거나 사진만 찍어도 댐이 언제 지어졌고 물의 양이 얼마나 되고 오늘 발전량은 얼마나 되는지도 알 수 있다.

방송도 마찬가지로 골프 시합을 보고 있는데, 최경주 선수의 골프 경기를 보고 싶다면 내가 원하는 선수의 경기만 선택해서 볼 수 있다. 방송국에서 일방적으로 보여주는 방송에서 해방이 될 수 있다. 사물들도 지능화되어 쓸

< 인류의 산업혁명 >

1차 산업혁명
• 증기기관과 비료의 발명으로 촉발
• 식량문제 해결과 대량 생산 시대 가능케 함.

2차 산업혁명
• 전기 동력으로 인한 기계 중화학 분야의 발전으로 촉발
• 효율적인 대량 생산체제로 현대화의 기틀 갖춤.

4차 산업혁명
• 또 한 번의 통신망 진화, 5세대 이동통신과 광속의 유선 통신망이 근간
• 모든 것이 인터넷으로 연결되는 유비쿼터스 혁명

3차 산업혁명
• 컴퓨터와 정보통신망이 근간
• 컴퓨터로 인한 자동화 시스템, 초고속 정보통신망에 의한 정보통신 혁명으로 삶의 풍요로움을 가져다줌.

데없는 시간낭비를 줄여준다. 예를 들어, 차로 이동하고 있을 때 신호등이 차한테 "지금 다른 차 안 오니까, 내가 파란불 켜줄 테니 빨리 지나가"라고 말을 해줄 수도 있다. 사물, 즉 차도 신호등도 지능화되어 똑똑해진다.

동물도 마찬가지다. 반려견을 키우고 있다면 앞으로는 개와 소통할 수도 있다. 개한테 센서를 부착해 하품을 하거나 눕거나 하는 행동 패턴을 분석하면 반려견이 보여주는 행동의 의미를 알 수 있기 때문이다. 여기에 적절하게 대처하면 간접적이나마 개하고도 소통이 가능하다. 이런 모든 변화가 스마트 지능화 사회다. '지능화 사회' 하면 '인공지능'과 헷갈리는 사람도 있을 수 있는데, 인공지능은 기계장치에 컴퓨터 기능을 넣어서 스스로 생각하게 하는 것으로 '지능화'라는 의미와는 완전 다르다. 사람이 가지고 있는 지능처럼, 사물도 동물도 마치 지능을 가진 것처럼 똑똑해지는 시대가 오고 있다.

5세대 이동통신과 무인화가 근간

3차 산업혁명의 근간인 정보화 사회는 통신망의 발전으로 이루어졌으며, 이를 기반으로 인터넷이 발명되었다. 인터넷이 발명되면서 정보를 공짜로 제공하는 새로운 비즈니스 모델이 생겨났다. 신문과 같은 오프라인에서 정보를 보려면 당연히 돈을 내야 하지만, 인터넷 사이트를 통해서 뉴스를 검색하면 돈을 내지 않는다. 알다시피 인터넷 사이트는 광고료로 수익을 창출하기 때문에 사용자에게 돈을 받지 않는 대신, 사용자가 많을수록 광고 단가는 높아진다. 인터넷 쇼핑몰의 경우에도 오프라인 유통의 중간과정이 없어서 유통

비용이 절감된다. 구매자도 언제 어디서나 시공간을 초월해 물건을 살 수 있어 대량 판매가 가능하다. 그만큼 싼 가격으로 물건을 팔 수 있다. 이로 인해 자연스럽게 오프라인은 경쟁력을 서서히 잃어가고 있다.

이런 현상은 인터넷이 출현하기 전에는 상상도 못했던 것이다. 인터넷의 근간은 통신망인데, 이 통신망이 다시 진화하게 된다. 무선 통신망이 지금보다 100배, 1,000배는 빨라지고 상상도 할 수 없을 정도로 지금보다 더 고속화되고 대용량의 정보를 순식간에 전송한다. 지금도 인터넷에서 모바일로 중심축이 서서히 넘어가고 있지만, 5세대 이동통신이 본격화되면 모바일 중심의 비즈니스가 급격히 발달될 것이다. 모든 것이 내 손 안에서 이루어지는 '유비쿼터스 모바일' 세상이 될 것이다. 이로 인해 생기는 새로운 산업과 서비스, 비즈니스 모델을 현재로서는 상상하기 어렵다. 사람과 사람의 연결을 넘어 앞으로는 사물과 동물까지 연결되니 다가오는 세상이 얼마나 새로울지 상상을 할 수 없어 더 무섭기까지 하다.

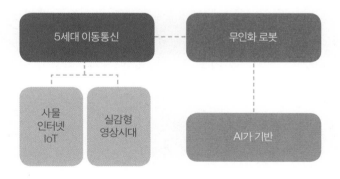

< 4차 산업혁명의 근간 >

남아도는 통신 용량으로 온갖 사물에 센서가 부착되어 사물과 사물이 소통을 하고 사물이 컴퓨터와도 연결되어 일처리를 한다. 점점 '무인화'가 된다. 사람이 작동시키지 않아도 프로그램에 따라 컴퓨터가 스스로 작동하고, 스스로 분석하고 판단하는 인공지능 기술이 발전되고 있기 때문이다. 지금도 무인으로 생산하는 공장들이 많이 있지만, 앞으로는 자동차, 배, 우주선, 드론 등 웬만한 기계장치는 무인으로 움직이고 스스로 학습하고 움직이는 지능화가 될 것이다. 지금으로서는 예측이 안 되는 새로움이다. 그래서 우리는 가능한 빨리 먼저 준비해야 한다.

빅데이터로 모든 영역에서 전문가로 변신

4차 산업혁명 시대가 인간이 원하는 모든 것을 가져다주는 마술은 아니다. 그동안 우리 인간이 축적해온 모든 분야의 빅데이터를 근간으로 추론하고 분석해서 알려주는 것이다. 지금도 우리가 백화점에 가면 내가 어디에 사는 누구인지, 언제 무엇을 샀는지 정도는 데이터베이스화가 되어 있다. 그런데 앞으로는 이 정도가 아니라 백화점에서 내가 무엇을 좋아하고, 언제 이 백화점에 와서 무엇을 샀는지, 백화점에 물건을 사러왔는지 사람을 만나러 왔는지도 다 안다. 이런 데이터 분석을 기반으로 나에 대한 맞춤 정보를 제공한다.

앞으로 자율주행차가 나오면 자동차끼리도 서로 교통 상황을 알려준다. 앞서가는 차가 뒤따라오는 차들에게 수신을 보낸다. "지금 강남 지하철 역

10번 출구 앞에서 영화 촬영하느라 교통이 정체되고 있으니 다른 길로 가! 어휴, 사람들이 너무 많아!"

지금도 내비게이터를 켜면 내가 가고 싶은 목적지까지 얼마나 걸릴지 알려주지만, 앞으로는 그동안의 교통에 관련한 모든 빅데이터를 바탕으로 실제 상황까지 예상해서 더욱 정교해진 시간을 알려줄 수 있다. "원래는 1시간 걸리지만, 지금 그 지역에서 어떤 행사가 있어서 1시간 30분 정도 걸릴 예정입니다." 과거의 교통 상황까지 모두 감안을 해서 점점 정확해진다. 기온이 올라갔을 때냐 아니냐, 휴가철이냐 아니냐 하는 모든 과거 데이터를 근거로 상황을 감안하는 것이다.

또한 지금은 일기나 지진 관측은 전문가들이 하지만, 앞으로는 이 영역도 로봇이 대신한다. 2016년 9월에 우리나라에서도 강진이 발생했는데, 기상청 등에서는 제대로 된 예측 등을 하지 못했다. 앞으로는 그동안 지구상에서 발생한 지진 빅데이터를 바탕으로 이런 현상이 나타나는 며칠 이내에 몇 도의 지진이 발생하리라는 것을 알려준다. 의료 쪽도 마찬가지다. 이제는 의료로봇이 지구상에 있는 인간 질병의 모든 빅데이터를 가지고 환자를 진료하고 치료하는 시대가 온다. 로봇이 전문가의 영역을 점점 대신하기 때문에 전문가들이 점점 일자리를 잃어가는 세상이 온다. 그동안 인간들이 축적해온 모든 빅데이터를 분석하고 추론해서 로봇이 예측을 하는 것이다.

인간 편익 제공으로 새로운 비즈니스 창출

이 모든 것은 '인간의 편익'을 기초로 한다. 인간의 편익을 지원해주어야 비즈니스가 되지, 그렇지 않으면 무용지물이다. 결국은 인간의 편익을 제공해서 새로운 비즈니스 영역을 개척한다. 내가 뭘 좋아하는지를 알아야 나한테 맞는 음식도, 정보도 편익을 제공해줄 수 있다.

만약에 자동으로 머리를 깎아주는 기계, 즉 이발하는 로봇이 개발되었다고 해보자. 우선 사진으로 내가 원하는 스타일을 고르면 로봇은 머리를 깎은 후의 내 모습을 보여준다. 마음에 들면 머리를 깎아달라고 주문하면 되고, 마음에 들지 않으면 다른 헤어스타일을 고르면 된다. 로봇으로 수술도 하는 세상인데 이발하는 로봇쯤이야 금방 만들 것이다. 이발하는 로봇은 고객의 정보를 다 저장하고 있기 때문에 다음번 머리는 쉽게 자를 수 있다. 이발로봇으로 사업을 한다면 하루에 몇 사람의 머리를 깎을 수 있는지 계산이 되므로 예측된 사업화가 가능하다.

앞으로 음식을 만들어 파는 음식 자판기도 나올 것이다. 스마트폰으로 원하는 음식을 주문해놓으면 소요되는 조리시간을 감안해 언제 요리가 나오는지 알려준다. 결제는 당연히 스마트폰으로 할 것이고, 원한다면 배달도 해줄지도 모른다. 상상만 해도 즐겁지 않은가? 물론 사람이 서비스하는 것도 병행되겠지만, 시간이 없고 간단하게 저렴한 요금으로 머리를 자르고 음식도 먹을 수 있다. 세상 모든 것이 점점 더 스마트해지고 인텔리전트해진다.

　4차 산업혁명의 기본 베이스가 되는 것은 5세대 이동통신이고, 2020년도부터 5세대 이동통신의 시대가 온다. 5세대 이동통신은 크게 두 가지 축으로 발전할 것이다. 하나는 사물인터넷(사물에 센서를 부착해 실시간으로 데이터를 주고받는 통신 환경)과 실감형 영상시대다.

　4세대 이동통신까지는 사람과 사람 간의 통신에 중점을 두었다면 앞으로는 사람과 사물, 사물과 사물 간의 통신인 사물인터넷이 5세대 이동통신의 기본 서비스가 될 것이다. 4세대 이동통신에 비해 5세대 이동통신은 용량이 엄청나게 늘어나기 때문에 사람과 사람, 사람과 사물, 사물과 사물 다자간의 통신이 가능하다. 또한 모바일 실감형 영상시대가 온다. 고용량과 함께 데이터 전송속도도 엄청 빨라지므로 기존 데이터통신 시대에서 영상시대로 전환된다. 2020년 5세대 이동통신의 표준이 결정되면 상용화가 본격적으로 이루어질 것이다.

지금은 LTE, 4세대 이동통신의 시대

지금은 LTELong Term Evolution 시대, 즉 4세대 이동통신의 시대이다. 4세대 이동통신은 데이터통신의 시대로 기존 음성 통화 시대에서 데이터인 문자로 검색도 하고 주식도 하고 신문도 보는 시대로 진화된 것이다. 즉, '보는' 휴대폰 시대로 바꾸어놓았다.

1세대 이동통신은 음성 통화만 가능한 아날로그 통신의 시대였다. 1993년부터 등장한 2세대 이동통신은 디지털 방식의 이동통신 시스템으로, 통화 이외에 데이터 전송이 가능했지만 속도가 엄청 느렸다. 3세대 이동통신은 통화 이외에 데이터 다운로드, 메일 주고받기, 메시지 보내기 등의 소량의 데이

< 이동통신의 변천사 >

1세대 이동통신	• 음성 통화만 가능한 아날로그 통신의 시대
2세대 이동통신	• 디지털 방식의 이동통신 시스템 • 통화, 데이터 전송 가능
3세대 이동통신	• 디지털 무선통신 서비스 • 통화, 데이터 다운로드, 메일 주고받기, 메시지 보내기 등의 소량의 데이터 전송
4세대 이동통신	• 고속 디지털 방식의 무선통신 서비스 • 통화, 인터넷 접속, 게임 서비스, 리얼 타임 영화 관람 같은 대량의 데이터 전송
5세대 이동통신	• 데이터 시대에서 동영상 시대로 • 지금까지 경험하지 못했던 새로운 영역의 서비스 구현

터를 전송을 할 수 있는 디지털 무선통신 서비스다. 4세대 이동통신은 통화는 물론 인터넷 접속, 게임 서비스, 리얼 타임 영화 관람이 가능하고 대량의 데이터를 주고받을 수 있는 고속의 디지털 방식 무선통신 서비스다.

2세대 이동통신부터 4세대 이동통신은 모두 디지털 방식의 통신 시스템인데, '데이터 전송 속도가 얼마나 빠른가' 하는 속도의 차이이다. 당연히 앞으로도 기술이 더욱 발전해 데이터 전송속도는 획기적으로 빨라질 것이고, 기술의 진화에 맞춰 현재까지 경험하지 못한 새로운 서비스들이 계속해서 출현될 것이다.

엄청난 변혁을 예고하는 5세대 이동통신

다음 세대인 5세대 이동통신이 2020년도부터 서비스가 시작될 예정이다. 5세대 이동통신은 지금까지의 이동통신과 무엇이 다르기 때문에 세상을 바꾼다고 할까?

통신의 메가트랜드는 음성에서 데이터, 데이터에서 영상으로 바뀌는 것이 거대한 시대적인 흐름이다. 4세대 이동통신까지는 데이터 시대이고 5세대 이동통신은 동영상 시대를 여는 기술로, 지금까지 경험하지 못했던 새로운 영역의 서비스와 세계로 들어가는 것이기 때문이다.

5세대 이동통신이 실생활에 적용되면, 지금까지 상상으로만 했던 다양한 서비스가 구현될 것이다. 이를 테면, 학생들은 더 이상 지식을 얻기 위해 학교에 가지 않고 온라인으로 세계 최고의 강좌를 실시간 수강하게 된다. 즉,

사이버 클래스Cyber Class 개념이 일상화된다. 지금의 인터넷 강의처럼 수강생들이 일방적으로 강의를 보는 것이 아니라 실시간으로 강의에 접속해서 수강하고, 음성이나 문자로 질문도 한다. 수업에 접속된 사람들끼리 동영상으로 토의도 할 수 있다. 마치 한 교실에서 강의를 받는 듯한 착각에 빠질 수 있는 실감형 원격 수업이 가능해진다.

서로 다른 언어와 문자가 소통의 장벽이 되지도 않는다. 본격적으로 교육의 디지털화가 이루어지고, 이 자체로만 해도 교육시장에 커다란 변화가 일어날 것이다. 그러면 현재 대학교뿐만 아니라 전 세계 교육 시스템 전반에서 변화가 불가피하다. 학교의 역할이 지식 전달과 커뮤니티 형성인데, 지식 전달 부문은 온라인으로 변화가 급속도로 전환될 것이다. 그러면 지금의 수많은 학교들은 어떻게 생존할까? 이런 현상이 예측되기 때문에 쓰나미 같은 대변혁이 예고된다고 말하는 것이다.

앞으로는 신문도 기자가 기사를 입력하지 않게 된다. 일반인들이 찍은 동영상을 기반으로 편집되면 그 자체가 동영상 신문이 된다. 독자들이 관심 있어 하는 분야를 인터넷이 자동으로 알아서 독자가 원하는 정보만 실시간으로 푸시push해줄 것이다. 골프와 경제, 다이어트에 관심이 있다면 가장 많이 검색한 순으로 화면의 크기가 할당되고, 실시간으로 관련 뉴스를 알려주는 것이다. 지금도 대부분의 사람들이 인터넷을 통해 뉴스를 보는데 돈을 지불하지 않는다. 따라서 종이신문은 점차 인터넷에 밀리고 극히 일부 상류층에서만 보는 사치품이 될 수도 있다. 기자들의 설 자리도 점차 없어질 것이다.

의료계에서도 획기적인 변화가 예고된다. 통신망의 발전과 의료로봇의 발전은 환자를 원격으로 치료하고 수술할 수 있다. 예를 들어, 의료후진국에서 최신 장비를 활용해서 촬영해 의료선진국의 경험이 많은 의사에게 보내면 의사와 정밀 로봇이 동시에 판독을 한다. 그리고 수술이 필요한 경우 의료후진국 병원 수술실에 설치된 최신 로봇 장비를 활용해 의료선진국의 의사가 원격으로 수술을 할 수 있는 시대가 예고되고 있다.

이런 세상이 되면 이제는 교수, 기자, 의사 같은 전문 직종에 많은 사람이 필요치 않다. 기계나 로봇으로 대체되고 소수의 자신들만의 지적 재산권을 가진 세계 최고들만 살아남게 된다. 자신의 독자 기술이나 논문, 특허가 없거나 부족한 전문인들은 앞으로 지적 재산권을 가진 사람들에게 사용료를 내야 할지 모른다. 그러면 과연 어떤 사람이 사용료를 내는 사람에게 배우고 진료를 받으려고 할까? 소수의 생존자는 엄청난 부를 거머쥐게 된다. 부의 편중이 더 심화되는 시대가 오고 있다.

사물인터넷으로 모든 것이 연결되는 커넥티드 사회

전 세계는 지금 산업혁명, 정보화혁명을 거쳐 모든 것이 인터넷과 연결되는 사물인터넷을 기반으로 하는 '커넥티드 혁명'을 진행 중이다. 5세대 이동통신으로 사람과 사물 간의 통신은 물론, 사람과 동물, 사물과 사물 간의 통신이 이루어지는 커넥티드 사회의 초기 단계가 열릴 것이다. ICBM IoT, Cloud, Bigdata, Mobile의 진화는 실시간, 지능형, 개인맞춤 서비스를 가능하게 한다. 이제는 PC처럼 모든 사물에 인터넷 주소를 줄 수 있다. 집 안에 있는 책상, 침대는 물론이고 전등에도 모두 인터넷 주소를 무한대로 할당해줄 수 있다. 이게 'IP 버전 6'라는 기술이다. 앞으로 점차 모든 사물에 센서가 부착되어 무선으로 인터넷 망에 연결된다. 곧 인간이 이 지구상의 모든 인공물들과도 통신하는 시대가 온다는 뜻이다. 이런 다자간의 인터넷이 필요한 것은 인간이 이것들을 모두 컨트롤하기 원해서이다.

추락 위험이 있는 바위에 센서를 부착해두어 바위가 조금이라도 움직이는 조짐이 보이면 센서가 종합 감지센터로 알려준다. 바위의 추락을 사전에 감지해 큰 피해를 예방할 수 있게 된다. 시청 앞의 전광판 광고를 관리하는 사람이라면 현재의 기술로도 전 세계 어디에서나 스마트폰으로 시청 앞의 전광판 콘텐츠를 원격으로 조정해서 관리할 수 있다. 전국적으로 자판기 사업을 하고 있다면 전국 모든 자판기를 실시간으로 모니터링하고 통제할 수 있다. 새끼를 가진 젖소에게 센서를 부착하면, 산통이 있을 경우 목장 주인이나 수의사에게 바로 알릴 수 있고 반려동물에도 센서를 부착하면 반려동물의 건강상태를 자동으로 체크할 수 있다. 스마트팜이 설치되면 휴대폰으로 온도도 맞추고 물도 주고, 비닐하우스 온도도 올렸다 내렸다 원격으로 다 조절할 수 있다. 이게 다 무인화다.

기계가 사람을 관리하는 것도 자연스럽게 이루어진다. 아침에 일어나서 체중계에 올라가면 체지방이 분석되고, 데이터가 병원으로 전송된다. 그 데이터가 쌓여서 질병이 있나 없나를 자동으로 체크한다. 만일, 심장에 이상이 있다든지 건강에 이상이 있다면 즉각적으로 의사한테 알람이 가서 대처하게 된다.

아침에 일어나면 사물들이 서로 인사도 할 것이다.

"안녕! 냉장고!"

"안녕! 3D 요리기, 내 야채 박스에 녹색 야채 많으니까 오늘 아침 야채 주스 만들어줘!"

"OK, 알았어!"

집에 손님이 와서 문손잡이를 잡으면 자동으로 지문을 분석해서 누군지 알 수 있다. 또한 문손잡이도 건강에 이상 있다고 말을 해줄 수도 있다. 체온과 손의 땀을 감지해서 건강에 이상이 있으면 의사한테 데이터가 전송된다. 언제 어디서나 시간과 장소를 구애받지 않는 유비쿼터스Ubiquitous가 실현된다.

음식 냄새, 옷의 촉감까지 느끼는 실감형 영상 시대

5세대 이동통신은 4세대 이동통신보다 인터넷의 속도가 100배에서 최고 1,000배가 빨라진다. 그만큼 스마트폰 사용 단가가 내려가서 많은 양의 데이터 정보를 보내도 비용부담이 극히 적어진다.

5세대 이동통신은 영상데이터 전송이 기본이 되므로 음성은 물론 데이터 요금도 거의 공짜로 제공된다고 예상한다. 이렇게 되면 데이터 양이 훨씬 커진 영상 콘텐츠 등이 본격적으로 유통되어, 현재 우리가 상상하는 것 이상의 다양한 서비스가 구현될 것이다. 즉, 동영상 데이터를 주고받는 영상의 시대가 우리 앞에 펼쳐진다. 그것도 실감형 동영상으로!

스마트 기기 화면을 통해 멀리 떨어져 있는 사물을 바로 앞에서 실제 사물처럼 보고 느끼고 냄새를 맡을 수 있는 오감 체험이 된다! 그야말로 완전히 새로운 변혁이 일어난다. 데이터로 전송되어 오는 동영상을 클릭하면 옷의 질감도 느낄 수 있고 음식의 냄새까지 맡을 수 있다면, 지금까지 인터넷 상거래에서 한계로 지적된 단점이 단번에 개선된다. 인터넷 상거래의 대변혁을 예고하는 있는 셈이다.

그러면 스마트 기기와 인터넷 기반의 온라인이 메인이 되고, 기존의 오프라인 유통채널은 보조수단으로 역할이 바뀌게 된다. 더 발전되면 홀로그램 같은 자신의 아바타가 인터넷상에 존재할 수도 있다. 현재 3사 이동통신 사업자들의 광고를 보면 5세대 동영상 시대를 엄청 강조하는데, 다가올 5세대 이동통신 서비스를 선점하려는 고도의 선행 홍보 전략이다.

기업의 흥망성쇠가 엄청 빨라지다

유튜브가 없었다면 싸이의 〈강남스타일〉이 그렇게 초단기간에 세계적으로 뻗어갈 수 있었을까? 동영상을 기반으로 하는 유튜브의 강력한 힘을 느끼지 않을 수 없다. 인터넷과 SNS 시대에서는 기업의 흥망성쇠도 엄청 빨라진다. 따라서 하나가 잘되면 인터넷을 통해 확 뜰 수 있지만, 반면에 잘못된 내용이 인터넷에 유포되는 순간 해당 기업은 치명적인 영향을 받는다. 인터넷과 SNS의 속성을 잘 활용을 하면 기업 발전에 큰 도움이 되지만, 이를 활용하지 못하는 기업들은 급격히 경쟁력을 상실하게 된다.

통신망의 발전으로 이러한 현상은 더욱 가속화된다. 영상통화를 일상적으로 사용하면 사랑하는 사람이나 보고 싶은 사람들과의 통화는 기쁨이 되겠으나, 싫어하는 사람들과의 영상통화는 참으로 난감해진다. 부하가 상사하고 영상통화를 하기는 싫을 테니까. 아침에 자고 일어난 부스스한 얼굴로 영상통화를 한다면 얼마나 싫겠는가!

만약 남편이 룸살롱에서 술을 마시고 있는데, 부인이 영상통화로 어디냐고 물어보면 난감할 수도 있다. 남편은 절대 룸살롱이라고 말 못하고, 그런 남편이 수상하게 여겨진다면 부인이 어김없이 주변을 찍어보라고 할 테니까. 이런 현상을 반영해 벌써부터 신종 사업으로 회의실 분위기로 연출해주는 장소 대여가 인기라고 한다. 항상 창과 방패가 있듯, 기술의 발전으로 사람들의 생활 패턴도 급속히 바뀔 것이다. 그래서 미래 예측을 잘하면 새로운 시장을 만들고 서비스를 만들어낼 수 있다.

철저히 고객 중심 가치로

앞으로는 더욱 철저하게 고객 중심 가치로 흐를 것이다. 우리는 물건을 살 때 손으로 만져보거나 냄새를 맡아보며 오감을 사용해 물건을 산다. 이제 인터넷이나 스마트폰을 통해 냄새를 맡을 수 있고 촉감도 느낄 수 있는 동영상의 시대가 온다면, 현재의 TV 홈쇼핑 사업은 큰 위기를 맞이하게 된다. 지금은 TV 홈쇼핑이 크게 성장을 하고 있지만, 앞으로는 TV 홈쇼핑 사업은 지고 스마트폰 쇼핑이 대세가 될 것이다. 예를 들어, 스마트폰으로 동영상을 보면서 내가 좋아하는 배우나 가수가 입고 있는 옷이나 가방, 액세서리 같은 PPL 상품을 클릭하면 바로 배달이 된다. 중국 알라바바 등에서는 이러한 방식을 이미 시행하고 있다. 그야말로 소비자가 왕인 시대다.

물건과 서비스를 만드는 사람들도 이러한 흐름을 미리 알고 움직여야 한다. 철저하게 고객 중심이 되어야 가치가 생겨 재원도 나오고 투자도 할 수 있는 선순환 구조로 흐른다. 그렇게 되기 위해서는 미래 변화에 관한 연구를 통해 발 빠르게 미리 움직여서 미래를 준비해야 한다. 내가 삼성에서 기획팀장을 하면서 힘들었던 것도 이 때문이었다. 사장한테 가서 "앞으로는 온라인 시대가 될 테니까 국내 모 종합 쇼핑몰과 포털을 사서 온라인 세상을 준비하자"라고 했지만 소용이 없었다. 그때 사장이 했던 말이 있다. "애플과의 경쟁도 힘들어. 갤럭시 홍보에 집중해줘. 지금 미래보다도 생존이 더 중요해."

지금 미국 테슬라모터스의 엘론 머스크와 아마존닷컴의 제프 베조스는 우주 경쟁을 하고 있는데, 우리는 선행으로 움직이기는커녕 현재 경쟁에 주력하다 보니 미래를 대비할 여유가 없다. 정말 안타까운 상황이다.

5세대 이동통신과 함께 4차 산업혁명의 근간이 되는 또 하나의 커다란 축은 '무인화'다. 무인화의 실체는 대표적으로 로봇이다. 로봇이라는 말은 1921년 체코슬로바키아의 소설가 카렐 차페크가 희곡에서 처음 사용했는데 '노동'을 뜻한다. 그런 만큼, 그동안의 로봇은 사람을 대신해서 단순 반복적인 일을 하는 장치나 기계를 말했다.

로봇은 이제 더 이상 영화나 공상 과학만화 같은 데 등장하는 소재가 아니다. 통신망과 사물인터넷의 발전으로 기계들이 인간과 똑같이 행동하려는 지능형 무인화 시대가 성큼 다가왔다. 4차 산업혁명으로 로봇의 시대가 오고 있다 해도 틀린 말은 아니다. 통신망과 인공지능이 발달되면서 본격적인 로봇 시대가 예고되었다. 특히 우리나라에서는 이세돌 9단과의 대국으로 그 위력을 떨친 인공지능이 이슈가 되면서 무인화, 즉 로봇 시대가 먼 이야기가 아니라 지금이라도 가시화될 수 있는 매력적인 시장으로 급부상하고 있다.

로봇 시장은 사람들의 단순 노동력을 대신해주는 산업용 로봇이 먼저 실용화되었고 시장 규모도 크다. 따라서 일반인들은 로봇 산업이 발전되고 있는 것을 잘 인지하지 못하고 있다. 하지만 로봇 산업은 미래 캐시카우Cash Cow 산업으로 급부상될 것이다. 가장 대표적인 예가 로봇청소기일지도 모른다. 로봇청소기가 나오고 주부들이 외출할 때면 농담 반 진담 반으로 로봇청소기에게 말한다고 한다. "엄마 나갔다 올게, 청소 잘 해놔!"

그런데 현재의 로봇청소기는 바닥에 있는 먼지를 없애주는 정도다. 흐트러진 물건을 정돈해주거나 바닥에 떨어져 있는 휴지 같은 것을 주워서 버리거나 하지는 못한다. 물건을 정리하고 치워주는 기능까지 하려면 지금과 같은 원반 형태가 아니라 사람과 같은 모습의 청소로봇이 등장해야 가능하다. 유리창을 닦는 로봇도 등장했고 각 가정에서 청소로봇은 일상화될 것이다. 청소로봇으로 유명한 룸바Romba는 가정용 사물인터넷을 활용한 집사로봇을 2021년에 상용화하겠다고 밝혔다. 가정용 기기에 센서를 부착해 집사로봇을 자동으로 조절하는 콘셉트로 청소로봇이 진화하고 있다.

그런데 로봇이라는 범주가 흔히 생각하는 것보다 훨씬 넓어지고 있다. 육체적인 노동을 대체하는 것 외에도 지적인 노동까지도 대체하고 있다. 인간을 대신해서 인터넷을 검색해 웹문서의 검색어를 찾아오거나, 인터넷상의 소식을 모아서 신문을 만들거나, 주식을 자동으로 사고파는 소프트웨어도 로봇이다.

미국은 국방과 항공우주 분야 로봇을 주도하고 있고, 일본은 제조용 로봇 1위 국가다. 나만 그런지 모르겠지만, 로봇하면 가장 앞서가는 국가로 일본이 떠오른다. 아마도 어렸을 때부터 보았던 일본 로봇 만화영화 덕분이 아닐까 한다. 혼다가 세계 최초로 개발한 인간을 닮은 2족 로봇인 '아시모'의 홍보를 선점한 영향도 큰 것 같다.

혼다 창업자의 이념은 '창조성을 잃은 기업은 망한다'였다. 혼다는 이 이념에 따라 1986년에 첫 로봇을 선보인 이후 더욱 진화된 아시모를 선보였다. 2015년에 선보인 아시모는 한 발 뛰기, 춤추기도 가능하고, 점점 인간을 닮아 가고 있다는 평가를 받았다. 아시모 기술의 센서와 카메라로 사고를 예방하는 기술을 자동차에도 적용하고 있다.

유럽은 고령화 시대에 맞는 서비스용 로봇에 투자와 연구를 집중하고 있다. 로봇 시장 선점을 위해 엄청난 자금을 쏟아부으며 세계 각국의 기업들이 국가 차원을 넘어 기업 간 전략적인 제휴를 하고 있으며, 전 세계적으로 치열한 홍보전이 전개되고 있다.

4차 산업혁명에서 로봇의 기본 바탕이 되는 것은 인공지능이다. 즉, 기계에 컴퓨터가 내장되고 인공지능이 연결되어 스스로 상황을 인지하고 분석해서 움직인다. 로봇 스스로가 주변 상황을 인지해 행동하는 지능형 로봇 시대가 다가오고 있다. 정말 사람처럼 스스로 생각도 할 수 있게 된다. 먼 미래에 있을 극도로 지능화된 무인화 시대의 초기시대가 다가오고 있는 것이다. 그렇게 되면 로봇이 인간을 지배할 수 있다는 우려도 있다고 스티브 호킹 박사나 테슬라모터스의 엘론 머스크는 말한다. 그들은 인공지능이 인류에 재앙이 될 것이라는 우려로 크게 반대하고 있다.

무인으로 움직이는 모든 기계 장치가 로봇

사실 지금도 로봇이 우리에게 많이 다가와 있지만, 우리는 아직 그 무궁한 영역을 잘 모른다. 로봇이라고 하면 우리가 어렸을 때 영화로 보던 '마징가 제트'나 '로봇 태권 V'처럼 로봇의 형상을 한 것만 생각하는데, 무인으로 움직이는 모든 기계 장치가 로봇이다.

지금 군사로봇도 나왔고, 팔에 힘이 없는 사람들을 위한 암_{arm} 로봇도 나왔다. 암 로봇을 작동시키면 인간이 도저히 들 수 없는 1톤 무게의 물건도 거뜬히 들 수 있다. 아바타 같은 로봇 강아지도 나왔다. 초고령화 사회를 맞은 일본에서는 이미 노인들을 돌보고 대화도 나누는 휴머노이드 로봇도 출시되었다. 현재는 로봇 대부분이 산업용으로 쓰여 사람들의 인식이나 관심이 덜하지만, 기술 발전으로 점점 사람을 닮아가는 지능형 로봇이 대두가 되면서 로봇에 관한 관심이 점점 증대되고 실생활에도 많이 사용하게 될 것이다.

제품을 하늘로 배달하는 드론도 로봇의 범주에 들어간다. 앞으로 모든 사물이 네트워크에 연결되고 인공지능까지 가세된다면 사물이나 기계 스스로 판단해서 작동하게 된다. 미래의 로봇은 사람들의 빅데이터를 분석해 개인별 일대일 맞춤서비스를 해주고 통역도 해준다. 인간의 감성도 심어 로봇이 인간을 대신하는 시대가 다가온다.

소프트뱅크에서 2014년 만든 '페퍼'라는 로봇이 있다. IBM의 인공지능 '왓슨'을 탑재한 로봇이다. 노인이 되면 제일 문제가 대화 상대가 없어지는 것이다. 말을 하고 싶은데 말할 상대가 없다. 개나 고양이는 따뜻하지만 말을 못한다. 로봇은 따뜻하지는 않지만 대화를 하고 내가 원하는 것을 연결해준다.

점차 바쁜 자식이나 말 안 통하는 배우자보다 가장 좋은 대화 상대로 로봇이 각광을 받게 될 것이다.

소프트뱅크의 손정의 회장도 "감정을 가진, 마음을 갖는 로봇을 만드는 것이 상위 비전이다"라고 선언했다. 소프트뱅크는 중국의 알리바바, 대만 폭스콘과 함께 소프트뱅크 로봇 홀딩스를 설립했다. 이렇게 일본과 중국이 연합해서 세계 로봇 시장 주도권 확보에 승부수를 띄웠다. 최근에 소니도 2006년 수익성 악화로 생산을 중단했던 세계 최초 가정용 로봇인 '아이보AIBO'를 발전시키기 위한 로봇 연구 개발에 다시 박차를 가하고 있다. 이는 인공지능에 대한 관심과 기술 발전이 밑바탕이 되었기 때문에 가능하다.

무인차, 자율주행차의 상용화

광의적으로 보면 자율주행차도 로봇의 범주에 들어간다. 자율주행차는 2020년이 지나면 점차 상용화될 것으로 보인다. 자율주행차Self driving car는 무인차Driverless car와는 좀 다르다. 무인차라는 것은 말 그대로 운전자 없이 달리는 차다. 자율주행차는 무인차의 전 단계로 사람이 하이브리드 운전을 하는 것이다. 운전자가 자율주행 모드로 세팅하면 카메라나 센서를 통해 도로 상황을 판단해서 서거나, 빨리 가거나, 서행하거나 자동으로 주행하는 개념이다. 그러니까 기본적으로 차에 운전을 맡기지만, 위급 상황에서는 사람이 운전을 한다. 무인차는 사람의 손이 전혀 가지 않는 것으로 좀 더 지난 단계에서나 가능하다. 그래서 무인차라고 하지 않고 자율주행차라고 한다. 처음에는 한정된 구간에서 물건이나 사람을 태우고 이동하다 점차 장애인이나 고령자 등을 위한 특수한 목적으로 사용될 것이다. 또한 앞으로 나올 차량에 자동화 기술이 장착되면서 더욱 편리해지고, 자연스럽게 무인화에 대한 두려움도 점차 사라지게 된다.

2016년 테슬라모터스 전기차가 자율주행 모드로 운전을 하다 트레일러의 흰색을 구분하지 못해 충돌해서 운전자가 사망하는 사고가 일어났다. 그렇다고 자율주행차 개발을 중단해야 할까? 현재 우리는 자동차가 없는 세상을 상상도 못한다. 자동차 사고로 매년 3만 명의 사람들이 사망하고 있는데, 위험하다고 자동차를 없앨 수는 없는 노릇이다.

자율주행차가 나오면 택시기사나 대리기사의 일자리가 없어진다. 사실 지금 택시요금의 70퍼센트 이상이 인건비. 자율주행차는 인건비가 들어가지 않아 더욱 저렴한 요금으로 더 편리하게 이용할 수 있다. 자율주행차 시대가 되면 개인 소유의 차량도 점점 사라진다고 본다. 지금의 택시보다 훨씬 저렴한 가격으로 자율주행차를 이용할 수 있으므로 차량을 구입하고 유지하는 비용이 일단 줄고, 그 외 주차비용이나 보험료도 들지 않아서 굳이 차량을 소지할 필요가 없다.

만일, 이렇게 자동차 공유 시대가 된다면 주차장도 점차 없어지고, 교통체증도 훨씬 줄어들 것이다. 자율주행차와 신호등 간의 소통이나 자율주행차 간의 소통으로 교통 혼잡도 더욱 줄일 수 있을뿐더러, 길거리에서 허비하는 시간도 줄일 수 있다. 그렇다면 자동차 수요도 줄어들어서 경쟁력 없는 자동차회사도 대부분 사라질 것이다.

이미 우리 곁에 다가와 있는 로봇

금융 분야에서도 이미 로봇 개념이 등장했다. 로봇 어드바이저, 로봇 트레이더라는 용어로 컴퓨터가 금융거래를 대신해준다는 홍보가 많아지고 있다. 불과 몇 년 전까지 1층에만 있던 은행과 증권회사 점포가 지금은 임대료가 싼 2층, 3층으로 올라가고 있고, 점차 점포수도 줄어들고 있다. 지금 은행이나 증권회사 점포를 이용하는 대부분의 사람들은 인터넷 금융거래를 못하거나 금융 정보가 부족한 고령자들이다. 결국 비디오 대여점이 한순간에 없어졌던 것처럼 은행도 어느 순간 사라지지 않을까 생각한다.

이러한 영향으로 금융인들의 일자리가 없어져 수많은 금융종사자가 거리에 쏟아져 나오고 있다. 은행은 예대 마진, 즉 사람들의 돈을 모아서 필요한 곳에 돈을 빌려주고 일종의 금융 수수료로 수익을 가지는 곳이다. 소비자 입장에서는 수수료가 싸고 더욱 편리한 인터넷 거래와 ATM 같은 기계를 더 많이 이용하게 될 것이다. 돈 있는 사람이 은행 직원을 통하지 않고 돈을 필요로 하는 사람에게 직접 돈을 꿔주는 시대가 오고 있다. 현재 국내에서도 SK C&C가 IBM 인공지능 '왓슨'을 이용해 2017년을 목표로 은행 창구에서 상담하는 로봇을 개발 중이라고 한다.

가사 노동을 도와주는 가사로봇의 등장도 임박했다. 현대 여성들의 사회진출이 늘어나고 권리가 높아진 것도 냉장고와 세탁기와 같은 가전제품이 나오면서 여성들이 가사 노동에 들이는 시간이 줄어들었기 때문이다. 세계 주요 IT 관련 전시회에 가면 3D프린터로 요리까지 해주는 시연이 다반사인데, 조만간 실생활에 본격적으로 이용될 듯하다. 앞으로 요리에서 해방된

여성들의 시간을 어디에 쓸 것인지를 고민하면 또 다른 새로운 사업 생태계가 된다.

기술 발전 추이에 따라 사람들의 삶의 패턴도 지금과는 많이 달라질 것이다. 무인으로 조절되는 아이들 유모차도 이미 페이스북이나 유튜브에 올라와 있다. 요즘 한창 경영 악화 문제로 사회적인 이슈로 떠오르고 있는 조선업에도 로봇을 결합할 수 있다. 물론 현대중공업의 경우 산업용 로봇 사업을 하고 있지만 자율주행차가 나오면 자율주행선박도 나올 수 있다. 업계 전체가 위태로운 우리나라 조선업계에서 이런 연구를 진행한다면 새로운 돌파구가 될 수 있다.

어쨌든 우리 곁에서 움직이는 자전거, 휠체어, 유모차 등 모든 것을 로봇화할 수 있다. 자전거는 운동을 하려고 타는 사람들이 많으니 어떨지 모르지만, 몸이 불편한 사람들이 타는 휠체어나 엄마의 손길을 필요로 하는 아이들이 타는 유모차가 무인으로 나온다면 또 다른 새로운 시장이 만들어질 것이다. 최근에 영국에서 록시Roxxxy라는 섹스로봇이 출시되었는데 벌써부터 뜨거운 사회적 이슈가 되고 있다. 앞으로 젊은 사람들의 동정이나 순결을 로봇에 빼앗기는 시대가 온다는 전망이다. 지금 우리 곁에 다가와 있는 로봇의 시대를 빨리 받아들이고 준비해야 한다.

구글과 아마존닷컴, ICT 기업들의 로봇 사업 진출

전 세계 기술과 신사업을 주도하는 구글도 차세대 성장 산업으로 로봇을 주목했다. 2012년, 한 해 동안 무려 로봇 관련 업체 일곱 개를 인수했다. 2013년 12월에는 발로 걷어차도 넘어지지 않는 개와 유사한 4족 보행 로봇 개발회사인 보스턴다이내믹스를 인수해 100퍼센트 자회사로 편입시켰는데, 2016년 8월 28일 토요타에 매각했다. 토요타는 2016년 1월에 미국 실리콘밸리에 40명 현지 인력으로 설립한 인공지능 연구소에서 향후 5년간 자율주행차와 로보틱스를 주로 연구할 계획이다.

구글은 2013년 3월 안드로이드 부문의 책임자였던 앤디 루빈이 신사업 발굴을 맡으면서 로봇 사업을 강화했다. 가라테를 하는 로봇에서 발차기 하는 로봇, 군사로봇, 무거운 짐을 지고 계단을 오르내리는 로봇 등을 만드는 다양한 신생 로봇 기업들을 여러 개 인수했다. 그리고 약 300명의 로봇 분야 엔지니어들을 영입하는 대규모 투자를 단행했다.

광고와 검색 엔진 인터넷 회사인 구글이 미래에는 로봇으로 본격적인 제조업 진출을 예고하고 나섰으나, 최근에는 사업 철수 설이 돌고 있다. 2014년 4월 루빈이 퇴사하고 나서 구글의 로봇 관련 임원들의 교체가 잦은데다 사업부 간에도 협력이 잘 안 되어 내분을 겪고 있다. 로봇 사업을 매각한 결정적인 원인은 자회사로 편입한 보스턴다이내믹스 임원들과 기존 구글의 다른 로봇 엔지니어들의 협력이 잘 되지 않아 차기 제품 출시에 실패한 탓이라는 의견이 많다.

사실 구글 같은 인터넷 업체가 제조업에 진출한다는 것은 결코 쉬운 일이 아니다. 왜냐하면 구글의 의사결정자가 제조업의 생리를 모르기 때문에, 중요한 의사결정을 잘 내리기도 어렵고 기업 문화도 다르기 때문이다. 인공지능 산업은 구글의 기업 문화와 잘 맞지만, 제조업은 구글의 기업 문화에 잘 맞지 않았을 가능성이 높다.

　전 세계에 물품 배송을 하고 있는 아마존닷컴도 물류 관리와 제품 배송 무인화를 위한 로봇 시장에 가세했다. 수많은 종류의 상품을 전 세계에 가장 빨리 배송해주는 아마존닷컴의 물류 로봇 시스템은 정확도가 거의 100퍼센트로 세계 최고의 수준을 자랑한다. 아마존은 이를 위해 2012년 올 자동 무인 물류 시스템인 로봇 벤처회사 키바KIVA시스템스를 인수해 드론으로 물품을 배송하고 있다. 최근에는 음성 인식 시스템의 도입으로 물품을 말로 주문하면 집 앞까지 배달해주는 배달 시스템도 도입했다.

2020년, 5세대 이동통신의 표준화가 분기점이다

The Fourth Industrial Revolution

이동통신의 역사적 의의를 세대별로 구분해본다면, 1세대 아날로그 시대는 처음으로 휴대폰 시대를 열었다는 데 의의가 있다. 2세대 디지털 시대는 휴대폰의 대중화를 꾀했다는 게 중요하다. 이후 3세대와 4세대는 이동통신의 고속화로 '통화의 시대'에서 이동 중에도 데이터통신이 가능한 '스마트폰 시대'로 진화했다는 데 의의를 둔다.

다시 말하면, 전화기라는 장비는 그대로인데 의사소통만 하던 전화기에서 정보를 교환하고, 회의도 하고, 물품을 구매하고, 은행업무도 처리하고, 이제는 원격 조정으로 사물을 움직이게 할 수도 있게 기능이 발전한 것이다. 지구상의 모든 빅데이터를 바탕으로 인간에게 편익을 제공하기 위한 효율을 극대화시키는 것이자 최적화시키는 것이다. 최초로 전화기가 발명되었을 때는 '놀람' 그 자체였다면, 지금은 '진화'하는 단계이다. 그 진화가 어디까지 갈지 아무도 모른다. 전화기 한 대로 모든 것을 통제할 수 있는 세상! 그곳에서 어떤 일이 벌어질지 누구도 예측하기 힘들다.

　이로 인해 이동통신 관련 업계 간의 속도 경쟁은 더욱 치열해졌고, 이제 5세대 이동통신을 선점하기 위한 국가 간의 경쟁이 본격화되고 있다. 우리나라는 정보통신부가 주축으로 3세대 이동통신부터 4세대 이동통신을 발 빠르게 주도해왔다. 정부가 시의적절하게 국내 표준방식도 정하고, 이동통신 사업자들이 경쟁적으로 통신 장비를 설치할 수 있도록 했다. 2016년에 발표된 국제 통계에 따르면 세계 인구 절반이 넘는 53퍼센트가 인터넷에 접속조차 못한다고 한다. IT 강국인 우리나라의 독자들은 상상도 못할 일이다. 이는 우리가 3세대와 4세대 이동통신의 흐름에 맞춰 잘 준비해왔기 때문에 가능했다. 5세대 이동통신에도 철저히 준비해서 계속 IT 강국의 명맥을 이어갈 수 있어야 한다.

　무제한 속도로 달릴 수 있는 고속도로 아우토반이 있었기에 독일 자동차

< 이동통신의 역사적 의의 >

1세대 이동통신	• 휴대폰의 시대를 열다
2세대 이동통신	• 휴대폰의 대중화를 꾀하다
3·4세대 이동통신	• '통화의 시대'에서 데이터 전송이 가능한 '스마트폰의 시대'로
5세대 이동통신	• '데이터 시대'에서 '동영상 시대'로

산업이 빠르게 발전해서 세계 최고의 자동차 강국이 되었다. 이처럼 이동통신 사업의 성공 여부는 누가 많은 양의 데이터를 값싸고 빠르게 전달해주는 통신망 인프라를 빨리 설치하느냐와 필요한 정보를 누가 가장 정확하게 전달해주는가에 달려 있다.

5세대 이동통신에서도 장비를 조기에 구축할 수 있도록 정부의 정책적인 지원이 필요하다. 5세대 통신망 인프라를 구축하려면 장비를 교체해야 하는데 투자비용만 조 단위가 들어간다. 이러한 선행 투자는 단말기나 시스템 개발 제조업체에 신규 수요를 만들어주고, 관련 서비스와 콘텐츠 개발업체들에게도 새로운 수요를 일으킨다. 나아가서 국가 경제 발전에도 도움이 되는 중요한 산업이다.

통신에서 가장 중요한 것은 표준이다

이동통신에서 가장 중요한 것은 주파수 대역 결정과 표준 제정이다. 주파수 자원은 땅과 같은 한정된 공간 자원이다. 제한된 주파수 자원을 어떻게 쓰느냐는 고도의 전문성을 필요로 하며, 국가의 주파수 정책도 중요하다. 절대로 통신을 잘 모르는 사람들이 정치적으로 결정할 사안이 아니다. 통신은 전 세계가 다 연결되어야 통신이 되기 때문에 세계 표준규격을 정해야 한다.

이 과정에서 수많은 지적 재산권, 즉 특허가 나오며 앞으로 2020년에 표준이 제정된다. 표준은 UN 산하에 있는 국제전기통신연합International Telecommunication Union, ITU라는 정보통신 규격을 만드는 단체가 있다. 4년마다

한 번씩 모임을 개최하기 때문에 '통신올림픽'이라 불리며, 이 모임에서 세계 표준을 정한다. 그때 자신들의 기술이 채택될 수 있어야 경쟁 우위를 가져갈 수 있다. 때문에 각 기업체들은 자사 기술이 최고라고 홍보하고 설득해 자신들의 기술을 표준으로 채택되게 하려는 로비전이 치열하다.

'동영상 압축을 쉽고 값싸게 보낼 수 있는 기술이다.'

'데이터를 훼손 없이 멀리 보낼 수 있는 기술이다.'

'데이터를 끊김없이 보낼 수 있는 기술이다."

이렇게 세계 각 기업에서 신청한 후보기술을 가지고, 표준을 정하는 전문가들이 토의와 투표를 거쳐 표준을 채택한다. 만일 모 회사의 기술이 표준기술 200개 중에서 표준으로 10개가 채택이 되었다면, 그 회사의 기술력이 해당 기술만큼 인정되는 것이다. 표준으로 채택된 기술을 누구나 이용할 수 있게 하고 과도한 사용료 책정을 하지 못하게 한다. 그걸 아무나 사용하지 못하게 하면 표준에서 제외시킨다.

자기 기술이 표준으로 채택되면, 누구보다 그 기술을 잘 알고 먼저 준비했기 때문에 남보다 빨리 이동통신 장비와 관련 단말기를 잘 만들어 시장을 선점할 수 있다. 제품의 품질도 좋고 제품 가격도 낮출 수 있어 경쟁 우위도 확보할 수 있다. 또한 무엇보다 큰 장점은 지적 재산권을 확보할 수 있다는 점이다. 특허 권리를 확보하기 때문에 다른 회사가 가지고 있는 표준기술과 교환하거나 서로 특허가 있으면 크로스 라이선스를 할 수 있다. 서로의 특허 사용권을 인정해주고 공격하지 않는 것이다. 특허료 부담이 줄어들거나 없어지기 때문에 원가 경쟁력이 생긴다.

핵심 특허 보유 여부가 경쟁력

몇 년 전 애플이 자사의 특허를 침해했다고 삼성전자를 제소했고 아직도 특허 분쟁은 이어지고 있다. 그런데 어떻게 휴대폰 후발주자인 애플이 휴대폰 기술과 특허를 삼성보다 더 많이 가지고 있을까? 수긍이 잘 되지 않을 것이다.

애플이 특허를 침해했다라고 제소한 것은 기술 부분에 해당하지 않는다. 디자인과 유저 사용방법User Interface, UI에 관한 것이다. 애플 아이폰의 동그란 외형 디자인을 삼성 갤럭시가 침해했다는 주장이다. 한국에서는 외관 디자인 특허를 인정해주지 않고 단지 의장등록만 인정하는 반면, 미국은 외관 디자인을 특허로 인정하고 있다. 그래서 우리가 미국에 스마트폰을 팔려고 하면 애플이 라운드형 디자인을 특허로 등록해놓았기 때문에 문제가 된다.

하지만 디자인이 비슷하다는 것은 보는 사람마다 달라 침해 여부를 입증하기가 매우 어렵다. 미국의 모든 재판은 배심원제이다. 미국인으로 구성된 배심원들이 수입 제품인 삼성 갤럭시에 유리한 판정을 할 리는 만무하다. 소송에서 지면 애플에서 특허 침해로 손해를 봤다는 거액의 특허료를 요구할 때 배상을 해야 하고 제품 판매도 금지된다. 마치 '자동차는 네 바퀴로 달린다'라는 것을 특허로 해놓으면, 사륜차를 피해서 삼륜차나 오륜차를 만들어야 하는 것과 마찬가지다.

그래서 특허 확보가 특히 IT 사업에서는 중요하다. 특허 분쟁을 통해 경쟁사의 힘을 빼거나 신제품 출시를 늦추게 한다. 후발주자가 선발주자를 공격하면서 홍보에 활용하기도 한다. 이런 다양한 목적과 전략으로 특허 분쟁을 활용한다. 일각에서는 애플이 삼성에 특허 공격을 하면서 오히려 삼성이 홍보 덕을 더 본 것 아니냐는 의견도 있지만, 특허 분쟁에 대응하는 사람들은 참으로 피곤하다. 삼성은 그동안 원천이나 핵심기술, 요소기술이 부족해 특허권이 있는 회사들에 참 많은 특허료를 지불해왔다. 과다한 특허료 지불은 기업들의 원가 경쟁력을 떨어뜨려 결국 경쟁력을 잃게 하는 원인이 된다. 특허가 경영의 중요한 한 축임을 명심해야 한다.

5세대 이동통신, 홍보부터 하라

이런 엄청난 변혁을 예고하는 5세대 이동통신의 중요성을 대부분의 사람들은 잘 모른다. 가장 큰 이유는 홍보가 제대로 안 되었기 때문이다. 우리 모두 그 중요성을 잘 알고 있어야 한다. 그래야 산업 발전에 도움이 되고, 상용화되었을 때도 사용자들이 다양한 서비스를 더욱 효율적으로 활용할 수 있다. 사용자들이 효율적으로 활용한다면 사업자들의 수익도 훨씬 커질 것이다.

막대한 투자비를 빠르게 회수하려면 사업 초기부터 홍보에 주력해야 한다. 인터넷 시대가 오기 전에 아무리 인터넷을 이야기해도 사람들은 잘 몰랐다. 휴대폰도 처음에는 흑백이었는데, 컬러 액정 휴대폰이 나온다고 하니까 "이 정도면 충분히 됐어"라고 했지만 막상 컬러가 나오면서 흑백은 자연히 시장에서 사라지게 됐다. 미래의 스마트폰은 데이터에서 영상으로, 입체로, 홀로그램이 튀어나오고 좀 더 지나면 언어 장벽도 없어진다. 이쪽에서 한국어로 이야기하면 저쪽에는 영어로 통역되는 세상이 온다. 그렇게 스마트폰 세상이 바뀌는 것을 국민들이 알면, 다른 나라보다 새로운 서비스나 제품을 먼저 생각하고 만들 수 있다.

우리나라는 통신과 관련된 사람들이 대부분 연구나 개발자들이다. 통신과 관련된 홍보나 마케팅 전문가가 상대적으로 적어 국민들이 쉽게 이해할 수 있게 홍보를 하지 못하는 경향이 있다. 그리고 지금까지는 개발에 집중하고 있어 서비스 구현보다는 기술적으로 접근하는 면도 없잖아 있었다. 이세돌과 알파고의 세기적인 바둑 대결로 인공지능 기술이 국민들에게 단번에 다가가게 한 것을 거울삼아야 한다. 그나마 LG유플러스, KT, SKT 등의 통신 사업자들이 서비스에 관한 고민을 많이 하고 있다. 이들은 데이터통신을 많이 유발시켜야 수익을 챙기는 기업들이기 때문이다.

이러한 미래 투자와 홍보는 정부가 앞장서야 한다. 정부가 이해관계가 있는 사람들을 모아서 국민들이 이해하기 쉽게 홍보물도 만들고, 세계 석학들도 초청해서 세미나도 열고, 방송과 협력해서 미래의 생활상 변화 등을 보여준다면 많은 홍보가 될 것이다.

5세대 이동통신의 애플은 어디인가?

The Fourth Industrial Revolution

2007년 1월 9일, 미국 샌프란시스코에서 열린 '맥월드 2007'에서 스티브 잡스가 터치스크린과 손가락 입력이라는 UI가 탑재된 아이폰을 발표했다. 휴대폰 시장에 엄청난 판도 변화가 예고되는 순간이었다. 당시 삼성은 노키아를 추격하느라고 애플의 등장을 남의 일로만 여겼다. 그러나 애플 휴대폰을 손에 쥔 순간 위기감이 몰려왔다.

아이폰이 한국에 상륙하고 삼성에서도 부서별로 사람들이 미국에 가서 아이폰을 사왔다. 나는 나대로 사오고 개발 부서는 개발 부서대로 가서 사오고, 마케팅 부서는 마케팅 부서대로 가서 사왔다. 미국 가서 처음 아이폰을 보는데 사진이 쓱쓱 넘어가는 게 지금까지 본 적도 없고 상상도 못했던 바라 충격을 받았다. 심플한 디자인은 말할 것도 없고, 뭐 이런 제품이 있나 했다. 어쨌든 보조금이 지급되지 않아 1,000달러가 넘는 가격에 사왔다. 아이폰을 사서 한국에 와서 임원들을 모아놓고 대책회의를 했다. 임원들의 얼굴에서 위기감을 느낄 수 있었다.

'어떻게 이런 상상도 못할 제품을 만들었지?'

당시로는 상상을 못했던 혁신적인 UI에 속수무책이었다. 임원들이 나한테 아이폰에 대해서 질문을 하면 나도 뭐가 뭔지 몰라 설명을 할 수가 없었다. 아이폰을 대량 구매해서 분석하고 대책 방안 수립에 골몰했다. 과연 시간이 지난다고 우리도 아이폰과 같은 제품을 만들어낼 수 있을까 하는 회의론까지 들었다. 만약 만들어내도 애플의 iOS의 운영체제로 운영되는 앱스토어에 있는 수많은 모바일 앱은 당시로서 개념조차 이해하기 힘들었다. 미국의 통신사업자인 AT&T가 아이폰에 2년 약정이라는 보조금을 지급하며 단말기 가격을 대폭 인하했는데, 가장 혁신적인 제품을 값싸게 제공하는 것도 잘 이해가 되지 않았다.

.

3, 4세대 이동통신 기술에 가장 적합한 아이폰

애플이 3, 4세대 이동통신 시장을 장악할 수 있었던 것은 아이폰이 3, 4세대 기술에 가장 적합한 제품을 만들었기 때문이다. 그 전에도 데이터 전용 스마트폰 제품들이 있었지만 사용하기 불편했다. PC로 보면 아이폰 이전 제품들은 도스 운영체제라 하면, 아이폰은 윈도 운영체제로 사용 편리성에 혁신을 가져왔다.

이전의 다른 제품들은 메뉴에 따라 조작하는 구조MENU DRIVEN 방식이었다. 예를 들어 스마트폰으로 주식을 매매하려고 하면 원하는 주식 매매 화면이 한 번에 뜨는 게 아니라, 원하는 주식매매 화면까지 일일이 데이터 입력을 여러 번해야 찾아간다. 그러다 보면 주식의 매수, 매도 타임을 놓쳤다. 가끔은 중도에서 화면이 정지하는 일도 발생하면 처음부터 다시 해야 했다. 정말로 짜증나는 일이다. 이렇기 때문에 아이폰 이전에 스마트폰이 활성화하지 못했다.

그런데 후발주자인 애플의 아이폰은 원하는 화면까지 단지 손가락 원터치로 도달하니 당시로서는 경쟁자가 없었다. 스마트폰에서 사용할 다양한 어플리케이션을 다운로드만 받으면 구현되는 모바일 앱도 소비자들이 아이폰을 손에서 놓지 못하게 만들었다.

아이폰의 한국 상륙

2009년 11월에 KT가 아이폰을 한국에 도입했다. 삼성의 경영진은 위기감에 휩싸였다. 연일 대책회의가 열렸고 SKT에 아이폰을 도입하지 말아달라는 요청도 해보았다. 애플의 국내시장 진출을 어떻게 해서든 막아야 했다.

삼성의 무선사업부는 모든 역량을 쏟아부으면서 2010년 6월 구글의 안드로이드 OS를 탑재한 갤럭시를 출시했다. 갤럭시는 한국시장에서 애플과 치열한 경쟁을 벌였고, 다행히 국내에서 성공적인 판매가 이루어졌다. 해외에서도 마찬가지였다. 아이폰의 독주에 세계 유수 이동통신 사업자들도 고민하고 있던 차에 삼성의 갤럭시는 구세주와 같았다. 사업자들도 아이폰을 도입한 경쟁자를 이겨내려면 삼성의 갤럭시가 필요했다. 만약 다른 회사에서도 아이폰에 대항할 제품이 만들어졌다면, 삼성의 갤럭시가 크게 히트하지 못했을 것이다. 개발 기간 7개월 동안 모든 역량을 집중해 제품을 출시한 점은 어느 누구도 할 수 없었던 일이었다. '빠른 추격자'로서 진가를 보여준 사례다.

그때 갤럭시 개발에 얼마나 몰두했나 하면 회사 앞의 김밥집이 대박이 났다는 이야기가 있을 정도였다. 임원들이고 개발 부서 직원들이며 매일 두세 시간 쪽잠을 자가며 밤새워 일하느라 그 김밥 집에서 야식을 대놓고 먹었다고 한다. 삼성 임원들은 그때 김밥에 너무 질려서 지금도 김밥이라고 하면 쳐다보지도 않는다.

삼성의 약진으로 초조해진 스티브 잡스는 어떻게 해서든 삼성을 저지하려고 했다. 특히 자기주장이 강했던 잡스는 삼성이 자신들의 제품을 베꼈다고 특허 침해로 제소했다. 이렇게 해서 애플과 삼성의 특허 분쟁은 시작되었다. 애플이 특허 공세로 들인 돈만 해도 1조 원에 달한다고 했으니, 특허 전쟁이 얼마나 치열했는지를 알 수 있는 대목이다.

5세대 이동통신용 아이폰은?

5세대용 스마트폰은 지금까지의 제품과는 완전히 다르다. 사진이나 음악을 들려주는 데이터 전용이 아니고 영상에 적합한 기기가 될 것이다. 애플이 어떠한 획기적인 제품을 준비하고 있는지는 모르지만, 과연 스티브 잡스가 아닌 현재 애플 수장인 팀 쿡이 또 한 번 세상을 뒤집어놓을 만한 혁신적인 제품을 내놓을 수 있을까?

　스티브 잡스가 죽은 후에 나온 후속 아이폰들은 더 이상 혁신성이 없어 보인다. 단지 기존 아이폰의 진화된 모습이다. 팀 쿡의 애플이 과연 또 혁신적인 제품을 내놓을 수 있을지 의구심이 드는 대목이다. 아직 그 어느 단말기 업체도 5세대용 단말기는 준비하고 있지 못할 것이다. 아직 5세대 이동통신의 표준이 설정되지 않았기 때문이다.

　영상시대에는 일단 화면이 커야 한다. 두루마리 모양의 스마트 기기가 될지, 접는 휴대폰이 될지, 글라스GLASS 형태의 새로운 디자인이 될지, 아니면 상상할 수 없는 완전히 새로운 것이 될지는 모르겠다.

　내가 생각하는 5세대용 스마트폰은 '나를 지켜주는 스마트 기기'라고 생각한다. 스마트폰이 과거 통화 위주에서 데이터를 처리하는 PC를 대체하고, 카메라 기능까지 여러 가지가 복합된 제품으로 거듭났다. 이제는 통화, 메시지 전송, 데이터 검색뿐만 아니고 건강도 관리해주고 생명도 지켜주며, 비서 역할도 하고, 블랙박스 역할도 하고, 통역도 되는 등등의 기능을 갖출 것이다.

　이 모든 것을 한번에 해줄 수 있어야 한다. 누군가가 우리가 상상하는 이상의 혁신적인 제품이 내놓을 것이다. 중국 업체가 내놓을 수도 있다. 왜냐하면 상상력의 싸움이기 때문이다. 지금과 다른 새로운 휴대폰 강자가 출현될 수도 있다. 결과는 두고 보면 알 것이다.

ICT 기업과 제조업의 경계가 무너지다

The Fourth Industrial Revolution

언제부턴가 '경쟁 사회'라는 말이 우리를 압박해왔다. 그래도 지금은 같은 업종들끼리의 경쟁이었다. 앞으로는 업종 간의 경계가 급속도로 무너지면서 경쟁자, 복병이 언제 어디서 튀어나올지 모른다. 강한 자가 업종구분 없이 전 사업 영역을 침범하고 혁신적으로 바꿀 것이다. 테슬라모터스의 수장인 엘론 머스크는 제조업을 한 번도 해보지 않은 사람이다. 그런데도 자동차 시장에 들어와 테슬라모터스를 세계 최고의 전기자동차회사로 만들어놓았다.

테슬라모터스의 전기자동차 공장은 완전 무인화로 모든 제조공정을 로봇이 한다. 사물인터넷이 가속화되면서 기계 장치에 인터넷이 연결되고, 모든 제조 공정을 클라우드로 제어할 수 있다. 제조를 로봇이나 3D프린터로 대체하며 무인화 체제로 가는 스마트 팩토리 시대가 빠른 속도로 다가오고 있음을 보여주었다. 기존의 전통적인 제조를 기반으로 하는 회사들의 입지가 점점 축소되고, ICT 업체인지 제조업체인지 업종 간의 경계도 불분명해지고 있다. 일종의 업종 파괴현상이 벌어지는 중이다.

만일 구글, 아마존닷컴, 페이스북 같은 미국의 거대 인터넷 업체들이 막대한 자금을 가지고 스마트 팩토링을 기반으로 제조업에 진출한다면, 이를 당해낼 기업들이 별로 없어 보인다. 애플이 PC대신 로봇 PC를 만들고 자율주행차인 가칭 아이카iCar를 만들면, 과연 기존의 자동차 업체들이 경쟁이 될까 의심스럽다.

자동차 생태계를 한꺼번에 붕괴시키는 자율주행차

4차 산업혁명에서 가장 큰 충격으로 다가올 분야 중의 하나가 자율주행차라고 생각한다. 과연 자율주행차의 구성비에서 그동안 기존의 벤츠나 도요타, 현대자동차에서 보유해온 자동차 기술이 얼마나 활용될 수 있을까? 차량 외관이나 바퀴, 동력을 전달하는 축, 엔진 정도가 고작일 것이다. 배터리, 각종 센서나 각종 편의 장치, 통신 기술 같은 자동차 외의 부문이 차지하는 부가가치 비중이 70퍼센트까지 차지하게 될 것이라는 분석이다.

그러면 기존의 자동차 생태계 가치사슬Value Chain은 송두리째 바뀔 수밖에 없다. 자동차 원료를 제공하는 철강회사, 자동차 부품을 만드는 회사들, 이를 이용해서 자동차를 만드는 회사들, 자동차를 판매하는 판매유통회사, 자동차의 연료인 석유업체들, 자동차를 운전하는 기사들, 자동차 보험회사들, 자동차를 수리하는 업체들……. 이 모든 자동차 생태계가 한번에 붕괴될 수 있는 변곡점에 서 있다. 자율주행차가 나오면서 생기는 신규 가치사슬을 보면, 일단 자동차 차체가 플라스틱으로 점차 바뀌므로 철강업체들의 영역이 좁아질 것이다. 자동차 내연기관이 배터리로 전환되면서 기존의 자동차 부품이 대부분 사라진다고 예상된다. 자동차 전체를 제어하는 CPU는 인텔이 주도하고 있고, 삼성은 센서 등의 전장부품 사업에 본격적으로 참여하고 있다.

기존의 자동차 제조업체들이 어느 순간 ICT 업체들의 거대한 해일에 쓸려나가는 꼴이 될 수도 있다. 지금 자율주행차를 개발하고 만드는 선발 주도 업체들은 대부분이 ICT 업체들이다. 테슬라모터스, 구글, 애플, 바이두 등은 기존의 자동차 제조업체들이 아니다. 자율주행차의 목표는 운전자를 없애는 것이므로 당연히 운전기사들은 다른 직업을 찾아야 하고, 운전자 과실이 없으니 일반인 대상 차 관련 보험회사도 있을 이유가 없다. 차량 공유 서비스로 시장 판도를 바꾸는 우버와 같은 공유 개념이 보편화되어 더 이상 차량을 소유할 이유도 사라질 것이다. 즉, 차가 필요할 때만 택시처럼 불러서 쓰면 되고, 이로 인해 대부분의 주차장이 사라질 것이다. 석유도 전기로 대체되고 태양광 등 친환경 에너지가 본격적으로 사용될 것이다.

자동차 산업의 미래에 관한 맥킨지 보고서에 따르면 2030년에는 차의 60퍼센트가 전기차로 바뀌어 원유 수요가 하루 300만 배럴이 감소한다고 한다. 기존 자동차회사들은 생존을 위해 이들 업체와 전략적 제휴로 생존을 위한 몸부림을 치고 있지만, 급변하는 생태계에서 시간이 문제일 뿐 몰락은 눈앞에 있다.

전기자동차 부분에서는 현재 테슬라모터스가 주도를 하고 있다. 기존 자동차 제조업체는 과거의 제조방식으로 추격을 하고는 있지만 이미 대세는 기울어졌다고 본다. 또한 인터넷 검색 업체인 구글이 자율주행차를 만들고 주행 시험을 하는 것을 소비자들도 아무렇지 않게 받아들이고 있다. 기존 자동차 제조 메이커들은 이런 상황을 직시해야 한다.

앞에서도 얘기했지만, 애플도 타이탄이라는 프로젝트로 자율주행차를 만들고 있는데, 아마도 아이폰 브랜드 후광으로 소비자들이 기존 자동차 메이커들보다 더 신뢰할지도 모른다. 기존 자동차가 사람들을 이동하게 해주는 운송 장치였다면, 미래 자율주행차는 이동하는 동안 자동차 공간에 새로운 가치를 부여하는 회사가 차세대 자동차 산업을 주도하게 될 것이다. 거대 공룡이 한순간에 없어지는 현상이 자동차 업계에서 나타날 확률이 매우 높다. 즉, 기존의 자동차 제조업체들이 ICT 업체들에게 먹히는 것이다.

스마트공장, 플랫폼을 통한 역할분담 체제로 전환하라

현재 글로벌 산업의 주도권은 구글, 애플, 페이스북, 바이두와 같은 소프트웨어 플랫폼 기업들로 옮아가는 모양새다. 빅데이터, 사물인터넷, 3차원3D 프린터, 스마트카, 바이오테크놀로지 등의 미래산업이 가시화되면서, 기존 제조업의 붕괴를 가져올 서막이 열리고 있는 셈이다. 더 크게는 산업 간의 경계도 서서히 무너지고 있다.

미국, 유럽, 중국은 정부 주도로 다가오는 산업혁명에 대비해 정책적인 패러다임 변화를 준비하고 있다. 현재 제조업은 노동력과 효율을 기반으로 한 대량 생산체제이다. 하지만 앞으로는 3D프린터와 사물인터넷 같은 혁신적인 아이디어와 기술을 기반으로 한 제조의 플랫폼화, 산업 간의 융합이 주도하게 된다. 스마트공장 개념이 완성되어갈 것이다.

3D프린터 기술이 기존 제조업의 제조, 생산 공정 자체를 송두리째 바꿔놓는다고 본다. 더 이상 대규모의 제조 설비를 하지 않고도 생산량의 증대에 따라 3D프린터를 추가설치하면 된다. 어떠한 다품종 소량 생산도 전혀 문제가 되지 않는다. 대량 제조 능력이 핵심 역량Core Competence이 될 수 없는 시대가 다가오고 있다. 사물인터넷 기술 역시 제조 플랫폼화를 통해 제조 생태계 혁신이 이루어질 것이다.

앞으로는 한 기업이 모든 것을 다하는 수직 계열화 체제에서 기업별로 자신들이 보유한 특화된 역량을 플랫폼을 통해 연합하는 업체들만 생존하는 시대가 된다. 현재는 자금력과 글로벌 유통망을 갖춘 대기업들이 제조와 판매를 총괄한다. 중소 협력업체들은 대기업이나 모기업에 부품을 공급하거나 일부 투자를 하는 방식으로 공조를 해왔다. 하지만 이제는 대기업은 개발과 마케팅을 맡고, 중소기업은 제품과 제조를 맡아서 하는 협업체제가 플랫폼을 통해 자연스럽게 이뤄지며 상생하는 모델로 변화될 것이다. 산업, 기술, 시장, 가치사슬 등에서 기존의 영역 구분이나 경계가 파괴되고, 기술과 아이디어 중심으로 융합과 혁신이 다양하게 일어난다.

제조 혁신을 위한 국가 주도 전략들

제조업의 특성은 제품 제조에 가치를 높여 좀 더 좋은 가격을 받고, 제조 혁신으로 제조 원가를 낮추어 이익을 극대화시키는 것이다. 과거와 달리 소비자들이 원하는 제품과 서비스가 다양화되고, 제품과 서비스의 주기도 엄청 짧아지고 있다. 따라서 제조업체들은 두 마리 토끼를 다 잡아야 한다. 다양한 고객들의 요구에 맞는 제품을 빨리 내놓으면서, 빠르게 변화하는 대중들의 요구에 대응하기 위한 대량 생산체제를 구축하는 것이 필수였다. 하지만 이제는 공장들도 무인화로 운영된다. 지금까지의 생산방식은 인간 노동력을 기반으로 한 것이었으므로 인건비가 싼 지역에 공장을 세웠으나, 4차 산업혁명은 다른 관점에서 출발한다.

인건비가 싼 곳보다는 무인로봇을 운영하는 데 들어가는 전기료나 수도, 광열비가 저렴한 곳, 공장부지에 대한 세금이나 임대료가 싼 곳, 통신망이 잘 발달된 곳 등이 최적의 공장부지로 부각될 것이다. 고객과 가까워서 물류비용이 저렴한 곳과 같이 서로 잘 맞물려 글로벌 토털 생산체제가 구축된다. 따라서 기업별로 제조공장을 갖추지 않고, 대만의 홍하이처럼 제조 전문 기업들이 회사별로 요구하는 제품을 만들어주는 시대가 온다. 따라서 제조를 할 때 제조 원가의 차이도 점차 줄어든다.

미국은 지난 2012년 '미국 제조업 재생계획'을 발표하고, 이를 지원하는 인프라 구축을 본격화하고 있다. 제조혁신기구를 전국 15곳에 설치하고, 제조 분야에서 원천기술이나 사업화 기술을 개발하는 지방 중소기업을 지원하는 기반을 다졌다. 여기서 개발한 기술과 지식을 전국적으로 공유할 수 있는 제조혁신네트워크도 마련했다.

미국의 GE는 디지털 솔루션 업체로의 변신을 꾀하고 있다. GE는 에너지관리와 공장 유지보수를 효율적으로 추진하는 '프레디스Predix'라고 하는 사물인터넷 플랫폼을 만들었다. 시스코, IBM, 인텔을 비롯한 전 세계의 230

여 개 기업들이 프레디스 하에 인더스트리얼 인터넷 컨소시엄Industrial Internet Consortium에 가입하는 등 점차 세력을 확장하고 있다.

독일도 제조업 경쟁력 강화 전략으로, 2006년부터 '하이테크 전략 2020'이 추진되어 왔다. 2011년에는 ICT 융합을 제조업 경쟁력 강화 전략으로 '인더스트리 4.0'을 추가했다. 모든 생산 공정, 조달과 물류, 서비스까지 통합적으로 관리하는 '스마트공장' 구축을 목표로 하고 있다. 이를 위해 사물인터넷, 사이버 물류시스템, 센서 등의 기반 기술 개발과 생태계 확산에 집중한다는 계획이다.

자동차 부품업체로 알려진 독일의 보쉬는 모든 제조공정에 사물인터넷을 도입해 공장 내의 물류, 조립, 시험, 직원들의 작업 관리를 자동으로 하는 솔루션을 제공한다. 제품을 조립할 때 초보자들도 실수를 최소화할 수 있도록 각종 센서와 무선 기술을 이용한 스마트 조립 솔루션을 지원하는 등의 제조 혁신을 꾀하고 있다.

중국도 막대한 자금력을 바탕으로 '중국 제조 2025' 전략을 수립했다. ICT, 에너지, 바이오, 첨단설비제조, 신소재, 전기자동차 등의 신산업 분야 연구 개발을 적극 지원하는 것이다. 향후 30년간 10년 단위의 3단계로 산업을 고도화한다는 장기 전략을 추진하고 있다. 목표도 분명하다. 2025년까지 프랑스, 영국, 한국을 추월하고 2035년에는 독일과 일본을, 2045년에는 미국과 대등한 경쟁력을 갖추겠다는 것이다. 중국은 한국의 반도체, LCD, 스마트폰 사업을 정조준하고 있다.

우리나라도 '제조업 혁신 3.0'을 통해 정부 주도로 스마트공장을 위한 표준 플랫폼을 제시하고 있다. 하지만 자본과 기술이 부족한 중소기업들이 스마트공장을 실제 적용하는 단계에서 어려움을 겪고 있다. 그리하여 스마트 공장 부문에서 선진국들에 비해 기술력과 시스템화가 부족해 선진 업체에 종속될 우려가 있다. 따라서 우리가 미흡한 부분을 만회하려면 선진 기업들과 공동개발을 추진하거나 표준화 작업에 동참해야 한다. 선진 기업들의 기술을 그냥 수입하면 제조 경쟁력이 떨어지기 때문에 매출이 늘 수 있는 스마트 비즈니스 공장 개념을 도입하고, 이를 추진할 수 있는 인재 육성도 시급한 과제다.

기업의 사활이 걸린 핀테크

The Fourth Industrial Revolution

최근 금융 쪽에서는 핀테크가 최대의 화두로 떠오르고 있다. 핀테크는 파이낸스와 테크놀로지가 결합된 말로서 ATM머신, 우리가 쉽게 접근할 수 있는 무인 현금 인출기와 같이 현재 실생활에 많이 사용되고 있다.

이제는 클라우딩 펀드 제도가 새로 생겨서 인터넷을 통해 자본도 조달할 수 있다. "돈 필요한 사람 있어요?"라고 인터넷을 통해 홍보하면 돈을 필요로 하는 사람들이 몰려든다. 내가 굳이 은행을 통해 돈을 빌려주고 비싼 수수료를 낼 이유가 없다. 인터넷만을 이용하는 인터넷 뱅킹 회사도 조만간 선보이기 때문에 기존의 금융 시스템이 재편될 날도 멀지 않아 보인다.

요즘은 국내 웬만한 증권회사나 인터넷을 통해 해외주식을 매매할 수 있는 글로벌 투자 시대이다. 나도 미국과 중국 주식을 인터넷으로 매매한다. 해외주식을 매매하려면, 중국이나 미국의 경제 동향이나 투자하고자 하는 회사의 경영 상태를 잘 알고 있어야 한다. 과연 미래 성장성이 있는지, CEO는 똑똑한지, 제품 개발은 잘하는지를 알고 있어야 한다.

은행도 인터넷 은행이 생기면서 변화에 가속도가 붙고 있다. KT와 카카오톡이 인터넷 뱅킹 라이선스를 받아 인터넷 뱅킹 회사를 만든다고 한다. 삼성도 금융 쪽에서 블록체인Blockchain(데이터를 한곳에 모아 집중 관리하는 대신 여러 곳에 두고 동기화시키면서 관리해 가는 분산형 기록 관리 기술)을 사용한다고 한다. 지금 인터넷 뱅킹 시스템은 우리가 온라인 송금을 하면 은행 서버에 전달이 되었다 이체가 된다. 그런데 블록체인은 단말기 기능에 서버가 다 있다. 내가 딸에게 돈을 보내고 싶다면 내 서버에서 딸 계좌로 바로 보낼 수 있다. 이제는 소액도 저렴한 수수료로 간편하게 주고받을 수 있을 것이다. 금융 산업 패러다임이 바뀌는 것이다.

최근에는 중국의 12개 은행들이 '상업은행 인터넷금융 연맹'을 발족해 은행 시스템을 서로 연동하고, 계좌 인증도 가능하게 하고, 자금 유통도 점점 확대해나가기로 했다. 온라인을 이용할 경우에는 은행 간의 이체 수수료도 액수 상관없이 면제하기로 하는 등의 발 빠른 대응을 하고 있다.

핀테크의 가치사슬은 방대하다

또한 '페이'라고 불리는 결제 수단 선점 경쟁도 치열하다. 기존의 카드가 스마트폰으로 들어오면서 또 다시 변화를 예고하고 있다. '긁지 말고 터치'라는 헤드라인을 내세운 삼성페이는 한국을 기반으로 미국, 유럽, 중국 등으로 시장을 확대해나가고 있다. 경쟁사인 애플페이는 근거리무선통신Near Field

Communication, NFC 방식만 사용하기 때문에 미국 상점들 중에 약 15퍼센트 내외 가량만 사용하고 수수료도 1.15퍼센트를 가져간다. 삼성페이는 NFC 방식 이외에 기존의 마그네틱 카드결제도 되면서 수수료도 무료다. 이런 이유로 미국의 투자은행인 JP모건에서는 삼성페이가 애플페이보다 빠르게 확산되리라고 보았다.

삼성페이는 전체 핀테크의 가치사슬 상에서 보면 극히 일부에 지나지 않는다. 지금은 단순 카드를 스마트폰에 내장해서 소비자에게 편리함을 주고 있지만, 스마트폰을 많이 파는 것이 일차 목표다. 하지만 궁극적으로는 이를 계속 발전시켜 온라인 고객과 연계해야 한다. 고객이 확보하고 있는 각 마일리지 포인트를 고객이 원하는 모든 상품을 구매할 때 사용할 수 있게 해야 한다. 그래야 고객이 계속 페이를 사용하게LOCK-IN 되고, 고객들의 구매 패턴에 관한 빅데이터를 확보할 수 있어야 향후 맞춤형 마케팅을 할 수 있다.

현재 핀테크에 관련된 기업 생태계의 범위는 방대하다. 오프라인 상점에 있는 결제 단말기뿐만 아니라 계속 커지는 온라인 결제 부분, 실제 돈을 빌려주고 돈을 수금하는 기존의 카드회사, 은행, 대부업체 같은 기존 금융사, 핀테크를 가능하게 해주는 소프트웨어 개발과 보안업체가 있다. 휴대폰 같은 결제 단말기를 제공하는 업체도 중요한 핀테크 가치사슬 중의 하나다. 어느 한 업체가 이 모든 것을 다 할 수는 없다.

이런 상황에서 은행과 카드사는 물론, SKT 같은 이동통신 사업자, 인터파크 등의 인터넷 쇼핑몰 업체, 온라인 포털인 네이버, SNS 업체인 카카오, 휴대폰 업체인 삼성전자 등 기존 고객을 확보하고 있는 기업들이 뛰어들고 있다.

한국형 핀테크 생태계 조성이 필요

외국도 마찬가지다. 전 세계 핀테크 업체 중 가장 앞서 있고 안정적인 성장을 하고 있는 회사는 중국 알리바바의 알리페이다. 알리페이는 2004년에 알리바바 온라인 쇼핑몰에서 사용할 수 있는 전자결제 서비스를 발전시켜왔다. 일찍부터 시작해서 거의 전 분야의 가치사슬을 완성한 단계로 우리나라보다 거의 몇 년을 앞서 있다는 평가다. 알리페이는 자기 애인이 쓴 돈을 대신해서 입금해주는 특별 서비스도 운영한다. 국내에서도 어느 정도 서비스가 소비자에게 익숙해지는 시점에 가치사슬별로 주도하는 회사들이 나올 것이다. 기업으로서는 사활이 걸린 싸움이다.

핀테크 산업은 국내 기업들만의 경쟁이 아니라 글로벌 경쟁이므로 국내시장에 해외 선진 업체가 들어온다면 미래 신성장 산업 분야를 외국 업체들에게 빼앗길 우려가 있다. 따라서 국내업체 간의 경쟁도 좋지만 전략적인 협력과 제휴로 조속히 한국형 핀테크 생태계를 조성하는 게 필요하다.

기업들의 노력도 중요하지만, 핀테크 분야는 정부의 역할이 절대적이다. 한국 정부가 금융 전 분야를 관리감독하고 있기 때문에 국내 기업들의 애로사항을 정확히 파악해서 풀어줄 것은 빨리 풀어주고, 업체 간의 제휴도 중간에서 잘 결합시켜 주는 게 게 중요하다. 현재 정부에서 인터넷 전문은행도 설립하고 클라우딩 펀딩 관련 법률도 제정하면서 나름 빠르게 움직이고는 있지만 '주마가편'으로 발걸음을 더 재촉해야 한다.

    4차 산업혁명이 몰고 올 파란은 교육계에도 예고되고 있다. 2002년 미국에서 시작된 온라인 동영상 공개강좌인 무크Massive Open Online Course, MOOC가 계속 발전하며 앞으로는 전 세계 대학교가 상당 부분 사라질 것이다. 무크는 인터넷을 통해 강의를 무료나 유료로 선택해서 볼 수 있다. 대학교에서 인정하는 수료증도 받을 수 있어, 입학해서 수업료를 내고 강의를 보는 사이버 대학과는 차이가 있다.

    디지털 교육의 초기단계로 볼 수 있는 무크는 영상 강좌를 들으며 토론방에 참여할 수 있고 시험도 볼 수 있다. 웹 카메라로 시험을 녹화하며 시험 보는 학생의 타이핑이나 마우스 클릭 스타일로 검증할 수 있다. 현재 세계 최대의 무크 사이트는 스탠포드대학교, 예일대학교, 프린스턴대학교 등이 참여한 코세라www.coursera.org이다. 하버드대학교, MIT, 칭화대학교, 서울대학교 등이 참여한 에덱스www.edx.org도 있다. 대학뿐만 아니라 구글, AT&T 등의 컴퓨터

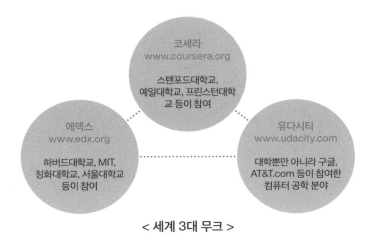

코세라
www.coursera.org
...
스텐포드대학교,
예일대학교, 프린스턴대학
교 등이 참여

에덱스
www.edx.org
하버드대학교, MIT,
칭화대학교, 서울대학교
등이 참여

유다시티
www.udacity.com
대학뿐만 아니라 구글,
AT&T.com 등이 참여한
컴퓨터 공학 분야

< 세계 3대 무크 >

공학 분야의 유다시티www.udacity.com 사이트가 있는데, 이 세 곳이 세계의 3대 무크 사이트로 꼽히고 있다.

그 외에 2004년 인도계 미국인 살만 칸이 어린 조카를 위해 만든 수학 강의가 있다. 전 세계적으로 인기를 끌게 된 칸 아카데미KHAN academy는 빌 게이츠가 직접 재단을 설립해서 지원했다. 지금은 화학, 경제학, 물리, 역사 등 다양한 분야에서 400여 개가 넘는 동영상 강의로 무료로 제공되며 많은 사람들이 이용하고 있다. 한국도 늦었지만, 최근에 교육부와 국가평생교육진흥원에서 한국형 무크K-MOOC에 총 10개 대학을 선정해서 지원한다는 발표를 했다.

이런 추세가 발전해 계속된다면 감히 말하건대 한국 대학은 어느 순간에 미국이나 유럽 유명 대학의 분교로 전락할 가능성이 높다. 세계 다른 석학이 연구한 내용을 가지고 한국 교수가 강의를 한다면 그 석학에게 저작권료를 내야 할 것이다. 왜냐하면 앞으로 강의하는 내용을 자동으로 다 분석할 수 있기 때문에 지적 재산권 침해 문제가 이슈로 대두될 가능성이 높다. 즉 자신이 연구한 내용이 학생들에게 관심이 없다면 그 교수는 더 이상 강의를 할 수 없게 된다. 즉 학생들이 배우고 싶어 하는 강좌의 원작자들만이 살아남는 시대가 오는 것이다.

전 세계 10만 명이 함께 실시간으로 수강

과거 통신망이나 교통이 발달되지 않았을 때는 옛날 서당 훈장처럼 자기 동네에서는 먹고 살 수 있었지만 이제는 아니다. 교통이 발달되고 통신망이 발달되니까 점점 더 최고의 학교와 스승을 찾아간다. 사람들이 학군 좋은 데로 이사하는 것도 다 그 이유이다. 대치동으로 자꾸 몰리는 것도 유명 학원이 많기 때문이었다. 하지만 앞으로는 통신망의 발전으로 지금의 일방향 인터넷 강의 대신, 리얼 사이버 클래스로 장소에 구애 없이 양방향 통신으로 수강할 수 있게 된다. 동시에 전 세계 10만 명이 접속해도 내가 질문하면 웹 카메라가 따라다니면서 나를 비춘다. 교수는 질문자를 향해 말할 것이다.

"남아프리카공화국의 누구 이야기해보세요."

오늘 배운 내용으로 언제까지 과제를 내라고 하면 인터넷으로 과제를 제출하면 된다. 표절은 어림도 없다. 지금도 표절하면 다 체크되는데 표절하면 바로 브레이크가 걸린다. 언어도 전혀 문제가 되지 않는다. 이쪽에서 한국어로 과제를 써서 내고 한국어로 질문을 해도 영어로 자동 번역되어 평가도 받고 시험도 볼 수 있다. 내가 굳이 미국이나 유럽으로 가지 않아도 세계 최고의 강좌를 집에서 수강할 수 있다. 전 세계 10만 명이 지역도 국가도 초월해 친구가 된다. 물리학은 어느 나라의 어느 대학 교수가 유명하고, 바이오 쪽은 어느 대학의 누가 유명하다면 학원 강의처럼 골라서 수강할 수 있다. 하버드 강의를 듣고 과제도 제출하고 시험도 통과하면 하버드대학교 출신이 되는 것이다. 세계 최고의 대학들은 자체 콘텐츠를 가지고 세계시장을 대상으로 비즈니스를 충분히 할 수 있다.

다만 초등학교, 중학교, 고등학교는 인성 교육이나 학생들 간의 커뮤니티 형성이라는 교육 목표가 중요하므로, 학교에 가서 단체 생활도 하면서 사회 일원으로서 적응하는 부분이 있어서 양방향 통신 강좌가 힘들 수도 있다. 그래도 학교를 매일 나갈 필요는 없을지도 모른다. 기초 수업은 집에서 인터넷으로 전부 수강하고, 학교는 체육이나 레크레이션 활동, 봉사 활동만 하러 나갈 수도 있다.

획일적인 교육 시스템이 붕괴되다

일부 지방대학교들은 지금도 학생 수가 줄어 생존에 위협을 느끼고 있는 것이 현실이다. 앞으로 경쟁에서 밀린 대학교들이 생존을 위해 변신해야 하는데 어떻게 변화가 될까? 고령화 시대에 대비해 은퇴한 장년층이나 노년층을 대상으로 한 평생교육원이 될 수도 있다. 비어 있는 학교 건물을 이용해 노인들을 위한 실버타운을 만들 수도 있다. 어떻게 바뀌고 변화해갈지는 먼저 생각하고 먼저 실행하는 사람들의 몫이다.

최근에 어떤 기사를 보니까 외국의 어떤 대학교가 4년제인데, 1년에 한 번씩 나라별로 옮겨 다니며 강의를 듣는다고 한다. 학교 캠퍼스가 미국, 중국, 유럽, 아시아권에 하나씩 있고, 1학년은 미국에서 기숙사 생활을 하면서 강의를 듣고, 2학년은 중국에서, 3학년은 다른 아시아 지역에서, 4학년은 영국에서 강의를 듣는 방식이다. 학생들에게 글로벌 환경을 직접 경험하게 하는 셈이다. 모든 강의는 인터넷으로 하고, 질문을 하지 않거나 수업에 적극적으로 참여하지 않는 학생들의 수강 태도가 리얼 타임으로 교수에게 알려져 교수는 모든 학생들에게 동등한 수업 참여를 유도한다. 그러니 공부를 하지 않거나 수업에 집중을 안 하면 버틸 수가 없다. 교수들은 그렇게 해서 학생들의 수준을 목표한 만큼 끌어올린다. 지식은 서로 경쟁을 시켜 더욱 타이트하게 관리를 한다. 과제도 꼼꼼히 다 체크한다. 실험적으로 운영하고 있는 학교인데 꽤 성공적으로 안착이 되고 있다는 내용이었다.

앞으로는 이런 혁신적인 교육 시스템을 도입하는 차별화된 학교가 많이 나올 것이다. 획일적인 교육 시스템은 지구상에서 사라질 것이다. 현재에도 구글이나 네이버를 활용하면 필요로 하는 대부분의 지식을 다 얻을 수 있으므로 지식은 일반화되고 장소와 시간도 초월할 것이다. 하지만 학교가 꼭 지식만 가르치는 곳이 아니라 인성과 글로벌 교육, 학생들 간에 커뮤니티를 형성하는 역할이 있으므로 여러 나라를 옮겨 다니면서 수업을 듣게 하는 새로운 개념의 대학교가 나온 것이다. 무서운 미래 앞에 서 있는 우리나라 대학이나 학교들은 과연 어떻게 생존할 것인가? 현존하는 교육 시스템도 모두 바뀌게 될 것인데 지금부터라도 연구를 해야 한다. 아직까지도 주입식 교육으로 달달 외운 것만 공부하는 식의 시스템으로는 미래 경쟁력이 떨어지기 때문이다.

PART 3

변혁기가 또 한 번의 기회다

파괴 마케팅

The Fourth Industrial Revolution

마케팅 기법 중에 '파괴disruptive 마케팅'이라는 게 있다. 파괴 마케팅이라니 어감이 주는 의미가 매우 공격적이면서 매몰차고 무섭다. 파괴 마케팅은 주로 후발주자가 선발주자를 뛰어넘기 위해 지금까지 없었던 서비스나 기술, 가격 등을 실행할 때 구사된다. 이를테면 잘 팔리는 100만 원짜리 휴대폰이 있는데, 100만 원짜리보다 기능이 더 좋은 20만 원짜리 휴대폰이 나와 100만 원짜리 휴대폰 시장을 죽여버리는 것이다.

물론 반드시 성공한다는 보장은 없지만 성공 사례도 많다. 대표적으로 아마존닷컴이 e북으로 기존의 종이책 비즈니스 체계를 송두리째 바꿔놓은 것이 있다. 또 애플은 아이폰으로 노키아와 모토로라가 주도했던 휴대폰 시장을 스마트폰 시대로 바꾸면서 세계시장을 주도하고 있다.

인터넷 쇼핑은 소비자가 전 세계 어디에 있든 상관없다. 소비자가 보고 마음에 들어 주문만 하면 된다. 인터넷 주문 방식으로 휴대폰 시장에 새로운 돌풍을 몰고 온 샤오미는 휴대폰의 쓸데없는 기능을 다 빼고, 소프트웨어도 아주 간단하게 해서 저렴하게 출시했다. LCD도 고급이 아니라 중급으로 썼다. 유통비용도 거의 들지 않는다. 그렇게 삼성의 중저가 휴대폰 시장을 공략했다.

후발주자의 특명, 파괴시켜라

후발주자가 선발 기업의 제품과 유사하게 만들어봤자 이기기가 쉽지 않다. 아예 그 시장을 없애야 한다. 이건 혁신적인 제품과 서비스가 있어야 가능하다. 디지털 카메라가 코닥 필름을 없애고, 모바일 온라인 게임이 PC나 TV에 연결된 게임기를 기반으로 사업을 한 닌텐도를 가라앉게 하고, 애플이 기존의 노키아와 모토로라를 파괴한 것처럼 말이다. 온라인 게임이나 디지털 카메라처럼 완전 새로운 기술이 나오거나 애플 휴대폰처럼 기존 제품과는 월등히 차별화되는 기능과 다른 개념으로 접근해야 가능하다. 아예 접근 자체를 다르게 해서 소비자를 끌어들이는 것이 혁신이다.

마차로 다니던 시절에 자전거의 등장은 혁신이었다. 삽으로 땅을 파는 데 포클레인이 나온 것도 엄청난 혁신이다. 지금 통신 업계의 가장 큰 고민은 휴대폰을 대신할 수 있는 차세대 제품을 찾아내는 일이다. 기술 변혁기에는 기존에 상상하지 못한 제품들이 등장했다.

앞으로는 휴대폰을 펼치면 큰 화면이 연결되어 영화를 보게 될 수도 있다. 큰 화면은 들고 다니기에 불편하니 두루마리 휴지처럼 둘둘 말아서 다니는 휴대폰이 나올 수도 있다. 이런 휴대폰이 나온다면 기존의 애플이나 삼성 휴대폰을 사지 않고 새로운 제품을 살 것이다. 그러므로 아무리 잘나갔던 기업들도 변혁기에는 흥망이 갈리기 때문에 이 시기를 잘 대처해야 한다.

음반 시장을 죽인 디지털 음원

주기가 엄청 빠른 음악 시장의 변천사가 파괴 전략을 가장 잘 보여주는 예라 하겠다. 내가 어릴 때는 집에 라디오, TV, 전축을 가지고 있으면 부자라는 소리를 들었다. 대학 다닐 때는 음악다방에 가서 노래를 신청하면 다방에 있는 디제이가 LP 레코드에 음반을 올려주어 음악을 듣곤 했다. 이후 소니에서 워크맨이 나오면서 모두 걸어 다니면서 이어폰으로 음악 테이프를 들었다.

이로 인해 음악 테이프를 만든 새한미디어가 번창했다. 그런데 더 이상 테이프가 필요 없는 디지털 MP3기기가 나오면서 새한미디어는 한순간에 세상에서 사라졌다. 그랬던 MP3도 이제는 모두 스마트폰의 뮤직 기능으로 흡수되어 더 이상 MP3를 사용하지 않게 되었다. 결국 음악 분야에서도 아날로그 기술이 디지털 기술에 잠식된 것이다.

음반 시장도 마찬가지다. 불과 얼마 전까지만 해도 음반 판매량은 가수들의 입지를 굳건하게 증명해주었다. 음반 시장에서 밀리언셀러가 속출하던 때도 있었다. 그런데 지금은 음악 시장이 음원 스트리밍 사이트로 급속하게 재편되면서 음원 사이트의 인기 순위에 음반 판매량보다 더 민감하게 반응한다. TV 프로그램의 여파로 20여 년 전의 노래들이 음원 사이트에 재진입해 인기를 끄는 게 가능해졌다. 물론 지금도 아이돌이나 스타 가수 팬들 사이에서는 음반 판매량을 높여 자기가 좋아하는 아이돌이나 가수의 입지를 세워주려는 분위기도 있다. 하지만 이마저도 음반을 소장하고 싶어 하는 팬들의 마음과 맞닿은 하나의 팬 문화로 보고 있을 뿐이다. 지금 음반 시장은 예전 시장 사이즈의 십분의 일도 안 된다.

음원 시대가 되면서 '음원 깡패'라는 말이 생겨날 정도로 유독 음원 시장에서 강한 가수들도 생겨났다. 음원은 아무래도 '보는 것'이 아니라 '듣는 것'이 더 중요한 만큼, 멜로디든 훅이든 노랫말이든 듣는 사람들을 더욱 강하게 잡아끄는 음악들일 경우 시장에서 영향력이 높을 수 있다. 음원 시장이 참 중요해졌다는 사실을 느낀 것은 2016년 초에 발표한 SM엔터테인먼트의 사업 전략에서였다. 다양한 아티스트 집단을 거느리고 있는 SM엔터테인먼트는 2016년 소속 아티스트들이 돌아가며 매주 한 곡씩을 발표한다고 밝혔다. 지금은 그 계획을 차곡차곡 실행하고 있는데, 이 역시 음원 시장을 선점하기 위한 것이라는 업계 관계자들의 평가다.

넷플릭스의 비디오 체인점 블록버스터 죽이기

2016년 세계 50여 개국에 걸쳐 6500만 명의 가입자를 보유하고 있는 넷플릭스가 한국에 진출했다. 넷플릭스는 2013년, 미국에서 비디오 점포 5,500여 곳을 가지고 있던 비디오 대여 체인 1위 업체였던 블록버스터를 파산시키고, 현재 세계 최대 유료 동영상 스트리밍 서비스 업체로 군림하고 있는 기업이다. 블록버스터는 2000년대 전반까지만 해도 미국 전역의 비디오 대여 시장을 장악하고 있었다. 2002년 기준 시장 가치는 50억 달러에 이를 정도로 번창했다. 하지만 2000년대 후반 넷플릭스나 아마존 등의 스트리밍 서비스와 애플의 디지털 콘텐츠 구매 서비스가 비디오 대여업 시장을 잠식하면서 블록버스터는 몰락의 길을 걸었다.

1990년대 말 신생 넷플릭스도 비디오 대여점 사업에 참여했다. 인터넷으로 대여 가능한 비디오 목록을 볼 수 있도록 해서 고객들이 비디오를 빌리러 왔다가 헛걸음하는 일이 없도록 했다. 또한 반납 시 연체료를 없애버리고 대신 구독료를 받는 전략도 시도했다. 비디오를 반납했을 때만 다른 비디오를 보내주었기 때문에 장기 연체하는 고객이 생길 염려가 없었다. 한마디로 발상의 전환이었다.

이후 2000년 후반에 인터넷으로 영화를 보는 VOD 시대가 오자 재빨리 실시간으로 영화를 보는 스트리밍 서비스를 시작했다. 넷플릭스는 유선방송 셋톱박스 없이 인터넷을 통해 보는 OTTOver The Top 서비스다. 케이블방송은 셋톱박스가 달린 TV 앞에서만 봐야 하지만 넷플릭스는 PC와 아이폰, 구글 TV에서도 볼 수 있다. 또 케이블 TV 사업자보다 서너 배가 싼 월 이용료로 VOD 시장을 주도하고 있다. 우리나라도 2010년경에 케이블 업체들의 VOD 서비스가 시작되면서 한순간에 비디오가게가 사라진 것을 보면 파괴가 얼마나 무서운지를 알 수 있다.

그런데 이런 대단한 넷플릭스도 고전을 면치 못하는 곳이 있다. 바로 한국 시장이다. 한국시장에 들어오기는 했으나 한국 소비자들의 까다로운 콘텐츠 소비 취향이랑 맞지 않은 게 가장 큰 원인이다. 한국의 문화 소비층이 좋아하는 콘텐츠가 분명 있다. 그런데 넷플릭스는 이런 한국시장에 관한 연구 없이 다른 나라 시장과 똑같은 방식으로 상륙을 했다. 구글이나 야후도 세계 시장은 점령했으나 한국시장은 잡지 못했다. 우리나라에서는 네이버가 아직도 굳건히 버티고 있다. 글로벌 기업인 이케아는 한국시장을 잡았지만, 까르푸, 홈플러스도 한국시장에서는 깨졌다. 한국은 우리가 좋아하는 방식이 아니면 받아들이지 않는 시장의 독특함이 있다.

그래서 할리우드 영화 제작사 등에서도 새로운 영화를 내놓을 때 한국 관객들의 반응을 보기 위해 한국에서 먼저 개봉하는 데도 있다. 음악 시장도 마찬가지이다. 2016년 지산 록페스티벌이 열리기 얼마 전 쯤에 우연히 Mnet 방송을 보았는데, 트래비스라는 세계적인 뮤지션의 인터뷰가 나왔다. 그 인터뷰에서 트래비스 멤버들 모두 한국 공연이 너무 기대된다고 했다. 인사치레로 그냥 하는 말이 아니었다. 알고 보니 트래비스는 매년 한국 공연을 하는 뮤지션이었다. 한국 관객들의 열정적인 반응을 다시 한 번 느껴보고 싶다고 했다. 그러면서 인터뷰어가 "이번 지산 록페스티벌에서 한국 관객들에게 기대하는 게 무엇이냐"고 물으니까 "종이비행기"라고 답했다.

나는 그게 무슨 말인지 잘 몰라서 딸에게 물어보니까 한국만의 독특한 공연 문화가 있는데, 그게 '떼창'이랑 '종이비행기'라는 것이다. 그래서 외국 뮤지션들이 한국에 공연 오는 걸 좋아한다는 이야기였다. 이 말은 역으로 IT 시장과 문화콘텐츠 시장에서는 한국의 소비층과 관객들이 고유의 문화를 형성하면서 세계를 이끌 수 있지도 않을까 생각해보게 한다. 한국 고유의 정서나 문화를 담은 IT 서비스와 콘텐츠를 바탕으로 각 나라에 맞게 현지화한다면 충분히 승산이 있다고 본다.

미국 대선후보 트럼프의 막말 선거유세

2016년 11월 8일 45대 미국 대통령 선거전에 민주당의 힐러리와 공화당의 트럼프가 각 당을 대표해서 대통령 후보로 나왔다. 그런데 미국 유권자들이나 경쟁후보인 힐러리를 향한 트럼프의 막말 선거전은 한마디로 파괴적이다. 지금까지 대통령 후보에게 금기시되어 있거나 품위에 손상 가는 말을 마구 쏟아내고 있다. 하지만 부동산 재벌이 미국 정당의 최종 대선후보에 선출된 것은 나름 성공한 선거유세 전략이라고 생각한다.

트럼프의 철저히 미국만을 생각한다는 국수주의적인 사고에서 나오는 자극적인 언사들이 일부 미국인들의 지지를 끌어냈다. 본격적인 대통령 선거전에서 트럼프가 또 다른 반전의 선거유세 전략이 준비되어 있다면, 민주당의 힐러리가 대항할 전략이 쉽지 않을 수도 있다.

트럼프가 대선에서 승리할지 어떨지는 모르겠으나 어쨌든 대표적인 파괴 전략의 행보라고 생각한다. 기업들도 특히 후발주자들은 고객의 관심을 끌 파괴적인 마케팅이나 스토리텔링이 있어야 한다. 가격이든 제품이든 서비스든 무엇이든지 파괴적인 전략이 있어야 소비자의 관심을 끌 수 있고, 이를 기반으로 선도 기업들을 추격하고 따라잡을 수 있다. 여기에는 소비자들의 대중적인 심리를 읽어내는 고도의 창조적인 아이디어가 있어야 한다. 그리고 앞으로 일어날 현상에 관해서도 전략적으로 준비해야 비로소 완성된다.

파괴는 역발상이 되었든 새로운 아이디어가 되었든, 결과가 성공할지 실패할지에 관한 위험 요소가 항상 따르기 마련이다. 그래서 파괴적인 전략을 구사하는 의사결정자들은 수많은 고민을 하게 된다. 하지만 세상에 없는 새로움으로 사용자들의 시선을 끌 수 있고, 판매도 확대할 수 있기 때문에 늘 새로움을 추구해야 한다. 그래야 발전이 있고, 발전은 새로운 기회를 가져다준다.

앞으로 5년이 중요하다

The Fourth Industrial Revolution

밀레니엄은 지구의 역사상 1,000년 단위의 변화를 뜻하는 말이다. 2000년에 새로운 밀레니엄 시대를 연다는 꿈과 희망에 차서 IT 산업이 뜨겁게 달아올라서 세계 증시가 폭등한 바가 있었다. 하지만 컴퓨터 2000년도 연도인식 오류 문제인 Y2K는 사실이 아니었다. 막상 2000년이 되어 IT 버블이라는 것을 알게 되는 순간, 세계 경제가 급락한 예가 있다.

앞으로 다가올 2020년은 또 다른 변화의 시작점으로 인식되고 있다. 4차 산업혁명이 시작되는 시점으로 기업들이 차세대를 선점하기 위해 모든 역량을 쏟아붓고 있다. 따라서 2020년은 엄청 중요하다. 2017년까지 인류가 탄생하면서 만든 정보의 총량이 2018년 한 해 동안 만들어질 데이터 총량과 맞먹는다고 예상된다. 앞으로는 1,000년이 아니라 10년이 밀레니엄이 되는 시대로 상상을 초월할 변화를 예고한다.

한국을 둘러싼 주변국들 미국, 일본, 중국이 촉각을 곤두세우고 있는 4차 산업혁명, 즉 미래의 먹거리 경쟁에서 우리가 살아남기 위한 준비기간은 앞으로 5년이다. 이 기간 동안 우리가 생각한 것을 먼저 개발하고 사용해봐야 한다. 그래야 시행착오를 줄일 수 있고 이러한 과정에서 특허도 나오고 앞선 기술도 확보할 수 있다. 한 번도 해보지 않은 것을 하다보면 실패도 하고 난관에 봉착하기도 한다. 그래도 성공한다면 그 열매는 달콤할 것이다. 시장도 주도할 수 있고, 그만큼 부가가치도 높을 것이다. 그러니까 가능성에 도전을 해야 한다.

과거의 경영 형태를 답습하지 마라

한국 경제는 기존의 중화학 같은 2차 산업 중심에서 한류 열풍을 기반으로 하는 드라마, 영화, 음악, 화장품, 성형 기술 같은 의료, 음식, 스포츠 등 과거에는 없던 3차 서비스 산업인 소프트웨어 산업으로 무게 중심이 이동하고 있다.

요즘 우리나라 대학에는 중국이나 인도에서 온 아시아 학생들뿐만 아니라 유럽, 미국, 캐나다와 같은 나라에서 유학 온 학생들도 많다. 이들이 우리나라 학생들과 함께 수업을 받는 모습이 전혀 어색하지가 않다. 영어로 진행되는 강의도 많아 학생들끼리 자연스럽게 글로벌 교류가 이루어지고 있다. 한국을 배우러 한국에 유학을 온 학생들인 만큼 그들 눈에는 한국의 미래가 밝게 비쳐지고 있을 것이다.

이처럼 우리가 기존에 강점을 가지고 있던 중화학, 철강, IT 산업 분야에

< 미래의 핵심 산업 >

서 한걸음 나아가 점점 커지고 있는 소프트 산업, 미래 신산업들이 조화롭게 발전해야 한다. 그렇다면 분명 우리는 또 한 번의 기회를 잡을 수 있을 것이다. 앞으로 4차 산업혁명의 분기점이 될 2020년까지는 앞으로 5년밖에 남지 않았다.

　세상은 기술 발전에 따라 진화하고 소비자의 성향도 변화한다. 따라서 기업들은 기술의 변화에 따라 바뀌는 시장 변화의 흐름을 간파해서 새로운 제품이나 서비스를 남보다 먼저 내놓아야 한다. 지금은 제4의 산업혁명이라고 일컫는 대변혁기로 준비하지 않는 기업은 어느 순간에 사라질 수 있다. 항공우주, 로봇, 글로벌 온라인 쇼핑몰, 바이오, 생명공학, 의료기기, 나노신소재, 빅데이터, 인공지능, 데이터마이닝, 핀테크, 전기차, 자율주행차, 신재생 에너지, 스마트 그리드SMART GRID, 3D프린터, 친환경 등 다양한 새로운 산업이 미래의 핵심 산업으로 커가고 있다. 이 대부분을 미국이 막강한 자금력과 최고의 인재를 앞세워 주도해가고 있다. 향후 이러한 신사업들의 시장이 어느 정도 형성된 후 뒤늦게 참여하면 보나마나 후발업체는 선진 기업들에게 고율의 특허료를 내거나 시장 진입 자체가 봉쇄될 수도 있다. 핵심기술을 확보하지 못한 데 대한 혹독한 대가를 치를 수 있다.

이제 우리나라도 글로벌 기업과 경쟁할 수 있는 역량을 보유하고 있는 만큼 과거와 같은 경영 형태를 답습하면 안 된다. 과거에는 사업 분야의 전 과정을 내부에서 다 진행하는 경영 방식이었다. 삼성전자의 경우 제품이나 서비스를 기획에서 개발, 제조, 판매하고 AS까지 모든 프로세스를 직접 한다. 부분적으로 부족하고 원가 경쟁력이 안 되는 부분은 해외로 내보내거나 1, 2차 협력업체들에게 하청을 주는 방식이다. 반면 애플을 예로 들면 기획, 개발, 마케팅만 내부에서 하고 부품 확보와 제조는 외부업체의 협력을 받아 진행한다. 사뭇 대조되는 풍경이다. 미래 대부분의 제품이나 서비스들은 융·복합되어 있어 사용 기술이나 제품 영역이 넓어 자칫 타이밍을 놓치기 쉽다. 모든 것을 인소싱하려면 인력도 많이 필요하고, 투자비도 많이 들어 가격 경쟁력을 확보하기가 쉽지 않다.

4차 산업혁명에서 일어나는 신사업의 대부분은 제품의 하드웨어보다는 소프트웨어 경쟁력이 더 중요해진다. 디자인, 사용자의 경험, 사용자의 편의성, 고도의 기술력, 새로운 기반의 원천, 핵심기술이 많이 필요하고, 내가 모르는 분야가 속출하기 때문이다. 결국 미래는 더욱더 스피디하고, 시장을 누가 선점하느냐 하는 경쟁이다. 고객들에게 새로움과 가치를 제공해야 한다. 이런 추세에 대응하려면 전략적 제휴, M&A, 기술을 사오거나 플랫폼을 만들어서 공동의 이익을 추구하는 생태계를 만들어야 한다.

내 강점을 기반으로 내가 부족한 것은 외부에서 최대한 활용해야 한다. 즉 24시간, 365일 불이 꺼지지 않는 글로벌 협력 체제를 구축하고 이들의 강점과 시너지를 이룰 수 있도록 하는 고도의 경영능력이 필요하다. 따라서 우리는 이원화 전략을 추진해야 한다. 가전이나 휴대폰, 반도체, 조선, 철강, 화학 등의 기존 사업은 기술 혁신으로 중국 등의 후발 추격자를 뿌리쳐야 한다. 항공, 우주, 로봇, 바이오, 인공지능, 증강현실, 가상현실, 자율주행차와 같은 미래의 새로운 산업에 지금이라도 예전의 '빠른 추격자'일 때처럼 과감히 투자해야 한다. 생존 차원에서 도전해야 한다.

1세대 오너가 중요하다

해방과 한국전쟁 이후 한국 현대사는 그야말로 격동의 역사이다. 폐허 속에서 돈 한 푼 없이 확신과 뚝심으로 한국의 중공업을 일으킨 정주영 회장, 모든 생필품을 외국에 의존했던 시절에 경공업을 일으켜 지금의 삼성을 일군 이병철 회장과 LG 구인회 회장이야말로 한국 근대사를 대표하는 기업가로 영웅이라고 불러본다.

일본에도 '경영의 신'이라 불리는 영웅적인 기업가 세 명이 있다. 22세에 마쓰시타 전기제작소를 창업해 세계적인 파나소닉Panasonic, 내셔널National 브랜드를 키워낸 마쓰시타 고노스케가 첫 번째 인물이다. 다음은 '기술이 최고다'라는 경영철학을 바탕으로 오토바이로 시작해 자동차, 휴머노이드 로봇, 소형 제트기까지 사영 영역을 확장시킨 혼다자동차의 창업주 혼다 소이치로이다. 마지막은 교세라의 창업주로서 일본 통신 민영화 때 일본 2위 통신사업자인 KDDI를 창립했고, 80세 가까운 나이에 경영난에 빠진 일본항공JAL을 회생시킨 이나모리 가즈오이다.

또한 현재 일본을 이끌어가는 영웅적인 기업가를 꼽으라면 손정의 소프트뱅크 회장과 야나이 다다시 패스트리테일링유니클로 보유 회사 회장이다. 특히, 손정의 회장은 가난한 재일교포 3세로 태어나 통신회사인 소프트뱅크를 설립했다. 야후 재팬을 기반으로 120여 개 회사를 인수하고, 중국 알리바바를 비롯한 세계적으로 유망한 기업에 과감한 투자를 하고 있다.

G1 국가인 미국에는 마이크로소프트의 빌 게이츠, 애플의 스티브 잡스, 구글의 에릭 스미트, 테슬라모터스의 엘론 머스크, 아마존닷컴의 제프 베조스, 페이스북의 마크 저커버그 같은 영웅적인 기업가들이 세계의 신산업을 이끌어가고 있다. G2인 중국도 미국을 추격하면서 세계화를 꿈꾸는 혁신적인 기업가들이 있다. 알리바바의 마윈, 텐센트의 마화텅, 바이두의 리옌훙, 샤오미의 레이쥔 등이다. 이들은 현재 중국의 영웅적인 기업가로 부상하면서 미국과의 경쟁을 주도한다.

기업의 흥망성쇠 주기가 점점 빨라지고 있는 현재, 시대의 흐름에 앞선 경영과 투자만이 생존의 유일한 길이다. 그리하여 존경받는 기업으로서 국민들의 사랑을 받고 소통하는 기업이 되는 것을 경영의 핵심 과제로 삼아야 한다. 하지만 현재까지 한국 기업에서 차세대를 대표할 기업가들은 보이지 않는다. 미래를 준비하는 역동적인 모습이 아닌 정치권과의 검은 유착, 가족 경영의 폐해, 갑질 논란 등 기업 오너들의 부도덕적인 행태만이 뉴스에 보도되고 있다. 안타까운 현실이다. 한국의 미래를 책임질 수 있는 영웅적인 글로벌 기업가를 국가 차원에서도 만들어야 한다. 누구나 존경하고, 특히 차세대를 이끌어갈 젊은이들이 자랑스러워하고 존경할 수 있는 영웅적인 기업가가 하루빨리 나와야 한다. 영웅은 만드는 것이 아니고 만들어지는 것이다.

회사를 다닐 때만 해도 기업 오너들의 고민을 이해한다고 생각했지만, 막상 회사를 나와서 창업을 해보니 오너라는 자리는 내가 생각했던 것과 많은 차이가 있었다. 자본도 부족하고, 인력도 부족하고, 경험도 부족한 상태에서 창업을 한다는 것은 당장 생존이 걸린 차원이다. 즉, 밀림에서 살아남기다. 밀림은 봐주는 곳이 아니다. 철저한 약육강식이 지배하는 세계, 약하고 어린놈들은 무조건 먹히는 숨 막히는 현장이다.

오너들은 이런 험난한 과정을 거쳐서 생존하고 발전시켜온 주역들이다. 한 분야에서 자리를 잡으면, 또 다른 창업을 생각하고 도전하는 기업가 정신으로 뭉친 사람들이다. 이렇게 해서 자국은 물론 글로벌 기업으로까지 규모를 키운 1세대 오너들을 창업을 해보지 못한 2, 3세대 오너들이 이겨내기란 참으로 버겁다. 안타깝게도 우리나라는 규모 있는 기업의 1세대 오너들이 중국이나 미국에 비해 절대적으로 적다. 1세대 오너들이 적다는 것은 그만큼 역동적으로 사업을 발전시키는 것이 아니라 수성하려는 2, 3세대 오너들의 비중이 많다는 것이다. 이는 사회 발전의 원동력이 약하다는 의미이기도 하다. 이런 지금의 우리 현실에서 4차 산업혁명으로 더욱 원활하게 이행하기 위해서는 소규모라도 1세대 창업자가 많이 나와야 한다. 사내 벤처, 스타트업도 좋다. 회사가 크든 작든 창업자들은 일반 월급을 받는 임직원들과는 생각이 많이 다르다.

미국 실리콘밸리는 벤처 천국이다. 아이디어만 좋으면 자본이 바로 모인다. 아이디어를 사업적으로 성공을 시킨다면 큰돈을 벌 수 있는 기회가 있기 때문에 전 세계 좋은 인재들이 다 모여든다. 이러한 인재들에게는 취업의 기회가 많고 벤처로 성공할 확률도 많다. 미국은 인재들의 회사 이동이 자유롭기 때문에 설령 어느 한 회사가 잘못되어도 다른 회사로 금세 이동이 가능하여 인재들의 활용도가 높다. 만약 애플이 망한다 해도 그 회사에 속했던 인재들은 다른 회사로 가서 금방 새로운 도전에 뛰어들 수 있다. 그런데 한국은 인력들의 이적이 쉽지 않고, 기업이 망하면 그 기업에 속한 사람들의 재취업이 어려워 상대적으로 인재 활용도가 미국보다는 떨어진다.

중국의 경우에는 뒤늦게 자본주의가 도입되고, 고도성장이 이어지면서 빠른 시간 내에 글로벌 부자가 되는 사람들을 보고 너도 나도 창업에 뛰어들고 있다. 최근 〈포춘〉이 선정한 전 세계 유니콘 174개 회사 중 35개가 중국 기업이고, 이중 2000년 이후에 창업한 회사는 34개 회사나 된다고 한다. 유니콘이란 신생 혁신 기업으로서 기업 가치가 10억 달러가 넘는 기업들을 말한다. 한국은 쿠팡과 옐로모바일 두 개 기업만 들어가 있다. 이것만 보아도 중국은 얼마나 많은 1세대 창업주들이 기업의 성장을 추진하며 급성장하고 있는지 알 수 있다.

30대 사장을 기대한다

테슬라모터스의 엘론 머스크는 우주 인터넷을 기획하고, 하이퍼루프라는 진공튜브열차도 만들어 시험한다. 실패를 무릅쓰면서 우주선도 열심히 쏘아

올리고 있다. 일본 소프트뱅크의 손정의 회장도 "인간의 고독에 도움이 되기 위해 로봇 회사를 만들겠다'라고 선언하며 끝없는 도전을 하고 있다. 안타깝게도 지금 우리의 기업가들에게서 이런 정신을 찾아보기가 어렵다.

한국은 인구절벽이라는 세계 최저 출산율과 빠르게 증가하고 있는 고령화 사회에 놓여 있다. 경제 또한 저성장 국면에 접어들어 젊은 세대들의 일자리는 태부족이다. 4차 산업혁명으로 무인 자동화를 기반으로 하는 산업들이 늘어나면 청년들이 설 자리는 더욱 줄어들 것이다. 이는 인구가 줄어드는 것만큼이나 심각한 사회 문제이자 한국의 발전을 저해하는 커다란 요인이다. 더욱이 급격히 진행되고 있는 고령화 사회와 고령층 인구가 젊은 층의 인구보다 많다는 사실은 우리 젊은이들의 어깨에 더욱 무거운 짐을 지워준다.

따라서 다음 시대를 이끌어갈 차세대 지도자가 빨리 나와야 한다. 우리 사회에서도 그런 사람을 밀어주어야 한다. 현존하는 한국 기업 리더들만 본다면 우리는 절대 일본이나 중국을 못 따라간다. 우리에겐 엘론 머스크나 손정의, 마크 저커버그가 없다. 그들은 남들이 가지 않은 길을 확신을 가지고 앞장서서 가고 있다. 이들 같은 차세대 리더가 절실히 필요한 시점이다.

일본식 기업 운영 방식인 연공서열식 조직 운영도 차세대 리더 발굴의 걸림돌이 된다. 연공서열식 조직 운영은 무한경쟁으로 내몰리는 기업 환경에서 더 이상 기업의 생존을 담보하지 못한다. 다행히도 2016년 삼성이 실험적이지만 연공서열을 깨는 인사제도를 도입했다. 삼성이 총대를 메고 추진하면 국내 다른 기업도 빠르게 따라서 하기 때문에 기대를 해보고 싶다.

삼성은 창의적인 문화를 퍼뜨리고 혁신 아이디어를 발굴하기 위해, 그동안의 수직적인 관계를 탈피해 수평적인 조직 문화를 도입했다. 이렇게 되면 윗사람이라도 해도 잘못된 지시나 비효율적인 지시를 내리면 무조건 따르지 않게 된다. 윗사람도 업무 지시나 일하는 방법을 획기적으로 바꾸어야 부하들에게 추월당하지 않는다.

앞으로는 직원들이 납득할 만한 공정한 평가와 파격적인 발탁 인사를 어떻게 하느냐가 관건이다. 30대 젊은 사장도 나올 것을 기대한다. 이제는 직장인들도 무한경쟁으로 내몰리고 있다. 조직 내에서도 기업가적인 마인드를 가진 혁신적인 사람을 육성하고 발굴해야 한다. 그리고 현실에 안주하고, 시키는 것만 하는 열심히 하는 직장인들은 점차 도태되어 회사 밖으로 내몰릴 수밖에 없을 것이다. 평생직장이라는 개념은 완전히 사라지고 있다.

그런 측면에서 마이크로소프트의 경영 전략도 눈여겨볼 만하다. 마이크로소프트는 아이디어를 낸 기획자가 자율적으로 팀을 꾸려 일을 진행하고 결과물이 나오면 해체함으로써 변화에 발 빠르게 대응한다고 한다.

프로젝트를 기획한 사람이 사장이 되고 기획자가 개발, 마케팅, 회계 등을 담당할 인력들을 마이크로소프트의 인력풀 안에서 일일이 찾아다니며 사업 계획서를 내밀고 설득해서 팀을 꾸린다. 만일 회사 내에서 원하는 인재가 없으면 외부에서 인력을 영입할 권한도 있다. 그렇게 팀이 꾸려지면 임원들 앞에서 프레젠테이션을 하고, 임원들과 기획자가 질의응답을 계속해나가면서 사업에 관한 위험 부담과 시행착오를 줄여나가며 사업 승인을 받은 다음 예산을 따낸다.

그러면 기획자는 팀원들에게 다시 예산 안에서 급여를 정하고 휴가 등도 자율적으로 정하게 해서 일을 진행하며, 6개월 단위로 임원과 회계부서 등으로 꾸려진 감사팀의 중간 점검을 받는다. 일단 검증된 사업의 경우는 실패와 성공에 관한 책임을 부과하지는 않지만, 팀원들의 인사기록 카드에 기재해 다른 사업을 계획하는 사람들이 열람하게 한다. 그런 방식으로 직원들 한 사람 한 사람의 인성과 실력을 투명하게 볼 수 있게 함으로써, 구성원에 관한 인사와 노무비를 절약하고 사업 진행의 효율성도 높인다.

마이크로소프트의 방식은 빠른 시간 이내에 결과를 도출할 수 있게 하고 그 결과물에 관한 평가를 모두 공유함으로써 새로운 트렌드와 정보를 가지고 새로운 사업을 끊임없이 일어날 수 있게 한다. 사업 성공에 따른 수익을 그 사업을 진행한 팀원들에게도 배분해서 사업의 성취도를 최대한 높이며, 세상의 변화에 신속하게 대응해 회사가 계속 세계를 이끌어갈 수 있게 한다. 변신하는 기업만이 생존을 보장받을 수 있다.

4차 산업혁명을 주도하는
미국의 4대 기업

The Fourth Industrial Revolution

미래 시장은 선점이 제일 중요하다. 4차 산업혁명은 미국이 주도적으로 이끌고 있다. 대표적인 미국 기업으로 네 개의 IT회사가 있다. FANG FACEBOOK, AMAZON, NETFLIX, GOOGLE이라는 약자를 쓰고 있는데 페이스북, 아마존닷컴, 세계 최대의 유료 동영상 스트리밍 서비스 업체인 넷플릭스, 구글이다. 그런데 나는 4차 산업혁명을 주도하는 미국의 4대 기업은 ICT 기업 두 개와 제조업체 두 개라고 생각한다. ICT 기업은 구글과 아마존닷컴, 제조업체는 애플과 테슬라모터스다.

솔직히 이 4대 기업은 이미 전 세계를 장악하고 있기 때문에 우리가 따라잡을 수 있는 대상은 아니다. 그런데도 우리가 여기에 대응하지 못하면 이들에게 다 잠식당하리라는 위기감을 느껴 이야기하지 않을 수가 없다. 하나의 예로 지금 자동차 산업 분야에서도 이미 자율주행차, 전기차로 이들이 앞서가며, 우리가 경쟁력이 있다고 생각하고 있는 산업 영역을 침범하고 있다. 이

< 4차 산업혁명을 주도하는 미국의 4대기업 >

ICT 기업	**구글** 기업을 분할해 지주회사 체제로 탈바꿈	**아마존** 어디까지 전선을 확대할지 모르는 아메바와 같은 증식
제조업체	**애플** 애플 생태계가 강점	**테슬라모터스** 세상을 구할 천재 엘론 머스크가 수장

점을 간과해서는 절대 안 된다. 우리가 4차 산업혁명을 위한 대대적인 변신을 하기 싫어도 꼭 해야만 하는 이유가 여기에 있다.

지주회사 체제로 탈바꿈한 구글

4차 산업혁명에서 제조업의 영역으로 점점 전선을 확장하고 있는 구글의 행보가 예사롭지 않다. 구글이 현명한 것은 기업을 분할했다는 점이다. 2015년 8월 12일, 세계 최대의 인터넷 기업인 구글은 회사 내 회사Company In Company와 사내벤처를 결합한 형태의 지주회사 체제로 전환했다. 회사 한 곳에서 담당하고 있는 수백 개의 신규 프로젝트를 A부터 Z까지 주력 프로젝트별로 나누어 독립된 자회사 체제로 재정비해 이른바 '알파벳'이라는 이름의 지주회사를 설립했다. 알파벳의 CEO인 래리 페이지는 자사 블로그를 통해 발표한 성명에서 "혁명적인 아이디어가 차세대 성장을 주도하는 첨단기술 산업에서는 적당히 머무르는 걸 불편해 해야 한다"면서 조직 개편의 메시지를 분명하게 전달했다.

구글의 조직 개편안에 따르면 구글과 연구소인 X랩, 투자사업 부문인 구글 벤처스, 건강·과학 관련 조직들이 모두 알파벳 자회사로 편입되어 출발은 자회사 7개를 두어 운용을 한 다음, 점차적으로 A부터 Z까지 26개의 자회사로 늘려간다는 계획이다. 자회사들은 전문경영인을 영입해 독립성을 최대한 보장하고 독립채산제로 수익을 극대화한다는 전략도 세웠다. 기존의 구글은 검색, 광고, 지도 같은 인터넷 사업에 집중하고 자율주행차, 열기구를 통한 인터넷 연결, 로봇 개발, 암 치료, 노화예방, 스마트홈 같은 다양한 차세대 사업들은 개발 자회사가 독립적으로 이끌어가게 된다.

또한 구글은 2015년 9월 1일, 새로운 로고도 공개했다. 다만, 공식 블로그에 "이번 로고 변경은 처음이 아니며 새로운 로고가 영원히 사용되지는 않을 것이다"라는 말을 덧붙였다. 영원할 것 같은 거대 인터넷 기업이 스스로 변신을 꾀하고 있다는 점에서 놀랍다. 시가총액 5500억 달러라는 구글의 변신이 부럽기도 하고 무섭기도 하다.

아메바처럼 증식하는 아마존닷컴

어디까지 전선을 확대할지 모르는 아마존닷컴의 행보 역시 두렵다. 아마존닷컴은 미국 최대의 온라인 상점이다. 온라인으로 도서를 판매하던 아마존닷컴은 현재 지구상에 있는 모든 물건을 다 판다고 해도 과언이 아니다.

아마존닷컴은 월마트와 코스트코COSTCO의 알짜 수익 모델인 식품사업까지 손을 뻗었다. 우유, 시리얼 등의 식품 영역에서도 자체 브랜드 상품을 출시해 전 방위 영역에서 경쟁을 벌이고 있다. 월마트도 아마존닷컴에 대항하기 위해 아마존닷컴 프리미엄 서비스 연회비의 절반인 50달러 '타호' 멤버십을 제공한다고 발표했다. 이에 맞서 아마존닷컴은 다시 기존 배달 서비스를 하루로 단축했다. 이어폰이나 액세서리 같은 10달러 이하의 작은 물건은 무료로 배송해준다는 파격적인 조건까지 내걸었다.

애플이 가장 잘 나갔을 때의 시가총액이 7000억 달러였는데, 아마존닷컴의 시가총액은 향후 1조 달러를 넘어서 세계 최고 기업으로 성장하리라고 생각한다. 앞으로 5세대 이동통신이 본격화되고 인터넷이 100배에서 1,000배가 빨라지면 아마존닷컴으로 몰리는 현상은 더욱 가속화될 것이다. 나중에는 비행기도 팔고, 잠수함도 팔고, 하물며 무기도 파는 등 세상의 모든 제품을 인터넷을 통해서 팔려고 할 것이다. 제프 베조스는 엄청난 야욕을 가진 사람으로 평가받는다. 미래를 정확히 보고, 회사의 이윤이 생기면 모두 재투자를 한다. 진입장벽을 높이는 전략으로 이익을 거의 내지 못하는데도 주가는 엄청 높다.

인터넷 사업은 소비자들을 끌어모을 수 있는 새로운 아이디어만 개발되면 시장 진출이 다른 사업보다 훨씬 용이하다. 제프 베조스는 진입장벽이 낮은 인터넷의 약점을 보완하기 위해 계속 투자를 해서 사업 영역을 확대하고 배달시간도 단축하는 전략으로 진입장벽을 높이고 있다. 최근 미국 공화당 대선 후보인 트럼프도 공개적으로 아마존이 세금도 안내고 독점한다고 맹공을 펴고 있다. 현재 아마존닷컴은 세계적인 동영상 사이트인 넷플릭스 VOD 서비스에도 도전장을 내밀었고, 영화 제작도 하고, 애플의 뮤직과 구글의 유튜브 사업에도 진출하고 있다. 아마존닷컴의 끝없는 야욕은 아메바처럼 계속 증식하고 있다.

베일에 가려진 애플의 미래

애플 1, 애플 2의 PC 사업으로 성공한 애플은 2001년에는 휴대용 MP3인 아이팟iPod을 출시하고, 2003년 아이튠즈 뮤직 스토어를 통해 온라인 음악 판매를 하면서 단말기 사업에 진출했다. 이후 2007년 1월 9일, 미국 샌프란시스코에서 열린 맥월드 2007에서 혁신적인 스마트폰인 아이폰을 발표했다.

아이폰이 선보인 사진을 손가락으로 줌인zoom in, 줌아웃zoom out하는 멀티 터치 기능은 이전에는 상상을 못했던 차별화된 혁신적인 기능이었다. 그 결과, 애플의 시가총액이 7000억 달러를 넘었다. 기존의 1위 업체인 석유재벌 엑손을 능가한 것이었다. 2011년 10월, 스티브 잡스가 죽고 후계자로 제조와 유통 전문가인 팀 쿡이 바통을 이어받아 현재에 이르고 있다.

스티브 잡스의 위대한 점은 탁월한 비즈니스 감각을 지녔다는 것이다. 미래 시장을 꿰뚫어보는 눈과 소비자들을 열광시키는 혁신적인 제품과 서비스를 만들어내는 능력이 있었다. 거기에 비즈니스를 극대화시킬 수 있는 판매 전략도 정확히 알고 있다. 그러니까 통신사업자들에게 2년마다 보조금을 주고 제품을 판매하는 방식을 도입한 것이다. 통신업계를 정확히 모르면 절대 나올 수가 없는 전략이다. 스티브 잡스는 2005년에 모토로라와 합작해 락커

ROCKER라는 휴대폰을 출시했지만, 차별성이 없어 자체적으로 새로운 콘셉트의 디자인과 아이튠즈와 연동되는 휴대폰을 개발하기로 했다.

휴대폰을 만들기 전에 미국의 1위 사업자인 버라이즌Verizon과 제휴를 추진했다. 그러나 스티브 잡스의 무리한 요구가 받아들여지지 않아 2위 업체인 AT&T와 제휴를 맺었다. AT&T는 버라이즌을 이기려면 혁신적인 제품을 필요했기 때문에 굴욕적인 애플의 조건을 수락했다. 잡스는 아이폰에 2년간 보조금을 지급하고 아이폰 가입자가 사용한 통신요금의 10퍼센트를 내라는 조건인데 당시 어느 누구도 생각할 수 없는 제안이었다.

한편 아이폰의 배터리는 사용자가 교체할 수 없는 일체형 구조라 소비자들은 불편을 감수해야 했다. 이는 배터리 평균수명이 약 2년이기 때문에 아이폰을 2년마다 갱신하라는 스티브 잡스의 고도의 전략이 숨겨져 있다. 삼성도 애플처럼 하고 싶었지만, 소비자의 불편을 감내하면서 판매를 확대해 나갈 자신이 없어 하지 못했다. 아이폰에 사용되는 부품들은 삼성 휴대폰처럼 최신 부품이 아니다. 출시된 지 약 1년 정도 지난 부품을 사용한다. 그래야 부품을 더욱 싸게 구입할 수 있고, 부품을 안정적으로 공급받을 수 있기 때문이다.

애플은 디자인과 개발에만 주력하고 생산은 대만의 폭스콘에 하청을 주고 있다. 삼성 휴대폰은 개발과 제조 모두 삼성 자체적으로 하고 있다. 때문에 만약 갤럭시 판매에 차질이 생긴다면, 삼성 휴대폰 공장도 어려움에 처할 수 있는 구조다. 미국에서 활약하다 한국에 들어온 모 증권사 사장은 삼성전자 주식을 사라고 권유하지 않는데, 제조공장을 가지고 있어서 애플과 경쟁이 안 되기 때문이라고 한다. 이런 모든 전략이 천재인 스티브 잡스의 머리에서 나온 것이다.

지금 팀 쿡이 주도하는 애플은 미래 사업에 대한 확실한 전략을 읽어낼 수가 없다. 애플의 약점은 아이폰 외에는 세계를 주도할 만한 기기의 종류가 적다는 점이다. 현재 애플은 음성인식 서비스인 시리siri를 주축으로 한 인공지능을 활용한 개인 비서 서비스를 기반으로 제품과 서비스를 확대하려고 한다. 여기에 증강현실과 가상현실을 이용해 그에 필요한 뭔가를 만들어내려고 할 것이다.

또한 애플은 2020년 '타이탄'이라는 프로젝트 하에 자율주행 전기차를 출시하려는 계획이었으나, 최근에는 핵심 개발 인력들이 빠져나가고 있고 관련 부서도 축소되고 있다고 한다. 제조에 직접 참여하기보다는 핵심기술만 보유하고 제조는 기존 업체와 협력하는 방안으로 전략을 수정하는 듯하다. 애플 생태계를 자동차 공간에서도 사용할 수 있게 해서 기존 아이폰 고객들을 흡수하려는 전략이다. 애플이 사물인터넷 시장의 강자가 되기 위해, 앞으로는 애플 기기들만 연동되는 폐쇄적인 정책보다는 구글처럼 플랫폼을 개방하는 정책을 취할 것으로 예상한다. 세상의 모든 기기를 애플 플랫폼에 연동시켜 모든 기기 제조업체들을 종속시키려는 구상일 것이다.

세상을 구할 천재 엘론 머스크가 이끄는 테슬라모터스

마이크로소프트의 빌 게이츠, 애플의 스티브 잡스를 이을 미국의 차세대 IT 패권자는 누구일까? 나는 페이스북의 마크 저커버그, 아마존닷컴의 제프 베조스, 전기자동차 분야에서 선두기업인 테슬라모터스의 엘론 머스크 3인을 꼽는다. 개인적으로 이 세 사람 중에 엘론 머스크가 최고라고 생각한다.

엘론 머스크는 1971년 남아프리카공화국에서 태어났다. 캐나다 퀸스대학에서 경영학을 전공하고 미국 펜실베이니아대학에 편입해 경제학과 물리학을 복수 전공했다. 스물세 살에는 미국 스탠퍼드대학에서 재료과학 대학원과정에 입학했다. 하지만 그는 입학하고 이틀 만에 학교를 갑작스레 그만둔다. 온라인 콘텐츠 출판 소프트웨어 회사를 설립하기 위해서였다. 5년 뒤 엘론 머스크는 스물여덟 살에 이 회사를 2200만 달러에 매각하고, 그것을 밑천삼아 온라인으로 돈을 송금하는 페이팔의 전신인 회사를 만든다. 그리고 불과 3년 뒤, 서른한 살에 페이팔을 이베이에 매각하면서 약 1억 6000만 달러라는 막대한 돈을 벌게 된다.

머스크의 놀라운 성공 신화는 여기서 멈추지 않는다. 오히려 시작에 불과했다. 엉뚱하게 보일지는 모르지만 그는 2002년에 민간 우주여행을 위한 스페이스X사를 설립한다. 우주선에 보잉747엔진을 탑재하고 로켓연료도 재사용하는 아이디어로 우주선 제작비용을 대폭 낮출 수 있는 길을 찾았다. 그리고 2004년, 이번에는 전기자동차인 테슬라모터스를 설립한다. 기존의 모든 자동차회사는 고성능 배터리 개발에 치중했지만, 엘론 머스크는 핸드폰에 들어가는 리튬이온 배터리를 사용하는 아이디어를 제시한 것이다. 불과 4초만에 제로백에 도달하는 전기차를 상용화해 전기자동차의 선두주자로서 시장을 선점해버렸다. 이로 인해 테슬라모터스의 주가도 2년 만에 주당 20달러대에서 최고 290달러까지 폭등하기도 했다. 엘론 머스크가 높이 평가받아야 할 부분은 기술에 관한 독창적이고 혁신적인 시각이다. 그는 신기술 개발 없이도 기존 시장에서 사용하는 기술을 획기적인 아이디어로 재가공해서 완전히 새로운 시장을 열었다.

앨론 머스크는 2006년, 전기자동차에 무료 충전을 할 수 있는 태양광 에너지인 솔라시티를 설립했다. 최근에는 비행기 평균속도인 시속 900킬로미터보다 빠른 시속 1,200킬로미터를 달릴 수 있는 하이퍼루프 진공열차 시험을 성공적으로 끝냈다. 이 하이퍼루프 진공열차의 원리는 주사기 앞부분을 손으로 막고 주사기 손잡이를 뒤로 당겼다 놓으면 주사기 안이 진공상태가 되어 손잡이가 빠르게 빨려 들어가는 데서 착안되었다. 우리도 어렸을 적 한 번쯤 실험을 했던 경험이 있을 것이다. 물론 일부에서는 마찰열을 극복하기 어려울 것이라는 비판도 있지만, 결국 새로운 가능성에 도전한다는 측면에서 시장에서 지대한 관심을 모으고 있다.

이제 엘론 머스크는 인공위성을 이용해 화성 등의 우주공간에서도 인터넷을 이용할 수 있도록 하고, 인터넷 접속이 어려운 환경에 놓인 약 30억 인구에게도 값싸고 빠른 인터넷 서비스를 제공하겠다는 포부를 밝히고 있다. 그런데 낯익지 않은가? 이는 지난 1997년에 모토로라가 구상한 '이리듐 프로젝트'와 유사하다. 이리듐 프로젝트는 저궤도 위성 66개를 띄워 사막이나 밀림 등 지상 네트워크 구축이 어려운 틈새 마켓을 목표로 했다. 그러나 당시 비싼 단말기와 요금, 실내에서는 통화가 안 된다는 단점 때문에 가입자가 불과 5만 명에 그쳐 실패했다. 모토로라를 위험에 빠뜨린 프로젝트이기도 했다.

하지만 지금 엘론 머스크는 새로운 아이디어를 제시해 모토로라의 실패와는 다른 길을 제시한다. 750마일 상공에 수백 개의 인공위성을 띄우면 지상 네트워크 장비와 다른 라우터 간의 전송이 없어져서 속도를 더 빨리 낼 수 있다는 것이다. 또 우주 진공상태에서는 빛의 속도가 지상의 광섬유 내에서보다도 40퍼센트 빠르다는 것이다. 이 시스템은 수십 년 안에 화성에서도 인터넷을 사용할 수 있게 한다는 전략이다. 엘론 머스크의 이 아이디어는 지구뿐만 아니라, 우주까지 인터넷이 되는 광범위한 네트워크를 구축한다는 야심찬 계획인 셈이다. 차별화된 최첨단 이미지를 소비자에게 심으려는 속셈이 엿보인다.

이렇듯 천재 한 명이 세상을 바꾸고 있다. 우리 기업들도 천재 급의 인재를 발굴해 엘론 머스크처럼 거침없고 자유로운 상상으로 일을 주도할 수 있게 해주어야 한다.

미국을 추격하는 중국 기업들

The Fourth Industrial Revolution

4차 산업혁명의 주력 산업들을 미국이 주도하고 있다면, 그 뒤를 바로 추격하고 있는 국가는 중국이다. 3차 산업혁명을 가볍게 뛰어넘은 중국은 4차 산업혁명에서는 한국보다 훨씬 발 빠른 행보를 보여주고 있다. 얼마 전에 한 지상파 방송에서 한류를 이용해서 돈을 버는 중국 왕서방들의 상술을 방송한 적이 있다. 방송에서 보여준 중국 젊은 세대들의 모바일 활용도는 우리를 훨씬 앞섰다. 4차 산업혁명에서 모바일의 중요성이 훨씬 부각되는 만큼 많이 써보고 활용하는 사람들을 당해낼 수는 없다.

어쨌든 중국의 미래를 리드하는 회사는 세 개라고 보는데, 앞으로 또 어떤 기업들이 등장할지는 모르겠다. 그만큼 지금의 중국은 참으로 역동적인 국가다. 중국의 IT 3인방은 BAT바이두, 알리바바, 텐센트이다. 알리바바는 미국 아마존닷컴과 페이스북이 합해졌다고 보면 된다. 텐센트는 우리나라의 카카오와 게임 업체를 합한 기업, 바이두는 구글 같은 검색 엔진 회사이다.

이 세 회사 모두 현재 오너가 1세대 창업주라는 점에서 중국의 미래는 굉장히 밝다. 창업 1세대인 이들은 모두 40대, 많아야 50대 초반이다. 14억 명이라는 자국 인구를 기반으로 한 초대형 인터넷 기업인 BAT 3개 업체는 치열한 경쟁을 하면서 몸집을 키우고 있다. 필요할 때는 적과의 동침도 불사하면서 탄탄한 중국시장을 기반으로 세계 정복을 꿈꾼다.

급격하게 몸집 불리기를 하는 BAT 기업들

BAT 3사 중에서도 최고는 1999년에 창업한 알리바바다. 중국에서 알리바바의 창업주 마윈은 중국 청년들의 우상이다. 알리바바는 지난 1999년 2월 마윈의 아내를 포함해 창업 멤버 18명이 모은 자본금 50만 위안9000만 원으로 시작했다. 이후 지난 10여 년간 세계의 유수 기업들을 인수합병하며 발전한 알라바바의 역사는 곧 중국 '인터넷 발전사'라고 할 수 있다.

마윈 회장은 고객보다 중간 판매자가 고객의 요구를 훨씬 더 잘 알고 있다는 생각에 판매자에게 많은 권한과 혜택을 준다. 또한 물품 구입을 쉽게 할 수 있는 차별화된 서비스로 중국 온라인 숍을 대표하고 있다. 알리바바가 오랫동안 심혈을 기울여서 만든 '알리페이'가 대표적인데, 알리페이는 금액을 충전한 다음 온·오프라인 가게에서 제품과 서비스를 구매할 수 있는 현금대행 전자결제 서비스다. 은행계좌와 신용카드를 연동시키면 모바일과 인터넷으로 송금, 결제, 대출, 펀드가입도 할 수 있는 '위어바오'라는 모바일 앱에는 100조 원이 넘는 돈이 예탁되어 있다. 소액이라도 매일 높은 이자를 지급하고 있어 사용자가 계속 늘어나고 있다.

알리바바는 클라우드 서비스를 통한 고객 록인lock in과 빅데이터 확보를 미래의 핵심 역량으로 선언했다. 그런 만큼 고객의 빅데이터를 기반으로 한 다양한 고객 맞춤 서비스로 시장을 잠식해나갈 것으로 예상된다. 우리나라 온라인 쇼핑몰에서도 중국 여행객이 늘면서 2013년부터 알리페이로 결제할 수 있고, 면세점에서도 현장 결제 서비스가 가능하다. 이처럼 알리페이가 우리도 모르는 사이에 한국시장에까지 깊숙이 들어오고 있어 우리나라 온라인 금융시장을 독식하지 않을까 하는 우려도 앞선다.

과거에는 한국 기업이 중국시장에 좀 더 앞선 기술로 들어갔다. 그런데 인터넷 쪽에서는 알리바바라는 최강자가 있으니 비집고 들어갈 시장이 없다. 한국 제조업체들 중에서 알리바바에 입점하려고 얼마나 줄을 서고 있나. 한국의 제조업체들이 알리바바의 하청업체 신세가 되는 것이다. 알리바바는 자신들의 명성을 등에 업고 한국 제조업체들에게 물건 값을 엄청나게 낮추고, 그렇게 되면 제조업체 자체 브랜드는 사라지는 시대가 된다. 전 세계 유통이 하나의 상권으로 묶이게 된다. 조만간 알리바바가 중화권, 아시아 상권은 다 접수할 것으로 예상한다.

여기에 대항할 우리 인터넷 기업이 없다는 사실이 안타까울 따름이다. 인터파크, 네이버 전부 국내에서는 위상이 있지만 글로벌 시장에서는 명함도 못 내민다. 이런 사업도 기본적으로는 자본력 있고 글로벌 경험도 있어야 하는데, 우리 인터넷 기업들은 규모가 적다. 인터넷 기업들은 사람이 모이면 돈이 되는데, 우리나라 대기업들은 기반이 제조회사들이다 보니 인터넷 사업에 관한 이해가 없어 뒤처졌다. 제조는 물건을 팔면 바로 돈이 들어오지만 인터

< 중국의 IT 3인방, BAT 기업들 >

알리바바
- 중국의 대표 온라인 상거래 업체
- 알리바바의 역사가 곧 중국의 인터넷 발전사
- 클라우드 서비스를 통한 고객 록인과 빅데이터 확보를 미래의 핵심 역량으로 선언

바이두
- 중국의 구글이라 불리는 대표적인 검색 엔진
- 무인자동차에서 O2O까지, 다양한 분야로 사업 확장

텐센트
- 중국 최대의 무료 인스턴트 메시지와 게임 업체
- 샤오미같이 선진 업체 서비스를 모방하여 거대 중국시장을 기반으로 급성장

넷 기업들은 한없이 돈이 들어가기만 하는 실체 없는 사업 같으니까 섣불리 도전을 하지 않았다. 지금은 달라지긴 했지만 말이다. 그래서 이제는 대기업에서도 50대, 60대가 아니라 인터넷의 속성을 잘 알고 있는 30대, 40대가 사업을 주도해야 한다.

중국의 구글이라는 불리는 바이두는 2000년에 창업한 중국의 대표적인 인터넷 검색 엔진 업체이다. 중국 내 시장점유율 70퍼센트와 탄탄한 자본을 기반으로 무인자동차에서 O2O까지 다양한 분야로 사업을 확장하고 있다. 대부분 수익은 키워드, 브랜드, 배너 광고에서 나오며 광고업체들과 협력해 고객들에게 맞춤화된 콘텐츠를 보여주는 기술도 있다.

리엔훙 바이두 공동설립자는 1968년생으로 베이징대학교를 졸업하고 미국 버펄로대학과 뉴욕주립대에서 석사와 박사과정을 마쳤다. 공동설립자인

베이징대 선배 쉬용과 함께 회사를 설립해 2001년 중국의 첫 번째 검색엔진인 '바이두닷컴'을 오픈했다. 이후 백과사전, 정부 정보 검색, SNS, 특허 검색, 게임, e커머스 플랫폼, 운영체제 등으로 사업을 확대해나가고 있다. 인공지능 기술을 기반으로 한 무인자동차, 이미지 인식 기술과 O2O 부문에도 투자를 늘리고 있다.

특히 BMW와 제휴를 맺고 자율주행자동차 개발에 주력하고 있는데, 미국에서 160명의 개발 인력을 모아서 개발 중이다. 이를 중심으로 구글의 2020년 실용화 목표보다 2년 빠른 2018년에 실제 차량 주행을 목표로 미국에서 주행 테스트를 하고 있다. 기존의 PC 중심에서 모바일 시장으로 모든 역량을 집중하면서 중국은 물론 일본과 브라질 시장으로 진출하려는 노력을 기울인다.

중국 최대의 무료 인스턴트 메시지와 게임 업체인 텐센트는 중국 내에서 가장 브랜드 가치가 높은 기업으로 평가된다. 이 회사는 지난 1998년, 1971년생인 젊은 해커 출신이 마화텅과 장즈둥이 설립했다. 샤오미처럼 선진 업체의 서비스를 모방하면서 거대 중국시장을 기반으로 급성장한 기업이다. 불과 4~5년 전만 해도 한국의 게임 판권을 확보하려고 필사적이었는데, 지금은 한국 게임 업체들이 텐센트에 게임 프로그램을 제공하려고 줄을 서고 있다. 이렇듯 어느새 세계 최고의 게임회사로 성장했다.

미국 '아메리칸 온라인AOL'의 인스턴트 메신저를 중국화해서 사업의 기반을 만들었다. 한국의 CJ게임즈와 카카오에도 지분을 투자했고, 최근에는 엔터테인먼트 사업까지 확장을 꾀하고 있다. 2015년에는 중국 내 전자상거래 시장 진출을 위해 중국 온라인 커뮤니티 사이트인 58닷컴을 인수하고, 미래 O2O 사업을 주도하기 위해 바이두와 제휴하고 중국 최대 유통업체인 완다그룹과도 합작했다. 중국시장 내의 영토 확장을 위해 중국 전자상거래의 80퍼센트를 차지하는 알라바바에 도전하는 치열한 경쟁을 하면서 경쟁력을 키우고 있다.

1999년 국내 최고의 소셜 네트워크 서비스인 싸이월드가 2001년 미니홈피 개념의 개인 홈페이지 서비스로 변화하면서 인기를 끌었다. 2004년부터 미국, 일본, 중국에도 진출했다. 그러나 이미 페이스북 등의 SNS 서비스가 자리를 잡고 있어 안착을 하지 못했다. 즉, 싸이월드만의 특별한 차별성이 없어 현지화에 실패한 것이다. 2008년까지도 '국민 SNS'라고 불리웠으니, 2009년 아이폰이 국내에 상륙하면서 페이스북과 같은 무료 SNS에 시장을 한순간에 잠식당하며 위기에 봉착했다. 최근 모바일에 최적화된 '싸이홈' 서비스를 개시한다고 발표해 좀더 두고 볼 일이긴 하다. 하지만 국내시장을 선점했는데도 서비스의 차별화가 부족하고 해외 진출도 늦는 규모의 경제를 갖추지 못해 글로벌 기업으로 성장하지 못한 대표적인 사례라고 할 수 있다.

중국 신생 기업들의 목표, '거 IOCE'

중국은 BAT 외에도 '거去 IOCEIBM, ORACLE, CISCO, EMC'라는 명목으로 자국의 IT 기업들을 키우고 있다. 미국이 독점적인 위치를 차지하고 있는 글로벌 기업을 제거하겠다는 뜻으로 '거去'라는 용어를 사용하면서 공개적으로 도전장을 내밀고 있다. 이들이 목표로 하는 회사들은 미국의 중대형 컴퓨터와 정보기기 제조업체인 IBM, 데이터베이스 관리 시스템DBMS과 하드웨어를 판매하는 오라클, 네트워크 장비회사인 시스코, 스토리지 회사인 EMC 등의 네 개 회사다.

이들에 도전장을 낸 중국회사들은 인스터, 윈요우YONYOU, 토요우TOYOU 와 한국에서도 잘 알려진 화웨이다. 이들 중국의 IT 업체들은 중국 정부의 지원을 받아 중국 자국 시장을 지키면서 힘을 키우고 있다. 중국 내 서버매출 1위, 글로벌 서버 시장 5위 업체인 인스터는 2020년까지 중국의 공공, 금융, 국방 등의 IT 기반 인프라의 국산화를 주도하며 IBM의 대항마로 부각되고 있다. 중국 ERP 장비 시장점유율 1위 업체인 윈요우는 시장을 아태지역까지 넓히면서 미국 오라클에 대응하고 있다. 토요우와 ECC가 미국의 스토리지 전문 업체인 EMC를 목표로 하고 있고, 이미 세계 통신 1위 장비업체로 부상한 화웨이는 유선 데이터 장비에서도 미국의 시스코를 위협하고 있다.

이와 별도로 2004년에 설립된 중국 온라인 동영상 업체인 러스왕LeTV은 중국 IT 업체의 차기 주자로 급부상하고 있는데, 전기차와 휴대폰 분야에도 사업을 확장하고 있다. 중국은 자국의 거대 시장을 기반으로 자국 기업을 키우면서 세계 최고의 미국 기업들을 정조준하고 있다. 한국은 더 이상 경쟁자도 아니고 안중에도 없다. 단지 한국 기업들을 통해서 아이디어를 얻고, 자신들이 잘하는 부분을 집어넣어 차별화하고 힘으로 밀어붙이고 있는 것이다.

어마어마한 자국 시장을 배경으로 급성장

중국이 이렇게 급성장한 이유는 당연히 어마어마한 자국 시장이 밑바탕이 되었기 때문이다. 중국의 인터넷 인구만 해도 6억 명이나 된다. 미국, 일본, 한국 이용 인구를 합친 수보다 많다. 우리가 중국 가서 물건 파는 것보다 중국 기업이 자기네 나라에서 물건 팔기가 얼마나 편하겠는가.

한때 구글이 중국시장에 들어가려고 엄청난 공을 들였다. 중국은 공산당 체제이다 보니 정보 검열이 심했다. 구글 입장에서는 생각할 수도 없는 일이었다. '어떻게 정부가 개인의 컴퓨터를 검열하나!' 구글이 경악하고 한발 물러설 수밖에 없었다. 그런데 바이두는 다르게 생각했다. '우리는 어차피 중국 기업이고 중국에서 사업을 하려면 중국 정부의 법규를 따라야 한다.' 중국 기업이 중국 정부의 방침을 따르는 것은 문제가 안 된다. 중국은 일단 자국시장을 배경으로 외국의 선진 기업들을 들어오게 해서 기술을 확보하는 전략을 쓴다. 그 다음 자국 기업을 키워 여러 가지 법규를 만들어 더 이상 선진 업체가 중국에 남아 있지 못하게 내쫓는다.

그리고 중국 내에서 자국 기업 위주로 성장해서 재원을 만들고, 해외시장에 들어가서 가격 경쟁으로 승부를 건다. 똑같은 컴퓨터가 미국 브랜드는 100달러이고, 중국 브랜드는 50달러일 경우에 미국 제품이 특별한 게 없다면 대부분은 싼 중국 브랜드 제품을 산다. 더욱이 최근에는 M&A로 중국 기업이 해외 브랜드를 많이 확보했다. 중국 하이얼이 새로 인수한 GE 가전의 브랜드로 가전제품을 출시하면, 소비자들은 중국 하이얼 제품이 아니라 GE 제품인 줄 안다. 또 중국 정부는 아프리카 같은 미개발국에는 차관을 빌려주고 자국 기업을 진출시킨다.

예전에 모토로라가 중국시장을 장악하려고 엄청난 투자를 했다. 당시만 해도 모토로라는 휴대폰 업계의 영원한 1등을 자신했다. 때문에 투자 차원에서 중국에 모토로라대학교를 세우고 중국 공산당 간부의 자녀들을 자기네 비용을 들여서 미국으로 유학까지 다 시켰다. 결국 모토로라는 손에 쥔 거 아무것도 없이 중국 좋은 일만 시켰다. 중국은 이미 그 모든 걸 다 예견하고 있었다. 왕서방 상술이 무섭다고 하는 것도 이런 이유다.

이런 면에서 보면 한국은 너무 약하다. 우리는 과거 미국과 일본에서 기술과 자금을 들여와 선진국 문턱까지 발전했다. 우리가 조금 앞섰다고 새롭게 부상하는 중국을 얕잡아 보는 경향이 있다. 중국은 자신들이 부족한 부문은 선진 업체로부터 기술을 들여와서 경쟁력을 갖출 때까지 기다리다가, 경쟁력이 생기면 자국 시장에서 선진 업체를 몰아내고 해외로 진출하는 전략을 가지고 있다. 우리는 중국의 이러한 전략을 간파하고 전략적인 대응을 잘해야 한다. 중국시장이 크다고 무턱대고 들어갔다가는 다 뺏기고 빈 몸으로 쫓겨날 수 있다. 이 점을 명심해야 한다. 중국인들이 우리보다 상술이 뛰어나다는 점을 절대 간과해서는 안 된다. 우리가 인식하고 있지 못하는 사이에 이미 중국에게 다 먹히고 있는 건 아닌지 두렵다.

중국에 대한 전략을 바꾸어라

The Fourth Industrial Revolution

중국은 1978년 덩샤오핑이 집권하고 사회주의적 시장 경제체제를 주창하면서 개혁과 개방 정책을 본격적으로 추진했다. 1990년대에는 사유재산권을 인정하고 민영기업의 활성화를 위한 회사법도 제정하는 등 헌법 개정도 단행했다. 2001년에는 세계무역기구WTO에 가입하면서 시장을 개방하고, 국유기업의 민영화와 아시아 국가들과 FTA체결을 통해 개방과 영향력을 확대했다. 이 시기에 두 자릿수의 경제 성장률을 기록하며 승승장구한 중국은 미국을 위협하는 G2 국가로 급부상했다.

2014년부터는 차이나 3.0시대에 접어들면서 완전히 시장 경제체제를 갖추게 되었다. 이런 급격한 경제 개발의 결과, 중국은 현재 1차 산업부터 4차 산업까지 공존하게 됐다. 지역 간의 경제 발전의 격차가 있고 소득의 불균형 현상도 있다. 중국의 서부 쪽은 아직도 개간되지 않은 황무지가 즐비하고 1차 산업이 위주다. 반면 상하이나 베이징, 톈진은 이미 산업적으로 매우 앞서 있다. 국가 영토가 너무 넓은데다 자본과 기술이 동시에 들어오니 지역별로 산업 형태가 혼재되어 있는 것이다.

한쪽에서는 통신 인프라를 깔고 철도를 놓는데 한쪽에서는 우주선도 쏘아올리고 있다. 중국의 가장 큰 힘은 시장 규모, 거대자본력과 인력이다. 14억 인구의 1퍼센트가 1400만 명인데, 소득이 2만 달러 이상 되는 인구수가 5000만 명이다. 5000만 명은 대략 한국 인구수와 같으니 한국보다 더 잘살고 있는 사람 수가 더 많다는 뜻이다.

3차 산업혁명을 스쳐 4차 산업혁명으로

한국이 3차 산업혁명에 집중하는 동안 중국은 3차 산업혁명은 살짝 스치면서 지나갔다. 3차 산업혁명에서는 중국이 후발주자였던 만큼 기술을 쉽게 얻을 수 있었기 때문이다. 후발주자는 선발주자들이 거쳤던 단계를 다 거치지 않아도 되는 장점이 있다. 중국의 목표는 미국을 따라잡는 것이다. 한국도 2차 산업에서는 일본을 쫓아가지 못했지만, 3차 산업혁명에서 과감하게 리스크 테이킹Risk Taking을 해서 추월했다. 통신 기술을 도입해 초고속 인터넷망을 먼저 깔면서 초고속인터넷 강국에 들어섰고, 이어서 게임 산업, 의료성형 산업에서도 선두주자로 나섰다.

어떻게 보면 쫓아가는 기업들이 다음 단계로 쉽게 넘어가는 경향이 있다. 중국도 3차 산업혁명에서는 그런 입장이다. 3차 산업혁명 관련 산업 분야에서는 선진 업체를 추격하는 입장이었다면, 그간 축전된 기술과 막대한 자본력을 바탕으로 4차 산업혁명에 관련된 산업 분야에서는 선두주자로 나서는 계획을 가지고 있는 것이다.

반도체 사례를 보면 2014년 6월에 '국가집적회로반도체 발전 추진 요강'을 발표하면서 총 1200억 위안약 21조 4400억 원 규모의 정부 펀드를 마련하는 등 대대적인 공세를 펴고 있다. 이와 관련된 핵심 인력을 한국에서 연봉에 제한 없이 모셔가고 있어 국내 관련 기업체들도 핵심 인력 유출 방지에 비상이 걸린 상태다. 중국은 이미 인터넷 상거래 부문, 항공우주, 군사 부문, 바이오 등의 분야에서 우리를 훨씬 앞질러가고 있다. 조만간 휴대폰, 가전 부분 같은 한국의 IT 핵심 사업 추월도 시간문제로 보인다.

우리가 먼저 해봐야 한다

우리가 3차 산업혁명 산업 분야를 통해 급성장을 한 만큼, 이쪽에 아직 메리트가 있어 4차 산업혁명 산업 분야로 빨리 전향이 안 된다. 스마트폰만 해도 지금 애플, 중국업체들과 싸우기도 바빠 다음을 준비할 여력이 없다.

중국이 4차 산업혁명 관련 산업을 선점해버리면 우리에게 새로운 비즈니스의 기회는 영영 멀어져 미래는 더욱 위험해진다. 지금 우리는 중국보다 먼저 휴대폰 기술을 선점했기 때문에 중국시장에 들어가서 생존할 수 있는 핵심 역량이 있었다. 그런데 인터넷 거대기업인 중국의 알리바바나 텐센트와 같은 기업들이 막대한 자본력으로 한국으로 밀고 들어오니까 자본도 기술도 부족한 우리가 밀리는 모습이다. 우리가 그들에게 종속이 되면 우리 기업들은 "이거 한 번 만들어봐!" 하면 만들어야 되는 하청업체로 전락할 수도 있다. 지금 조금 앞서고 있는 드라마, 영화 같은 콘텐츠 분야와 화장품, 의료 분야도 자신할 수 없다.

중국은 '만만디'를 내세우며 10년, 20년 전략을 가져간다. 우리는 지금 당장 먹고 사는 데 급급해 하다 보면 10년 후에는 대부분의 기업들이 중국에 종속될 우려가 농후하다. 그렇게 되지 않기 위해서는 우리가 먼저 해봐야 한다. 드론이라면 우리나라에서 드론을 먼저 상용해봐야 한다. 한국에는 빌딩이 많다. 드론이 날아가다가 빌딩에 부딪힐 가능성이 높은데, 그 빌딩 사이사이로 피해갈 수 있는 드론을 먼저 만들어내야 한다. 지금은 물건을 운반하는 용도로 드론이 사용되고 있지만, 좀 더 기술이 발전되면 사람을 태우는 플라잉카가 될 것이다. 게임에도 활용되는 등 쓰임새가 많은 산업이다.

이를 위한 법규도 먼저 만들어야 하고 규제도 새롭게 만들어야 할 것이다. 플라잉카를 대비한다면 지금 자동차가 다니는 도로처럼 공중에도 도로와 같은 법규를 만들어야 할 것이다. 플라잉카끼리 서로 충돌하면 안 되니까 말이다. 이와 관련된 법규나 플라잉카 제조 및 운영지침도 만들어야 하는데 그야말로 이런 것들이 최고로 부가가치가 높은 지적 재산권이 될 것이다.

미국의 캘리포니아에서는 자율주행자동차에 대비한 교통 법규를 이미 만들고 있다. 예를 들어 자율주행차가 가다가 사고를 당할 처지에 놓인다면 보행자를 다치게 할 것인지, 탑승자를 다치게 할 것인지에 관한 판단 기준이 있어야 하는 것이다. 새로운 개혁이 필요하다. 사고가 났을 때 보험회사가 책임을 질 것인가, 개인이 책임을 질 것인가 하는 문제도 마찬가지다. 이런 새로운 제도는 먼저 시도를 해봐야 먼저 만들 수 있다.

중국을 내수 시장으로 보고 접근하라

중국은 한반도에 비해 약 43배나 땅이 넓고 14억의 인구 대국이다. GDP도 세계 2위인 11조 3830억 달러로 어마어마한 시장의 매력을 지닌 덕분에 외국 자본이 계속 들어온다. 그야말로 돈이 넘치고 기술이 넘쳐 정부에서 명령만 내리면 앞으로 달려나갈 수 있다. 하지만 중국 정부에서는 외국 자본과 외국 기술이 들어온 분야는 자국의 자본과 기술이 성숙할 때까지 시간을 벌겠다는 전략으로 천천히 가고 있다.

최근 중국 자본이 한국에 많이 들어와서 국내 우량 기업에 투자를 많이 하고 있는데, 일부 사람들은 중국에 우리나라를 빼앗기는 것 아니냐고 우려를 하고 있다. 하지만 예전에 일본도 미국 엠파이어스테이트 빌딩을 샀지만 일본 경제가 어려워지면서 미국에 되팔았다.

우리도 지금 기업이 필요한 자본을 중국에서 끌어와서 기술 혁신을 해서 새로운 원동력으로 만들어야 한다. 중국 자본으로 신기술과 새로운 서비스를 만들어서 역으로 중국시장을 파고들어야 한다. 우리 브랜드를 알리는 게 먼저다. 지분 구조는 언제든 바뀔 수 있다. 즉 어떻게 대응할 것인가는 생각하기 나름이다. 먹히는 것이 아니고 우리가 경쟁력을 가지기 위해 그들의 힘을 빌린다고 하는 전략적 접근 차원에서 생각해보면 한다.

중국에 관한 전략도 바뀌어야 한다. 우리가 과거에 정부 주도로 차관을 끌어와서 개발을 이루었듯이 중국도 정부 주도로 개발이 진행되고 있다. 기업을 일으키는 한 동인이다. 중국은 우리보다 30년 늦게 개발이 이루어지고 있다. 우리의 과거를 보면 미국의 영향도 많이 받았지만, 일본과 가까운 지리적인 이점으로 일본의 기술 유입도 많았다. 일본은 우리를 하나의 시장으로 보고 접근했다.

한국에는 기술력은 있는데 자본이 없어 힘들어 하는 기업들이 많다. 그러니까 중국의 자본을 끌어와서 기술을 빨리 상용화해 중국시장에 들어가는 게 더 중요하다. '꿩 잡는 게 매'라고 중국을 해외시장이 아니라 우리의 첫 번째 내수 시장으로 생각하고 접근하면 생각이 달라진다.

중국을 더 이상 경쟁국으로 보지 말고 소비국으로 보고 반제품이든 완제품이든 화장품이든 한류 콘텐츠든 중국시장에 들어가야 한다. 시대의 흐름에 따라 발상의 전환도 필요하다. 우리가 부족한 자본을 거대 시장을 가지고 있는 중국에서 끌어와 우리의 기술과 서비스 경쟁력을 더욱 키우는 것이 실익이다. 되로 주고 말로 받는 전략을 적극 실행해야 한다.

중국과 가까운 지리적인 이점을 최대한 활용하라

중국이 지리적으로 우리 바로 옆에 있는 것은 나쁠 수도 있지만 좋을 수도 있다. 우리도 예전에 일본이 가까이 있어서 기술을 더욱 빨리 들여올 수 있었던 측면도 있다. 일본에서 기술뿐 아니라 기술자도 많이 넘어왔다. 당시 우리가 일본의 가전제품 기술들을 들여올 때 일본의 퇴임 임원들을 고문으로 많이 초빙했다. 지금 중국이 우리 반도체 기술자들이나 휴대폰 기술자들을 고문으로 모셔가는 것처럼 말이다.

어떤 사람은 "그러면 국가적으로 손실 아니냐?"라고 반문할 수도 있지만,

이것은 이미 하나의 트렌드다. 개인의 삶을 국가가 책임져주지는 못하기 때문에 막을 수가 없다. 더 이상 애국심에 호소해서 막을 수 있는 상황이 아니다. 역사적으로 보면 유럽 기술이 미국으로 갔다가 미국 기술이 다시 아시아로 넘어온 것이다.

앞으로도 지속적으로 우위를 확보하려면 중국보다 앞서서 투자를 해야 한다. 위기는 늘 우리에게 기회가 되어왔던 것처럼 중국시장을 역으로 잘 이용해서 우리의 미래 시장으로 활용해야 한다.

미래를 위한 경쟁적인 M&A

　최근 기업경영에서 M&A는 매우 중요한 경영요소로 부상하고 있다. 글로벌 기업들이 M&A를 하는 것은 매출이 부진하거나 성장가능성이 떨어지는 사업을 매각해서 비용을 절감하려는 데 있다. 또한 새로운 사업에 진출할 경우에도 자신들의 부족한 부분을 채우기 위한 전략으로 M&A를 한다. 국가 차원에서도 시장은 적은데 자국 기업들이 과다 경쟁을 펼치면 기업 간의 통합을 유도해, 자국 기업의 경쟁력을 키우기 위한 일환으로 M&A를 활용하기도 한다. 어느 쪽이든 모두 단기간 내에 자신들이 부족한 부문을 보강해서 경쟁력을 키우려는 전략 중의 하나다.

　4차 산업혁명에서는 M&A가 더욱 중요하게 부각된다. 한 가지 기술로 제품이나 서비스를 만들 수 없는 융복합화 시대인 만큼, 한 기업이 모든 기술이나 서비스를 보유할 수 없기 때문이다. 자율주행자동차의 경우를 보더라도 IT, 반도체 칩, 통신, 배터리, 센서 등의 기술이 복합적이고 다양하게 필요하다. 때문에 기존 자동차 메이커들은 IT 업체들과 제휴를 맺거나 관련 업체를 매입하거나 지분을 투자해서 자신들만의 유리한 생태계를 구축해야 한다. 이것이 사업의 필수 전제 조건이 되었기 때문이다.

M&A로 영역 확장하는 미국 기업들

M&A가 가장 활발하게 진행되고 있는 곳은 역시 4차 산업혁명을 주도하고 있는 미국이다. 페이스북은 오큘러스라는 회사를 20억 달러에 인수해 가상현실VR 사업에 진출하며 사업 다각화를 추진하고 있다. 아마존과 IBM은 클라우드 기업을 집중적으로 M&A하고 있다. 애플은 다양한 소프트웨어 기업을 M&A하면서 자사 모바일 사업에서 경쟁력을 높이고 있다.

구글, 마이크로소프트, 인텔도 다양한 사업 분야의 기업 인수를 통해 자신들이 제공하는 서비스를 강화하고, 새로운 산업과 융합해서 새로운 사업을 창출하는 데 활용하고 있다. 구글은 클라우드 서비스, 동영상 광고, 게임 외에 사물인터넷 분야 등에서도 공격적인 M&A를 펼치며 미래 신성장 동력을 구축하고 있다. 구글이 보유하고 있는 고객들의 빅데이터를 활용해 사물인터넷 시장을 선점하려는 의도다. 실제로 구글은 지난 2000년부터 2014년까지 총 174개의 회사를 M&A했다. 특히 2014년에만 34건의 M&A를 성사시키며 타 업종으로 영역을 빠른 속도로 확장해가고 있다. 기존의 검색 광고로는 매출 성장에 한계가 있기 때문이다. 스마트홈을 비롯해 웨어러블 기기, 무인비행기 드론, 무인자동차, 바이오 분야인 암 진단 시스템까지 다양한 분야로 신규 사업 영역을 확장하고 있다.

아마존닷컴도 온라인 쇼핑몰에서 콘텐츠, 클라우드, 킨들 e북 서비스로 사업을 확장했고, 비록 대규모의 적자를 내긴 했지만 2015년에 휴대폰 사업에도 진출했다. 유통 공룡 월마트도 경쟁자인 아마존닷컴의 온라인 사업에 맞대응하고자, 2015년 7월에 창업한 연 매출 5억 달러 수준인 제트닷컴을 인수했다. 창업한 지 1년 남짓한 이 기업의 인수 가격이 무려 33억 달러다. 이렇게 비싼 금액으로 기업을 인수한 것은 핵심 인력을 확보하려는 심사였다. 월마트는 제트닷컴의 CEO 마크 로어에게 온라인 상거래 부문을 맡긴다는 계획을 가지고, 핵심 인력 영입에도 엄청난 돈을 쏟아붓고 있다.

미국 최대의 통신사인 버라이즌도 2015년 AOL를 인수하고, 야후Yahoo의 온라인 광고사업과 부동산 같은 핵심 부문을 48억 3000만 달러에 인수하기로 했다. 2016년에는 차량 위치추적 소프트업체인 플리트매틱스를 24억 달러에 인수해 사업 다각화를 꾀하고 있다. 이러한 미국 기업들의 공격적인 M&A는 어디까지 진행될지 예상을 할 수가 없다.

중국 기업들의 브랜드 제고와 4차 산업혁명 대비를 위한 M&A

미국 기업들이 4차 산업혁명, 미래산업을 위한 M&A에 열을 올리고 있다면, 중국 기업들의 M&A 목적에는 좀 더 많은 이유가 있다. 그중 하나는, 중국 기업들이 시간을 벌고 브랜드 이미지를 높이기 위해서다. 현재 중국은 기술력도 있고 가격 경쟁력도 갖추었다. 일례로 휴대폰 시장만 해도 세계 중저가 폰 시장은 중국이 장악했다고 할 수 있다. 하지만 소비자들에게 '메이드 인 차이나Made in China'라고 하면 여전히 저가 브랜드 이미지로 각인되어 있어 이것을 극복하려는 목적이 크다. 요즘은 웬만한 제품은 다 중국에서 만드니까 '메이드 인 차이나'를 받아들기는 하지만, 중국 브랜드를 신뢰하지는 않는다. 하이얼그룹이 GE 가전을 인수한 것도 'GE'의 브랜드를 사기 위함이다. 앞으로는 중국 가전제품이 GE 브랜드로 팔리는 것이다.

GE는 가전 사업이 그룹 차원에서는 더 이상 성장하기 어렵다는 판단으로 매각했겠지만 하이얼 입장에서 보면 중국 내에서 가전은 성장 산업이다. 때문에 브랜드력이 올라가면 더 많은 부가가치를 창출할 수 있다는 판단으로 거액을 주고 브랜드를 매입했다. 기존의 하이얼 브랜드로는 50원을 받을 수 있다면, GE 브랜드를 팔면 100원을 받을 수 있다는 계산 때문이다.

특히 시진핑 시대에 들어와서는 기술력과 브랜드파워를 가진 미국이나 유럽, 일본계 기업을 집중적으로 인수하고 있다. IBM의 PC 사업부도 인수하고, 캐나다의 넥센에너지Nexen Energy, 볼보자동차, 일본의 파나소닉 백색가전도 인수했다. 〈인터스텔라〉와 〈쥬라기월드〉 〈행오버〉 등의 히트 영화를 제작한 미국의 레전더리엔터테인먼트와 영화관 체인기업인 AMC도 인수했다.

중국은 우리나라 기업 인수합병에도 주력하고 있다. 작년에 중국 기업들이 한국 기업을 M&A한 금액이 13억 4000만 달러로 사상 최대치를 기록했다. 한국무역협회에 따르면, 2015년에 2014년 대비 세 배가 늘어난 33건을 인수합병했다고 한다. 특히 제조업체를 주로 인수했던 과거와는 달리 2015년에는 보험, 엔터테인먼트 등의 서비스업 회사 인수가 73퍼센트를 차지했다. 최근 우리나라의 게임, 엔터테인먼트 등의 문화콘텐츠 소프트웨어 기업 중심으로 인수를 강화하고 있는 셈이다.

중국이 해외 기업들의 인수합병에 주력하는 또 다른 이유가 있다. 중국 경제의 공급과잉 주범인 철강, 시멘트, 석탄 산업 같은 2차 산업혁명 산업군에서 4차 산업혁명의 신성장 동력 산업에 중심이 되고 있는 반도체, 바이오, 헬스케어 분야의 기업들이 필요하기 때문이다.

최근에는 삼성전자와 SK하이닉스 반도체를 겨냥해, 중국의 국영 반도체 기업인 XMC가 미국 반도체 설계 전문기업인 사이프레스와 공동으로 240억 달러약 27조 9744억 원 규모의 메모리칩 공장을 짓겠다고 밝혔다. 칭화 유니그룹도 반도체 생산 공장 건립에 300억 달러약 34조 9680억 원를 투자하겠다고 선언했다. 칭화 유니그룹은 기술력이 확보된 국내 팹리스 반도체 설계업체들에도 눈독을 들이고 있다.

또한 첨단기술과 특허 확보를 위해 M&A를 하는 것도 큰 축을 차지하고 있다. 중국 기업들이 기술력이 있는 해외 기업을 사서 기술은 카피하고 되파는 경우가 많은데, 그 전에 모든 기술 자료는 빼놓는다. 그들의 기업 운영의 노하우와 물류 시스템 노하우, 유통망을 관리하는 노하우를 얻기 위해서다. 중국은 지금 미국을 추격하기 위한 시간 단축을 목적으로 이 모든 것을 한꺼번에 얻으려고 하는 것이다.

M&A 풍토가 약한 우리나라

그런데 한국 기업은 새로운 제품을 하나 만들려고 하면 그제야 팀을 구성해서 새로운 기술 인력을 충원하고 바닥부터 다시 하는 경우가 많다. 하지만 경쟁사보다 늦게 새로운 기술을 만들어봐야 성공할 확률이 거의 없다. 시장을 경쟁자가 선점했기 때문에 제품이나 서비스가 확실한 차별성이 없으면 판매가 어렵다. 그러니 제품이나 서비스를 헐값에 파는 악순환이 계속된다.

신기술이나 새로운 분야에서는 시장 선점이 가장 중요하다. 후발주자라면 최대한 선발주자와의 시간 격차를 줄이면서 차별화를 해야 한다. 그래서 후발주자가 어렵다. 시간을 단축하려면 남이 해놓은 기술을 사오면 되는데, 실제 자신들에게 맞는 기술을 사오는 것이 쉽지 않다. 사온 기술을 자기 것에 접목시키기도 어렵기 때문에 다시 시작하는 경우가 많다.

최근에 우리 기업들도 이 점을 잘 알고 있다. 특히 삼성도 M&A 전담팀이 있어서 신기술이나 서비스를 사려고 하지만 현실적으로 쉽지 않다. 그만큼 조직이 개방되어 있지도 않을 뿐더러, 대부분의 사람들은 자신이 잘 아는 것만 하려는 습성이 있기 때문이다. 비록 밖에서 사온 기술을 활용해서 제품을 잘 만들어도 사업 성공에 관한 공과를 기술을 도입한 사람이나 원천기술 때문이라고 폄하하는 경우도 있고, 만약 실패하면 도매금으로 실패에 따른 책임을 모두 져야 하는 부담도 있기 때문이다.

2016년 상반기에 있었던 이세돌과 인공지능인 구글의 '알파고Alpha GO'의 세기적인 바둑대국 결과에 관해 많은 국민들이 충격을 받고 크게 놀랐다. 이후 기술 경쟁에 뒤졌다는 위기감을 느낀 정부는 물론 대기업, 스타트업 기업까지 인공지능에 투자해서 '한국판 알파고'를 만들겠다고 야단이다. 하지만 사실상 인공지능 기반 기술이 없는 우리나라에서 지금부터 자금을 쏟아부어 키워본들 과연 잘될까? 우수 기술 인력도 없고 자금력도 부족하고, 개발 착수마저 늦은 상태에서 외국의 앞서가는 기업들을 따라잡는다는 건 현실적으로 불가능하다.

영국에 있는 딥마인드는 2010년 9월 설립 이후부터 인공지능 기술에만 주력해서 기술력을 쌓아왔다. 2014년 구글이 5억 달러에 인수한 이후에도 많은 자금과 인력을 투자한 결과 지금 세상에 주목 받는 알파고가 탄생할 수 있었다.

우리의 문제점은 자기 분야에서 외국 경쟁업체들이 미래를 어떻게 준비하고 있는지는 알고는 있지만, 이를 어떻게 쫓아갈지에 대해서는 자금이나 정보 부족으로 한계성을 보인다는 데 있다. 알게 모르게 세계 유수기업들은 미래에 대비해서 많은 투자를 하고 있다. 꼭 자체 개발을 하지 않더라도 우수한 기술을 보유하고 있는 업체를 매입하거나 지분을 투자해서 새로운 제품과 서비스를 시장에 내놓으면 되는 것이다. 이를 위해 투자 자금을 어떻게 확보하고, 어떻게 투자할지는 굉장히 중요한 문제다.

그런데 한국 기업들은 미국이나 중국처럼 해외 투자에 인색하다. 해외 투자를 성공적으로 이루어내려면 미래 시장을 보는 혜안, 핵심·요소 기술 파악 능력, 지적 재산권의 확보 가능성, 경쟁사의 움직임, 지분매입이나 투자 관련 전문가 확보, 투자에 대한 경영진의 안목과 과감성, 이를 통한 추가 투자에 관한 확신들이 결합되어야 한다. 그래야 성공적인 제품이나 서비스를 세상에 내놓을 수 있다.

또한 한국이 M&A에 인색한 것은 내가 만들어서 내가 하겠다는 자수성가형의 기업가들이 많기도 하지만, 그동안 M&A를 해서 효과를 많이 보지 못한 탓도 있다. 대표적인 사례로 삼성전자는 1996년 미국의 PC 유통회사인 당시 세계 5위 기업인 AST 인수에 실패했다. 그 뒤로 삼성은 M&A에 극히 부정적인 시각을 갖게 했다. 삼성은 1995년도에 그린 PC라는 개념으로 국내시장을 장악하며 본격적으로 해외진출을 모색했다. 당시 PC사업부장이 AST를 매입하면 세계시장에서 삼성이 데스크톱 PC시장을 주도할 수 있다고 경영진을 설득해서 인수를 했다. 그러나 AST의 핵심 인력들이 삼성 인수에 반발하며 퇴사를 하게 되었다.

이후 1998년 IMF외환위기로 적자가 심한 AST의 매각을 논의해서 2001년에 결국 정리했다. 이처럼 삼성전자가 탄생한 이후 최대 규모로 단행했던 인수합병이 실패로 돌아가자, 한동안 삼성 내부에서는 M&A는 말조차 꺼낼 수 없는 분위기였다. 내가 삼성을 퇴사하기 직전인 2012년에도 미국의 팔로알토에 있는 음악 클라우드 서비스 벤처업체인 엠스팟mSPOT을 인수했는데, 최근에 확인해보니 엠스팟의 주역들이 다 퇴사를 했다고 한다. 벤처 기업의 특성을 살려주어야 하는데, 삼성의 일부 개발업체로 운영하려다 벤처 특유의 강점을 살리지 못한 게 원인 듯하다. M&A 대상 업체를 인수하는 것도 어렵지만, 인수 목적에 부합하게 운영을 하면서 정착시키기 역시 쉽지 않다.

변혁기에 새로운 기술로 승부하라

The Fourth Industrial Revolution

역사적으로 보면 전쟁에서의 승리는 누가 더 우수한 무기를 지녔는가로 승패가 갈렸다. 임진왜란 때도 우리는 활과 칼로 일본군을 대적했다면, 일본군들은 조총이 있어서 단시간 내에 한반도를 점령했다. 반면 해전에서는 이순신 장군의 거북선이 있어서 왜적 함대를 궤멸시키는 원동력이 되었다. 미래 시장 선점도 전쟁이다. 새롭고 우수한 무기를 누가 지녔느냐가 승리의 원동력이 된다.

자동차가 나오면서 기존의 운송수단인 마차가 사라졌고, 냉장고가 나오면서 부엌에 있던 찬장이 사라졌다. 앞으로 자율주행차가 나오면 내연기관 자동차도 사라질 것이다. 기술의 발전으로 혁신적인 제품이 나오면서 세상이 더욱 발전되고, 기업의 새로운 흥망성쇠가 결정되는 계기가 되었다. 따라서 우리도 지금 중국 같은 추격자들을 따돌리기 위해서는 그들보다 한 발 앞선 새로운 기술이나 서비스로 혁신적인 제품을 내놓아야만 한다.

1784년에는 1차 산업혁명이 일어난 영국을 중심으로 유럽이 세계 모든 산업의 중심지였다. 1870년에는 미국이 직류 전기와 전구를 만들고 TV, 라디오, 컴퓨터 등의 IT 기기와 자동차 대량 생산 기술로 2차 산업혁명을 이끌면서 세계 경제 주도권이 미국으로 넘어올 수 있었다.

1993년, 당시 미국 앨 고어 부통령이 3차 산업혁명의 근간이 되는 초고속 정보화고속도로Information Super Highway를 구축하자고 주창했다. 이로 인해 세계 주요 각국에서는 초고속통신망을 정부가 주도해서 구축했다. 이러한 초고속 정보통신망의 구축으로 통신 IT기기 관련 산업이 부흥했고, 인터넷을 본격적으로 사용하는 계기가 마련되었다. 3차 산업혁명의 주축인 ICT 정보통신 산업에 투자한 기업들은 새로운 부를 거머쥐었으나, 시대의 흐름에 편승하지 못한 대부분의 기업들은 우리의 기억 속에서 사라졌다.

위기와 기회의 변곡점이 다시 온다

자본주의 사회에서 기업 발전의 척도는 관련 기업들의 주가가 대변해준다. 1987년 IMF 사태로 많은 국내 기업들이 사라졌다. 세계적으로는 2000년 밀레니엄 IT 버블 붕괴를 겪으면서 수많은 IT 기업들이 사라진 반면 새로운 ICT 기업들이 탄생했다. 산업별로 보면 10년, 20년, 50년, 100년 단위로 기업들은 핵심 역량을 재무장한다. 다가올 10년, 20년, 50년, 100년을 누가 장악할 것인가에 대비하자는 의미다.

현존하고 있는 국내외 주요 회사들의 10년간 주가를 살펴보면, 마스터카드의 주식은 2006년도에 4달러에서 현재 90달러로 21배 상승했다. 애플은 7달러에서 107달러로 14배 상승했다. 넷플릭스는 2달러에서 95달러로 46배 상승했다. 아마존닷컴은 25달러에서 770달러로 29배 상승했고, 월마트는 50달러에서 74달러로 50퍼센트 가까이 상승했다. 노키아는 20달러에서 5달러로 사분의 일 토막이 났으며, 마이크로소프트는 25달러에서 58달러로 1.3배 상승했다. 삼성전자는 60만 원에서 155만 원으로 1.5배 상승했으며, LG전자는 9만 원에서 5만 원으로 44퍼센트 하락했다. 현대차는 9만 원에서 14만 원으로 55퍼센트 성장했고, 현대건설은 5만 원에서 3만 8,000원으로 24퍼센트 하락했다.

이처럼 엄청난 성장을 한 기업이 있는 반면, 정체나 하락을 면치 못한 기업들도 있다. 성장한 기업들은 시대의 흐름을 잘 읽고 시대에 맞는 제품이나 서비스를 잘했기 때문에 성장했다. 정체나 하락한 기업들은 그 반대일 것이다. 그런데 이 기업들이 앞으로도 계속 성장을 하거나 추락할 것이라고 예측할 수는 없다. 지금 정체되거나 내리막길을 걷는 기업들도 트렌드에 잘 맞추어 다시금 미래를 준비한다면 고속 성장을 할 수 있기 때문이다. 4차 산업혁명이 또 한 번의 기회와 위기를 동시에 줄 수 있는 변곡점이기 때문이다.

국가 차원에서 인재를 양성하는 중국

지금까지 중국은 공산주의 체제로 폐쇄주의 경향이 강했고, 큰 기술은 미국과 유럽이 주도해왔다. 미국은 개척자 정신으로 신기술을 추구해왔다면 유럼은 안정성을 바탕으로 한 기술을 추구해왔다. 덩샤오핑의 개방 정책으로 중국에 선진 기술이 유입되었다. 중국은 자국 시장을 미끼로 기술과 자본을 끌어들이기에 여념이 없었다. 이쑤시개 하나를 팔아도 14억 개를 팔 수 있다는 것은 굉장한 매력이 아닐 수 없기 때문에 서방 기업들이 물밀 듯이 중국으로 들어갔다. 자본도 투입하고 기술 이양도 해서 제품을 개발하고 그것을 판매해서 돈을 벌려는 전략이었다.

하지만 여전히 중국은 정부, 즉 공산당이 주도하는 나라다. 시장은 철저하게 관료들이 통제하고 관리하고 있어서 외국 기업들이 돈을 벌기가 매우 힘들다. 설사 돈을 벌었다 치더라고 이익금을 자국으로 가져가기 매우 어렵게 만들었다. 중국 관료들은 수많은 사람들 중에서 선택받은 최고의 엘리트들로서 엄청 똑똑한 사람일뿐더러 국가를 위해 투철한 사명감에 열심히 일을 하는 사람들이다. 그래서 중국에는 함부로 들어가면 안 되고, 철저한 준비와 나중에 나올 때까지 생각하고 진출해야 한다.

중국은 지피지기 차원에서 미국에 유학생을 많이 보내고 있고, 이미 미국에 살고 있는 중국인도 많다. 과거에 일본이 미국을 배울 때도 미국에 유학생을 많이 보냈다. 지금은 미국에서 중국 유학생이 가장 많고, 일본이나 한국 유학생은 경제 불황의 여파로 예전보다 많이 줄었다.

이런 현상을 반영하는 것인지, 미국 IT 업계의 인력 구조를 보면 임원급은 인도 사람들이 대부분을 차지하고 있다. 그 바로 밑에 간부급 엔지니어들은 중국 사람들이 많다. 한국이나 일본 엔지니어들은 거의 없다. 지금 실리콘밸리에서 중간 간부급을 차지하고 있는 중국 엔지니어들은 미국 IT 발전의 핵심 인력들로 실력을 키워가고 있다.

우리도 예전에 미국 유학파들을 불러들여 경제 발전을 일으켰던 것처럼, 중국도 정부 차원에서 유학파들을 귀환시키고 있다. 중국에서 미국 유학을 간다는 것은 두 부류 중 하나이다. 잘 사는 당 간부의 자식들이거나 죽을 각오로 공부하러 간 가난한 유학생들이다. 중국이 인터넷 등에서 미국을 빠르게 추격할 수 있었던 것도 중국 유학생 출신들 덕이 크다.

추격자 중국, 새로운 기술로 승부하라

중국은 2차, 3차 산업혁명 분야에서는 후발주자로 해외에서 성공한 사업을 자국에 도입하면 성공이 보장되었다. 중국은 시장이 크기 때문에 돈도 벌수 있고, 선진 기업들의 기술 이전도 자연스럽게 이루어졌다. 그 과정에서 재원과 기술을 확보하고, 다음은 선진 기업들을 자국 시장에서 쫓아내고 해외에서도 경쟁력을 갖출 수 있게 기업을 육성한다.

그래서 중국 기업들은 자국 시장을 기반으로 전략만 잘 짜면 우리를 얼마든지 추월할 수 있다. 먼저, 기술을 가진 외국 업체들에게 "우리가 몇 대사줄게" 하면서 경쟁을 붙인다. 그러면 기술을 용이하게 확보할 수도 있고, 가격도 싸게 가져갈 수 있다. 중국은 이런 전략으로 우리가 10년 이상 걸려서 확보한 선진 기술을 몇 년도 채 안 된 시간에 확보할 수 있다. 중국의 가장 큰 무기는 자국 시장이다.

한국의 첨단 산업인 LCD와 반도체 공장을 중국에 세웠는데, 이 공장들이 중국에 들어간 이상 시간이 좀 지나면 한국의 첨단 기술은 중국에 다 넘어가게 되어 있다. 중국이 조선이나 철강처럼 규모의 경제로 치고 나오면 우리 기업들은 견뎌낼 수 없다. 결국 먹히고 만다. 벌써 조선업에서 우리나라 대신 중국이 세계 1위가 되지 않았는가.

이러한 경쟁을 피하려면 중국보다 한발자국이라도 더 앞선 기술과 제품을 만들어내는 치고 빠지는 전략이 필요하다. 중국은 우리보다 규모도 크고 기술을 가진 고급 인력도 많다는 사실을 잊어서는 안 된다.

우리가 앞선 것은 더욱 앞서가라

나는 차세대 PC의 모습을 빨리 구체화시켜 앞서가는 것도 좋은 방안이라고 생각한다. 미래의 데스크톱 PC는 과연 어떤 형태로 발전할까? 지금처럼 책상에 앉아서 하는 형태일지, 아니면 상상도 못한 형태로 우리 곁에 있을지 예측하기 힘들지만 상상만 해봐도 좋다. 남들이 만든 것을 추격하느라 여력이 없어 새로운 것을 만들어내지 못하고, 남들이 새로운 것을 만들어놓으면 또 쫓아가기 바쁘고, 이제는 그래서는 안 된다. 물론 우리가 뒤처진 것은 빨리 쫓아가야 하지만 우리가 앞선 것은 좀 더 격차를 벌려놓아야 한다.

지금처럼 손으로 키보드를 입력하는 방식이 아니라 음성인식으로 입력하면 우선 PC의 키보드가 사라지는 형태가 될 것이다. 하루 종일 앉아서 보고서를 쓰거나 정보를 검색하는 모습도 사라질 것이다. 대신 사무실이나 집 안을 이리저리 왔다 갔다 하며 보고서를 작성할 수도 있다. 로봇 형태의 PC가 나오지 않을까 예상한다. 내가 책상에 앉아 있으면 책상 옆으로 다가와서 내가 하는 말을 알아듣고 보고서를 쓰든지, 정보를 검색해서 보여줄 수도 있다. 아니면 TV 화면으로 보여줄 수도 있고, 벽면 전체가 디스플레이로 되어 있다면 벽에서도 보여줄 수 있다.

새로운 제품에 관한 혁신을 너무 멀리서 찾기보다 지금 우리 곁에 있는 것으로 차세대 제품을 구상해보는 것도 좋은 전략이다. 어쩌면 '하늘 아래 새로운 것은 없다'라는 말이 맞는지도 모른다. 새로운 것도 결국은 지금 있는 것을 깊이 있게 파는 과정과 시행착오에서 생겨나는 것이다.

사양 산업도 생각을 달리하면 첨단 산업으로 바꿀 수 있다

모 제지회사에 사장으로 있는 고등학교 동기가 강의 요청을 해온 적이 있었다. 세상이 급변하고 있는데, 자기 회사 임직원들은 세상 변화에 완전히 둔감해 회사가 정체되어 있고 미래 비전도 없어 변화를 위한 자극이 필요하다는 것이었다.

제지업은 땅과 기계, 전력과 폐수처리만 갖추면 할 수 있는 사업이다. 그래서 생산 규모가 정해지면 수익 변동이 거의 없다. 그러니 제지업에 종사한 사람들의 일과는 늘 다람쥐 쳇바퀴 돌듯이 똑같았다.

강의를 하는데 모든 임직원들이 미래에 관한 강의에 흥미를 보였다. 하지만 자신들이 어떻게 변화해야 하는지는 모르고 있었다. 내가 엉뚱한 질문을 몇 개 던져보았다.

"왜 먹는 종이는 없나요?"

"왜 불에 타지 않는 종이는 없나요?"

"왜 물에 젖지 않는 종이는 없나요?"

"왜 종이는 포장하거나 글 쓰는 데만 사용해야 하나요. 다른 용도로 사용할 수 없나요?"

"종이로 옷도 만들고, 종이 원료인 펄프로 바이오 관련 제품이나 친환경 소재를 만들어도 좋지 않을까요?"

물론 연구 개발비는 들겠지만 아무리 사양 산업이라고 해도 생각을 바꾸고, 아이디어를 내고, 연구투자를 하면 최첨단 산업으로 탈바꿈할 수도 있다. 그런데 그런 생각을 못한다. 내가 질문한 대로 세상에 없는 새로운 종이를 만들어내면 회사의 부가가치가 엄청 달라질 수 있다는 것을 설명했다. 그제야 수긍을 하는 눈치였지만 여전히 표정은 반신반의했다. '과연 실현가능한 이야기인가?' '우리가 해낼 수 있을까. 말은 쉽지. 우리보다 훨씬 큰 기업들도 못하는데?' 임직원이 이런 생각과 태도를 보이면 그 회사의 미래는 없다.

삼성, 망한다?

The Fourth Industrial Revolution

삼성이 우리 경제에서 차지하고 있는 비중이 높다 보니, 삼성의 행보는 언제나 관심사가 아닐 수 없다. 미래의 삼성에 관한 여러 가지 예측도 그래서 많이 나오고 있다. 우리나라 대표적인 재벌개혁론자라고 불리는 서울대 행정대학원 모 교수는 "ICT 산업은 기술 혁신이 빠르게 일어나고, 단절적 혁신 산업 군으로 판을 뒤집고 혁신적인 기술이나 제품이 주기적으로 탄생한다. 때문에 스마트폰 시장에서 1등인 삼성전자도 창조적 파괴 가능성에 자유롭지 못해 이대로 가다가는 망한다"라고 주장하고 있다.

아시아를 대표하는 전문 미래학자가 쓴 《2030 대담한 미래 2》라는 책에서는 삼성 위기의 진원지를 크게 세 가지로 보았다. 하나는 이건희 회장의 건강 문제에서 시작되는 2~3년간의 내부 문제다. 두 번째는 앞으로 5~10년 동안 벌어지는 외부 상황의 변화 때문이다. 세 번째는 삼성의 현재 제품과 서비스로는 3~5년을 버틸 수 없다는 지적이다. 또한 삼성중공업과 자동차에서

근무했던 사람이 쓴《삼성의 몰락》에서도 삼성이 이재용 시대에 진입하면서 위기에 봉착할 수 있다고 쓰고 있다. 모든 책의 주장은 같다. 이대로 가면 삼성이 망한다는 것이다.

사실 요즘처럼 기술 혁신이 빠르고 소비자의 구매 패턴이 다양화되고 쉽게 변화는 시장 환경에서 5년, 10년 동안 안정적인 성장을 할 수 있다고 주장할 기업이 과연 몇 개나 될까? 책의 저자들은 대개 실무 경험이 없거나 부족해 기업 내부 실상을 잘 모른다. 외부에 알려진 실적이나 언론 기사자료를 분석하고 선진 회사들의 흥망성쇠와 비교해서 쓰는 책들이 과연 얼마나 설득력이 있을까? 결과를 보고 이렇다 저렇다 평가할 수는 있지만, 그러한 결과가 나오기까지 의사결정을 하는 과정에서 벌어지는 고민과 체계를 알아야 기업의 미래 생존 여부도 예측할 수 있다.

삼성 휴대폰 사업의 위기는 그룹 전체의 위기다

2015년 말, 국내 대부분의 언론 매체에서 삼성 휴대폰에 대해 수많은 기사를 쏟아냈다. '무선사업부 임원 25퍼센트가 퇴임, 무선사업부의 보너스가 대폭 삭감될 것이다'라는 게 요지였다.

삼성은 스마트폰 후발주자로 시작해서 애플과 치열한 경쟁을 하면서 최근에는 샤오미, 화웨이 같은 중국 업체와 애플의 공세로 휴대폰 시장에서 치열하게 경쟁하고 있다. 통상적으로 새로운 기술이 도입되고 2~3년 지나면 기술 진입장벽이 낮아지고, 후발업체가 본격적으로 시장에 뛰어들어 경쟁이 치열해질 수밖에 없다. 삼성전자 휴대폰 사업의 위기는 그룹 전체의 위기로 확산될 수도 있다. 때문에 '삼성 위기론'이 여기저기서 나오곤 한다. 삼성 휴대폰에 부품을 공급하는 LCD, 배터리, 부품, 반도체 같은 삼성 관계사와 홍보·마케팅을 담당하는 제일기획, 하물며 호텔신라까지도 어려워질 수 있다. 삼성 휴대폰 성공의 원인 중 하나인 수직계열화의 어두운 단면이 아닐 수 없다.

삼성은 위기를 기회로 만드는 좋은 실제 사례를 많이 가지고 있다. 하지만 아쉬운 부분은 미래를 대비하기보다는 현재의 경쟁에 모든 역량을 쏟아붓고 있는 전략이 불안하게 만든다. 차세대 제품을 개발하고 시장을 선점하는 전략과 제품, 서비스가 나온다면 미래의 삼성을 걱정하지 않을 것이다. 삼성은 기존에 보유한 핵심 역량을 바탕으로 치고 나간다면 충분히 승산이 있다. 즉, 삼성이 가진 세계 최고 수준의 TV, 가전제품, 카메라 등의 제품과 스마트폰이 결합된 사물인터넷 시장을 선점하는 전략이라면 이러한 우려를 불식시킬 수 있을 것이다. 삼성이나 LG가 4차 산업혁명 관련 산업 분야에서 애플이 치고 들어갈 영역을 확실히 방어해주어야 한국 경제의 미래도 밝다.

고도로 전문화된 스페셜리스트가 필요하다

현재 삼성에는 전략 기획부서도 없고 그 역할도 없다. 과거처럼 기획부서에서 모든 걸 통합해서 할 수 있는 시대는 더 이상 아니다. 초 단위로 움직이는 급박한 경쟁 상황에서 기획부서에서 모든 사안을 취합하고 전략을 만들다보면 시간을 놓치고 만다. 이제는 현장에서 벌어진 사안은 현장에서 처리하고, 각 부서에서 미래전략도 수립해야 발 빠르게 대응할 수 있기 때문이다.

과거 기획 부서에서는 매년 3년, 5년, 10년 단위로 중장기 전략을 6월까지 수립해, 8월부터 다음 년도 계획을 잡고 10월에 확정을 한다. 이를 바탕으로 11월 초부터 임원 평가에 들어가고 12월 초에 임원인사 발표를 한다. 매년 8월 전에 세운 중장기 전략을 베이스로 다음 해 사업계획을 수립하는 것이다.

삼성에서 기획전략 부서에 있으면서 중장기 전략 수립만 약 20년간을 했다. 매년 5~10년 후를 예상하다 보니 미래가 어떻게 바뀔 것이라는 게 나름 체득이 되었다. 예전에는 임원들을 구매, 기획, 영업, 제조, 개발, 품질, 인사, 관리 등 한 분야의 전문가로 키웠는데, 요즘은 정체되는 것을 막기 위해 임원들을 이 부서 저 부서로 돌린다. 이것이 4차 산업혁명 시대를 준비하는 과정에서는 커다란 걸림돌이 아닐 수 없다. 왜냐하면 기술이나 서비스가 고도화되는 만큼 제너럴리스트가 아닌 스페셜리스트 인재가 필요하기 때문이다. 시대에 역행하는 인사 시스템이 아닌가 한다.

의사결정자가 전문성이 떨어지면 부하들에게 의존하고, 윗사람은 목표제시만 하고 실적만 챙기는 관리형으로 변한다. 앞으로의 제품과 서비스는 여러 가지 기술이 복합되고 융합되기 때문에 하이 레벨의 전문가가 필요하다. '관리의 삼성'이 미래에도 맞을지는 생각해볼 문제다.

플랫폼을 갖추어라

삼성전자는 새로운 사업으로 B2B에 투자를 확대하고 있다. 나름 좋은 전략으로 생각한다. 삼성전자 사업의 포트폴리오를 휴대폰이나 TV, 가전제품의 B2C, 반도체를 중심으로 하는 부품 사업, 기업체나 관공서를 대상으로 한 B2B 사업을 새로운 성장 사업으로 키우는 것이기 때문이다. 궁극적으로 부품, B2C, B2B사업의 안정된 포트폴리오를 새롭게 구성하는 것은 신성장 사업이 부재하다는 삼성의 전략적인 고충을 해결할 수 있다.

만약 메디컬 영역으로 들어간다면, 이 또한 B2B 영역이 될 수 있을 것이다. 나중에는 개인에게 판매하는 B2C로 확대가 되겠지만. 어쨌든 개인 소비자에게 제품을 파는 B2C 사업과 기업체를 대상으로 제품과 서비스를 파는 B2B 사업은 확연히 다르다. 예를 들어, 호텔에 TV 100대를 파는 것은 사실상 B2B가 아니다. B2C의 일종으로 대량 판매일 뿐이다.

진정한 B2B는 플랫폼을 팔아야 한다. 어떤 회사가 빌딩 전체를 새로운 시스템으로 IT 기기를 구축하겠다고 한다면, 모든 기기가 원활히 돌아갈 수 있도록 B2B 플랫폼을 제공해야 한다. B2B 플랫폼은 삼성 단말기만 쓸 것이 아니라 중국 기업 단말기든 LG 단말기든, 전 세계 어느 단말기든 사용해서 가장 가성비 높게, 효율성 높게 사용할 수 있도록 해주어야 한다. 그래야 고객들이 삼성의 B2B 플랫폼을 도입할 것이다. 즉 단순 하드웨어기기만을 파는 것이 아니고, 모든 것을 포함한 유연한 솔루션을 파는 것이다. 그러려면 컨설팅 능력을 보유해야 한다. 전체 기기를 제어하고 사용도 쉬운 플랫폼과 솔루션을 갖춰야 하는데 사실 이것이 쉽지 않다.

그런데 삼성은 제품을 많이 파는 것 중심으로 생각하고 있기 때문에 B2B 사업이 잘 정착이 되지 않고 있다. 기존의 삼성 사람들은 휴대폰, TV, 가전제품 같은 단품 판매에만 익숙해져 있기 때문이다. B2B 사업에 대한 속성을 모르니 겉돌 수밖에 없다. B2B를 잘하려면 세계적인 B2B 전문 업체를 매입하든지, 아니면 전략적 제휴를 맺어서 사업 노하우를 배워야 한다. 물론 B2B 플랫폼도 매입하든지 해서 꼭 자체 확보해야 한다.

　이제 가정에도 플랫폼이 필요하다. 일종의 B2C 플랫폼으로 사물인터넷의 범주에 들어가는 홈 네트워크를 말한다. PC, 태블릿이나 스마트폰, 냉장고, 에어컨, TV를 무선네트워크로 연결하는 것이다. 앞으로 모든 가전제품을 포함한 가정에 있는 기기는 네트워크로 연결되는데, 그 중심이 통신이 될지, 가전제품이 될지는 다른 문제다. 홈 플랫폼이 있어야 한다.

LG, 삼성 따라하지 마라

The Fourth Industrial Revolution

2015년 3월, 삼성전자와 삼성디스플레이, LG전자와 LG디스플레이가 세탁기와 유기발광다이오드OLED 디스플레이 등 양 그룹 사이에 얽힌 모든 법적 분쟁을 모두 끝냈다. 양사는 앞으로 사업수행 과정에서 갈등과 분쟁이 생길 경우, 대화와 협의를 통해 원만히 해결하기로 했다는 발표를 했다.

두 그룹은 한국의 근대사를 이끌어온 한국의 대표적인 ICT 기업들이다. 과거에는 LG 전신인 금성이 삼성을 앞섰다. 그런데 지금은 삼성전자가 LG전자 대비 시가총액 20배가량 차이가 난다. 약 30년이 지난 현 시점에서 왜 이런 결과가 나왔을까? 역설적으로 30년 후에는 'LG전자가 삼성전자 대비 10배 이상도 커질 수 있지 않을까' 하는 생각도 해볼 수 있다.

냉정하게 이야기하면 LG는 3차 산업혁명에서는 이미 삼성을 쫓아갈 수 없다. 지금 LG가 잘하고 있는 부분은 더욱 튼튼하게 하되, 미래산업에서 4~5년 동안 LG가 잘할 수 있는 것을 찾아서 사활을 거는 이원화 전략을 써야 한다.

스마트폰 부문 의사결정 단계에서의 실책

최근에 LG그룹사의 휴대폰 부분을 잘 아는 사람을 만난 자리에서 이런 돌직구 질문을 한 적이 있다. "LG 내부에서는 삼성에 밀리는 주요 원인을 뭐라고 생각하느냐?" 내 질문을 받고 그 사람은 잠시 고민하다 시중에 나도는 이야기라는 전제를 달면서 한마디 했다. "삼성에 비해 LG 의사결정자들의 전문성이 떨어진다."

특히 스마트폰 부분에서는 실책이 있었다는 지적을 했다. LG전자 휴대폰 사업의 리더들이 통신을 잘 모르는 가전과 PC 출신들로 포진되다 보니 잘못된 의사결정을 했다는 것이다. 애플 아이폰이 출시된 이후 LG도 대책으로 조직 개편을 했는데, 당시 휴대폰과 스마트폰으로 조직을 나누었다고 한다. 그런데 이때 스마트폰 사업 책임자가 PC 출신이라 스마트폰 OS를 마이크로소프트의 OS를 채택했고, 그 의사결정 하나로 지금까지 삼성 스마트폰을 쫓아가고 있지 못하다는 대답이었다.

그리고 해외 법인장들이 통신, 특히 휴대폰에 대해서 잘 몰라 현지 이동통신 사업자들의 경영진을 만나지 못한 것도 원인이라고 했다. 휴대폰 사업은 일종의 B2B 사업으로 의사결정자들 선에서 구매물량이 정해지곤 하는데, 법인장들이 휴대폰 사업에 전문성이 떨어져 담판을 짓지 못하고 휴대폰 담당 실무자들이 하다 보니 영업에 한계가 있었다는 이야기다.

최고경영자가 사업에 대한 전문성이 떨어져 외부 컨설팅 업체에 전략을 의존한 것도 원인의 하나로 꼽았다. 대부분의 컨설팅 회사들은 그들이 보유하고 있는 정보를 바탕으로 뛰어난 분석력과 세계적으로 인적 네트워크를 가동할 수 있다는 장점을 가지고 있지만, 사업을 주도하는 경영자만큼 전문성을 가지지는 못한다. 그들이 원하면 해당 분야의 경험자를 연결해주는 정도다. 컨설팅 회사의 자문은 의사결정 과정에서 참조만 할 조언으로 여겨야 하는데 컨설팅회사의 조언을 회사의 전략으로 정했다는 것이다.

사업은 첫째도 둘째도 셋째도 사람이다. 그 사업 분야에서 고도의 전문가가 있느냐 없느냐는 굉장히 중요한 문제다. LG는 삼성에 비해 특정 사업 분야에서 핵심 인재를 보유하지 못해 지금 삼성보다 앞서나가고 있지 못하다는 점에 100퍼센트 동의한다. 최고의 전문가가 얼마나 중요한가를 알게 해주는 사례다.

미래 목표를 향해 전투가 아닌 전쟁을 준비하라

LG에게 삼성을 앞서갈 수 있는 방법을 제안해본다면, 더 이상 삼성을 경쟁상대로 생각하지 말라는 것이다. 삼성을 경쟁상대로 볼수록 LG는 삼성을 앞설 수가 없다. 사실 삼성도 미래를 대비하는 전략이 분명치 않다. 삼성의 반도체 부문은 선도적이지만 다른 부문은 LG와 같은 추격자 입장이다. 비록 전략을 수립했어도 계획대로 진행된 적이 거의 없다.

삼성의 전략서를 보고 사업을 하면 망한다는 삼성 내부의 우스갯소리도 있다. 지금처럼 기술 변화가 빠르고 기능과 성능이 융·복합적인 제품을 오래 전에 기획한 대로 만들어서는 최고의 제품을 만들기 어렵다. 제품을 개발하는 도중이라도 신기술이 나오면 바로바로 적용해야 한다. 즉, 전략을 계속 수

정하며 갈 수밖에 없는 게 현실이다.

따라서 LG는 삼성을 경쟁자로 보고 단기전으로 가서는 안 된다. 그러면 절대 이길 수가 없다. 한두 번의 전투에서 승리한다고 전쟁에서 이길 수는 없다. 삼성 뒤만 보고 쫓아가서는 미래가 보이지 않을 것이다. LG는 지금까지와는 다른 전쟁 준비를 해야 한다. 전쟁은 삼성과 하는 게 아니라 LG가 추구하는 목표를 설정해서 선점하고 주도하는 미래를 대상으로 해야 한다.

전쟁을 하려면 무기도 있어야 하고 병사도 있어야 한다. 그 외 군량미, 자본, 운송 수단 등도 있어야 한다. 준비해야 할 것이 너무 많고, 시간도 필요하다. 5년이 걸릴지, 10년이 걸릴지는 LG가 정하면 된다. 가장 현실적인 목표는 5세대 이동통신이 상용화되는 시점에 애플의 아이폰과 같은 혁신적인 제품을 준비하는 것이다. 철저하고 빈틈없이 준비해야 기회가 온다.

오너의 역할을 재고하라

또한, 실전 경험이 풍부한 전문경영인 체제로 과감히 변신해야 한다. LG 오너는 신규 사업에 진출할 때 전면에 나서야 하겠지만 진행되고 있는 사업 경영에 직접 참여하는 것은 고려해봐야 할 점이다. 신규 사업 진입은 대규모의 자금과 인력을 필요로 하므로, 오너가 아니면 이 두 가지를 빠른 시간 내에 동원할 수 없다.

신규 사업 부문은 오너가 전면에 직접 나서서 진두지휘해야 관련된 전문 경영인들이 최선을 다할 수 있다. 오너가 진행되고 있는 사업에 직접 참여하는 것은 과거 만들면 팔리던 시대에는 통하지만, 지금처럼 글로벌 무한경쟁 체제에는 비전문가가 주도해서는 이길 수 없다. 오너라고 해서 치열한 경쟁에서 살아남은 전문경영인보다 더 잘할 수는 없다.

오너와 전문경영인은 역할이 다르다. 오너가 경영 일선에 나서면 폐해가 더 크다. 틀린 지시를 해도 감히 오너의 지시에 토를 달거나 반대 의견을 어떻게 제시하겠는가? 결국은 시키는 대로 할 수밖에 없다. 잘되면 다행이지만, 그렇지 않았을 경우 그 결과가 얼마나 참담할지 잘 생각해보기 바란다.

오너의 역할은 열심히 일을 할 수 있는 환경을 조성하는 것이다. 최고의 인재를 확보해서 적재적소에 배치하고, 냉철하고 객관적인 잣대로 전문경영자를 평가하면 된다. 진정으로 세계를 주도하는 LG가 되고 싶다면 우수한 글로벌 인재를 영입해 믿고 맡기는 것이다. LG 오너들은 그룹의 미래 명운을 가를 수 있는 우주 산업 같은 더욱 큰 신규 산업 진출을 고민해야 한다.

한 분야의 전문가를 키워라

삼성이나 LG나 모두 국내 유수 대학을 나온 사람들이 취업을 한다. 신입사원의 수준은 거의 차이가 없을 것이다. 그런데 한 10년 쯤 지나면 차이가 난다. 만약 능력이 똑같은 인도인이 한 명은 인도에 있는 회사에 취업하고 한 명은 미국의 IT 업계에 취업했다면, 10년 후쯤 지나서 보면 많은 실력 차이가 나 있을 것이다.

LG의 인재 육성 전략은 잘 모르겠는데 삼성은 신입사원부터 업무성과 좋은 사람들을 영업, 관리, 개발, 제조 등 소속 부서를 계속 바꾸지 않고 5년이건 10년이건 한 자리에 머물게 함으로써 그 분야의 전문가로 키운다. 삼성은 조직 내에서 전문가를 키운다. 내가 후배들에게 하는 말이 있다. "차장급에서 부서가 바뀌면 임원이 될 확률이 없으니까 마음의 준비를 해라."

현재 자신이 몸담고 있는 부서에서 리더가 되어야 차세대 리더가 된다. 일종의 임원 후계자를 양성하는데, 만약 과장급 이상이 부서를 자주 옮긴다면 차세대 주자가 아니라는 것을 반증한다. 과장급에서 최소 10년 이상은 한 자리를 굳건히 지켜야 임원급의 전문가가 될 수 있다. 이렇게 긴 안목으로 젊은 인재를 리더로 양성해야 한다. 의사결정을 하는 경영자를 누구로 앉힐 것인가가 가장 중요하다. 인선의 방침이나 수장을 선발하는 것은 각 회사의 능력임을 명심해야 한다.

'인화단결'의 기업 문화를 바꾸어라

모 IT 신문사 대표에게 LG가 삼성을 이기지 못하는 이유를 물어보았더니 세 가지로 이야기했다. 경영진에 전문가가 부족하다. 전문성이 부족한 오너가 진두지휘하고 있다, 마지막이 '인화단결'이라는 조직 문화를 들었다. 즉, 경영상의 잘못이 있더라도 인화단결을 앞세우며 그냥 넘어간다는 것이다. 일벌백계가 없는 조직은 썩을 수밖에 없다. 훌륭한 장수는 잘못한 자기 수하를 제거할 수 있어야 한다. 누구나 인간적으로야 가슴 아프지만 일의 결과에 대한 책임을 철저하게 물어야 한다.

과거 물건을 만들기만 하면 팔리던 시절에는 인화단결의 조직 문화가 더 맞았을 수도 있다. 리더의 역량에 큰 상관없이 조직원들끼리 인화단결해서 물건을 잘 만들면 팔렸으니까. 그런데 지금은 극한 경쟁의 시대다. 이런 시대는 리더의 역량이 굉장히 중요하다. 리더가 전략적으로 의사결정을 잘해야 조직 전체가 흔들리지 않는다.

LG도 지금은 '인재제일주의'로 조직 문화가 바뀌었다. 그런데 구호만 바뀌었을 뿐 실상은 크게 바뀌지 않은 듯하다. 인재제일주의라면 리더가 어떤 잘못을 했을 때 과감하게 잘라낼 수 있어야 하는데 LG는 그것을 못하는 것 같다. 그 사람을 잘라도 대안이 없어 그럴 수도 있지만. 반면 삼성은 가차 없다. 기업은 새로운 시장을 계속 개척해야 조직원들의 부장 자리도 차장 자리도 계속해서 생겨난다. 최근 리콜 사태가 벌어진 삼성 갤럭시 노트7의 배터리 품질문제에 대한 문책 또한 가차없이 단행할 것이다. 이 결과를 LG와는 어떻게 다른지 분석해볼 필요가 있다.

그런데 한번 뿌리 깊게 내려진 기업 문화는 바꾸기 어렵다. 혁신적인 사람 한두 명이 들어온다고 해결될 사안이 아니다. 오히려 그 사람이 못 버티고 나간다. 그래서 조직 문화가 무서운 거다. 따라서 잘하는 사람은 과감히 발탁하고, 실패한 장수는 과감히 도려내는 실적 중심의 객관적인 인사관리 체계를 운영해야 한다. 그렇다고 유능한 사람이 잘하려고 하다가 실수하거나 실패했다고 버리면 안 된다. 무언가에 도전하고 실패를 용인하는 기업 문화 역시 만들어야 한다. 한국 기업들의 문제는 무조건 성공해야 한다는 점이다. 이런 기업 문화로는 미래에 대처할 수 없다.

창조경영을 한다고 많은 기업들이 부르짖고 있지만, 진정으로 창조경영을 하는 대기업은 한국에는 거의 없다. 한번 잘 생각해보자. 유능한 신입사원들을 뽑아 그들을 얼마나 잘 활용하고 있는지. 신입사원 때는 윗사람한테 이것도 제안하고 저것도 제안하다가 창조적이고 역동적이지 못한 기업문화에 막혀 1~2년만 지나도 윗사람들이 시키는대로 하는 것에 익숙해지지 않는지. 이래서는 절대 창조경영을 할 수 없다. 우리나라 대부분의 기업들이 크게, 멀리 보는 미래 경영을 추구해야 한다.

현대자동차, 차세대 주력시장에서 경쟁하라

The Fourth Industrial Revolution

2015년에 약 500만 대의 차를 생산했던 현대차는 가히 한국을 대표하는 자동차 제조업체라고 말할 수 있다. 1990년대에는 엔진도 못 만들었던 현대차가 지난 11년에 걸쳐 판매수량으로 세계 5위 규모로 늘렸고, 2012년에 세계 최초로 수소연료차도 출시했다. 지금은 엄연히 세계 10개의 R&D 센터와 약 1만 명의 엔지니어를 거느린 세계적인 차 제조업체로 성장했다.

과거에는 현대에 'Made in Korea'를 안 붙였다. 왜냐하면 미국 사람들은 현대차를 일본회사로 알아서 판매에 도움이 되었기 때문이었다. 하지만 이제는 당당히 한국 차라는 사실을 밝히고 있다. 아직도 혼다와 헷갈리는 미국의 소비자도 있다는데 극히 일부다.

현대차는 2009년 도요타의 리콜 사태 때문에 반사이익을 톡톡히 봤다. 최근에는 브랜드 위상을 높이고자 세계 최고의 디자이너를 영입하고, 제네시스라는 고급 브랜드도 도입했다. 나름 최선의 노력을 하고 있지만 왠지 모르게 저가의 이미지를 지울 수 없고, 미래 경쟁에도 뒤처지고 있다는 막연한 불안감을 떨쳐버릴 수 없는 것도 사실이다.

사실 자율주행차 시대가 되면 현대자동차뿐만 아니라 지금의 자동차 회사들이 공멸할 가능성이 크다. 이제는 같은 업종과의 싸움을 넘어 타 업종에서도 자동차 시장을 치고 들어온다. 다른 영역에서 치고 들어오는 사람들이 제일 무섭다. 기존 시장에서 지켜야 할 게 없기 때문에 완전 새로운 상품을 내놓는다면 그건 누구도 못 막는다. 중국시장에 현대차가 만든 자율주행차와 애플이 만든 자율주행차가 들어간다면 어떤 차를 사겠는가. 당연히 애플차를 살 것이고 현대자동차는 중국시장에서 설 자리가 없다. 애플은 물론 중국 자동차 제조업체와 ICT업체들도 현대자동차보다 앞서 자율주행차와 전기차를 만들고 있다. 미래 자동차 시장에서는 이미 우리가 늦은 것 같다. 설령 제품 경쟁력에서 같은 조건이라도 해도, 중국인들은 아직 애국심이 남아 있기 때문에 중국 기업들이 만든 차를 사지 현대차를 사지 않을 것이다.

현대차와 기아차의 역할을 구분하라

1999년 현대차가 기아차를 인수한 것은 현대 입장에서는 글로벌 기업이 되기 위해 덩치를 키울 필요가 있었기 때문이었다. 만약 삼성이나 국내 다른 경쟁사가 기아차를 가져갔다면, 현대차 입장에서는 두고두고 국내 경쟁사와 싸워야 하는 단점도 있었을 것이다. 인수 당시에는 현대차와 기아차의 제품 라인업이 같아서 시장에서의 충돌이 불가피했지만, 두 회사 간에 부품 등을 공유할 수 있는 시너지 효과가 있어서 원가 경쟁력에서는 도움이 되었다.

그런데 지금까지도 두 회사가 같은 시장에서 같은 제품 라인업으로 경쟁하고 있는 것은 솔직히 이해가 잘 가지 않는다. 서로 경쟁하는 모습은 전략 부재처럼 보이기도 한다. 현재 기아차는 서서히 특색이 없이 현대차에 묻히고 있는 꼴이다. 경영진에서 많은 고민을 하고 있겠지만, 현대차와 기아차 서로의 강점을 기반으로 사업 영역을 분리해주는 것이 어떨까 생각한다.

현대차는 고급 브랜드와 미래 자동차와 스포츠카 중심으로, 기아차는 중저가나 SUV 같은 원가 경쟁 중심으로 사업을 전개한다면 좋을 것이다. 그룹 차원에서 보면 시장 중복도 피하고, 시장의 전 영역을 공략할 수 있어 경영 리스크도 어느 정도 피할 수 있다고 본다.

주력시장에 역량을 집중하라

중국의 넷플릭스라고 불리는 정보 기술과 엔터테인먼트 기업인 러엔코가 120억 위안약 2조 원을 들여 중국 동부 저장 성에 연간 40만 대를 생산하는 전기차 제조공장을 설립한다고 한다. 2016년 4월에 이미 영국의 고급차 메이커인 애스턴 마틴이 미국에 설립한 전기차 스타트업 업체와 공동 개발한 러시LeSee의 시제품을 공개했다.

과거에는 중국이 자동차를 자체 생산하지 못해 한국 차가 가격 경쟁력을 무기로 중국시장에 비교적 쉽게 진입했다. 하지만 이제는 전기차와 자율주행차 부문에서는 우리가 후발주자다. 현실이 이러한데 중국 수출 비중이 큰 현대자동차가 앞으로도 중국시장에서 계속 생존할 수 있을까? 신차 개발도 늦고 가격 경쟁력도 없다면 중국의 미래 자동차 시장에서 생존이 어려울 것이다.

이는 비단 중국시장에서만의 문제는 아니다. 역으로 미래차를 앞세운 중국 자동차 업체가 한국시장에 진입한다면, 현대자동차가 내수 시장을 지켜낼 수 있을지도 미지수다. 한국 소비자들이 애국심으로 제품을 사주는 시기는 이미 지났다는 점을 직시해야 한다.

세계의 다른 지역에서도 이러한 중국업체들과의 치열한 경쟁은 불가피할 것이다. 전기차에서 원가 비중이 가장 큰 것은 배터리이다. 현대·기아차의 전기차 판매가 늘어날수록 그 과실은 LG화학이 챙기고, 핵심은 ICT 기업들이 다 가져간다. 자칫 자동차 회사는 외형만 만드는 곳으로 전락할 수 있다. 세계적인 브랜드 가치를 갖고 있는 애플이나 삼성이 자율주행차 시장에 직접 뛰어든다면 어떻게 대처할 것인가? 현대자동차의 오너와 수장들은 잠을 이루지 못하고 있을 것이다. 여기에 대한 생존 차원의 대책이 필요하다. 한마디로 위기다.

최근 독일의 벤츠도 미국의 테슬라모터스가 전기차를 선점하자 위기감을 느끼며 전기차와 자율주행차 개발에 총역량을 집중하고 있다. 독일 정부도 자국 기업의 경쟁력을 높이기 위해 전기차에 보조금을 주는 정책으로 시장 기반 구축에 적극 지원하고 있다. 이렇듯 세계 자동차 업계가 미래 시장에 대비해 총력전을 벌이고 있는데 현대차의 미래는 과연 밝을까 자문을 해본다.

현대차가 수소연료차를 한발 앞서 시장에 내놓았지만 괜한 힘을 쏟은 것 같다는 생각이다. 수소연료차는 차체 가격이 비싸고 수소 충전소 1개에 30억씩이나 되는 비용을 어떻게 감내할 것인가? 국내에서는 정부지원으로 가능하다고 하지만, 미국에 수출한다면 그 넓은 땅에 누가 수소 충전소를 만들어줄지 잘 생각할 대목이다.

현대차 입장에서는 어쩔 수 없는 선택이라는 것도 알겠지만 그렇다고 시장의 대세를 거스르면 안 된다. 전기차의 구성품 중에서 가장 큰 비중을 차지하는 것이 배터리이다. 배터리는 LG화학이나 삼성 SDI 것을 사용해야 하는데, 이럴 경우 배터리 업체가 수익을 다 가져가는 구조다. 물론 현대차는 수소차도 만들고 전기차도 만들고 있지만 어디에다 역량을 집중하느냐의 문제이다. 어쨌든 현재 시점에서 보면 전기차와 자율주행차가 대세다. 주력시장에서 경쟁을 해야 하는데, 이미 선진 업체들에게 뒤지고 있다.

차세대 첨단 이미지를 구축하라

현대차가 저가 이미지를 벗어나려고 많은 노력을 하고 있지만, 지금의 제품력으로는 쉽지 않은 게임이다. 브랜드 이미지를 단숨에 끌어올리려면 테슬라모터스처럼 미래 자동차를 선점해야 한다. 구글은 자동차 업체도 아닌데 자율주행차를 주도하는 회사로 각인되고 있다. 미래의 어느 시점에서는 삼성도 분명 자율주행차를 할 것이다. 이미 배터리, 전장부품이 다 있고 이동통신까지 있으니 안 할 이유가 없다. 현재 테슬라모터스의 전기차에는 모바일 모듈이 탑재되어 기계 결합을 원격지에서 알 수 있어 즉각적인 조치가 가능하다. 이미 자동차와 모바일이 융·복합되어 있다.

테슬라모터스의 수장 엘론 머스크가 앞으로도 무서운 것은 지금 자신들이 앞서 있는 우주선 기술을 자율주행차로 다운사이징하려고 하고 있기 때문이다. 우주선은 뜨기 전부터 사람의 손을 떠난다. 우주 공간에서 고장이 나도 스스로 고쳐야 한다. 우주에 도착해서 착륙했는데 바퀴 하나가 펴지지 않는다면, 지상의 우주 컨트롤러에서 원격조정으로 바퀴를 펴게 하거나 우주선 스스로 고칠 수 있도록 해야 한다.

현재 자율주행차에서 가장 큰 위험 요소는 사고에 관한 우려다. 기계는 완벽할 수 없기 때문에 순간 작동이 멈추거나 에러가 나면 어떻게 대처해야 하는지가 숙제다. 조그마한 소프트웨어 에러라도 발생하면 바로 사고로 이어져 인명피해가 우려되기 때문이다. 이를 대처하기 위해 우주선을 종합 감시, 제어하는 시스템을 자율주행차에도 도입한다면 차별화가 될 것이다. 이래서 전기차 뿐만 아니라 자율주행차 부문에서도 테슬라모터스가 미래 경쟁력을 갖추고 있다는 판단이다.

현대차도 자체적으로 많은 것을 개발하고 있겠지만 홍보가 미흡해 보인다. 소비자들이 잘 모르면 별 의미가 없다. 구글처럼 홍보에서라도 선점을 했더라면 좋았을 것이라는 아쉬움이 남는다. 자율주행차에서 핵심은 무인 능력이다. 자동차가 모든 경우의 수를 다 입력해놓고 있을 수는 없으니 자기학습으로 계속 진화를 해야 한다. 인공지능이 필요한 부분이다. 즉 자동차에 소프트웨어가 필요하다. 더 이상 자동차라고 볼 수 없다. 어쨌든 이제는 벤츠나 현대차가 아니라 구글카, 알리바바카, 애플카가 세상을 장악할 날이 머지 않았다.

이미지 선점에 늦었다면 차세대 자동차는 무엇이 될까를 생각해봐야 한다. 미래 자동차는 사람이나 사물을 원하는 곳으로 옮기는 수단이라고 하면 생각이 바뀔 것이다. 업의 개념을 확대시키는 것이다. 차차세대의 차는 하늘을 나는 플라잉카가 될 수도 있고, 수륙 양용차가 될 수도 있다. 지금부터 그것을 빨리 찾아 홍보를 시작해보는 것도 좋을 듯하다. 연구개발 과정 성과를 지속적으로 발표하면서 최첨단 이미지를 구축해가는 것이다. 이것도 혼자 해서는 안 된다. 세계적인 IT 업체나 배터리 회사, 전장부품 회사들과의 전략적인 제휴도 추진해야 효과가 큰 것은 물론, 기업 이미지를 끌어올리는 데도 크게 도움이 될 것이다.

의장님들,
글로벌 무대에 도전하라

The Fourth Industrial Revolution

한국에도 제프 베조스나 마윈 같이 성공한 1세대 인터넷 창업자들이 있다. 벤처 1세대로 꼽히는 네이버 이사회 의장, 다음카카오 이사회 의장, NXC 회장 같은 인터넷 기업을 일군 사람들이다. 2010년 소셜커머스 '쿠팡'을 창업해 국내 소셜커머스 1세대 개척자로 일컬어지는 쿠팡 회장도 있다. 이들은 모두 1조 원대의 자산을 지닌 한국 기업을 대표하는 차세대 주자들이다.

한국의 1세대 인터넷 창업자들은 대부분 '의장' 직함을 가지고 있다. 40대 후반이나 50대 초반이 대부분인 이들에게 대표라는 직함은 좀 부족한 것 같고, 회장이라고 하자니 사회적인 통념상 나이가 너무 젊어서 만들어낸 직책이다. 의장이란 이사회 의장으로서 사실상 경영의 주도권을 갖고 있는 오너를 뜻하며, 실제로 회사 내부에서는 중요한 의사결정을 내리고 회사 전략을 진두지휘하고 있다.

직함이 크게 중요하지는 않지만, 왠지 의장이라는 어감이 대외적으로는 숨어 있는 오너의 모습처럼 보인다. 세계시장의 경쟁자들인 제프 베조스, 엘론 머스크, 마윈 같은 사람들이 대표 직함을 가지고 사업 전면에 나서서 사업을 책임지고 진두지휘하는 것과는 대조된다. 어쨌든 이들이 4차 산업혁명에서 아마존닷컴이나 구글과 같은 기업으로 성장해 한국의 미래를 주도하고 끌고 나가야 한다.

글로벌 시장 노리는 네이버 라인과 내수 시장 노리는 카카오

네이버 자회사인 라인이 2016년 7월, 미국과 일본에서 주식을 총 3500만 주 신규 발행해 기업가치 11조 원의 대박을 터트리며 1조 4500억 원의 자금을 확보했다. 이는 매우 잘한 일이다. 미국의 왓츠앱, 중국의 위챗과 경쟁하고 있는 라인은 국내 기반은 다소 취약하다. 하지만 일본, 대만, 인도네시아, 태국 등의 동남아시아 시장에 집중해 월간 이용자 약 2억 2000만 명, 세계 7위의 모바일 메신저 서비스 업체로 성장했다. 이 또한 칭찬할 만하다.

네이버 의장은 이번 상장으로 확보된 자금을 신기술에 투자해서 미국과 유럽 등의 시장을 공략하겠다는 포부를 밝혔다. 오랜만에 듣고 싶었던 한국 차세대 주자다운 말이었다. 현재 메신저 이용자가 정체된 문제를 어떻게 풀어나갈지, 어떤 새로운 서비스로 글로벌 시장을 공략해갈지는 그들에게 닥친 커다란 숙제일 것이다. 하지만 목표와 비전이 있다면 충분히 달성할 수 있기에 자못 기대가 된다.

반면 카카오는 내수 시장을 더 다지고 있는 모습이다. 삼성의 자체 스마트폰 OS인 바다가 탑재된 휴대폰에 카카오톡 기능을 탑재하려고 카카오 의장을 만난 적이 있다. 첫 인상이 참 소탈하고 솔직해 보였다. 그때가 2011년으로 카카오톡이 한창 인기를 끌고 있을 때였으나 당시에 구체적인 비즈니스 모델이 없었다. 그런데 인터넷 사업의 특성상, 가입자들이 서비스를 계속 이용하는 한 비즈니스 모델은 그리 중요하지 않다. 초기에는 비즈니스 모델이 없어서 서버 비용을 감당하기도 어려웠는데, 불과 4~5년 사이에 확실한 비즈니스 모델을 수립하고 우수한 인재도 많이 영입했다. 여기서 그치지 않고 다음을 흡수합병하고 우버를 벤치마킹한 카카오택시, 소액결제 시스템인 카카오페이를 선보였다. 또한 KT와 함께 인터넷 은행 진출도 꾀하고 있다.

이렇듯 카카오가 O2O를 기반으로 한 선구자적인 모습을 보이며 다양한 서비스를 만들며 국내시장을 지키는 모습은 좋다. 그러나 한국을 대표하는 1세대 인터넷 기업의 수장으로서 더 큰 글로벌 사업을 전개했으면 하는 바람이다. 차세대 한국을 이끌고 갈 대표 주자 중의 한 사람이 카카오 대리기사 같은 적은 수익보다는, 탄탄한 내수를 기반으로 세계를 주도할 수 있는 대형 서비스 발굴에 역량을 집중했으면 하는 바람이다.

무너지는 신화 국내 게임 벤처 1위

2016년 뜨겁게 뉴스를 달군 안타까운 소식은 한국을 대표하는 게임 업체인 넥슨의 대표가 과거 기업들의 잘못된 관행인 정경유착으로 검출에 출두하는 모습이었다. 넥슨은 던전앤파이터를 만든 네오플과 서든어택의 넥슨지

티를 인수해, 2011년 일본 증시에 상장해 시가총액이 8조 원에 이르렀다.

M&A의 귀재라고 일컬었던 넥슨 대표가 이렇게 몰락한다면 한국 게임 산업 측면에서도 엄청난 손실이다. 이건 단순히 넥슨 대표 개인 한 명의 문제가 아니다. 자칫 한국의 신성장 동력의 하나인 게임 산업 전체에 악영향을 미칠 수도 있는 매우 염려스러운 일이다.

온오프라인 전쟁의 막이 오른 한국

2015년 한국의 3대 소셜커머스 회사인 쿠팡이 5470억 원, 위메프가 1424억, 티몬이 1418억 원의 큰 적자를 냈다. 쿠팡이 적자를 낸 이유는 물류 인프라 구축과 로켓배송을 위한 선제 투자를 89퍼센트 감행한 것이 주요 원인이다. 미국 아마존닷컴과 비슷한 행보를 보이고 있다. 아마존닷컴의 제프 베조스는 인터넷 상거래는 차별화된 아이디어만 있으면 쉽게 후발주자에게 먹히는 진입장벽이 낮은 산업이기 때문에, 이익을 많이 내기보다 재투자를 통해 후발주자가 도전하기 어렵도록 진입장벽을 높여야 한다고 말했다. 그래서 인터넷 업체의 주식은 사지 말라는 언급을 한 적도 있다.

소프트뱅크의 손정의 회장도 쿠팡이 선행 투자를 과감히 실행한 점을 높이 사 쿠팡에 10억 달러라는 거액을 투자한 듯하다. 한국도 비록 늦기는 했지만 이제 본격적인 온오프라인 경쟁이 시작되었다. 쿠팡은 이마트와 정면 대결하는 e커머스의 절대강자를 꿈꾸고 있는 것이다.

이제 이마트 같은 오프라인 유통업체들이나 백화점들도 이들 신생 인터넷 상거래 업체들을 간과하다가는 엄청난 시련을 맞이할 것이다. 자칫 망할 수도 있다. 쿠팡의 리더가 자기 확신을 가지고 밀어붙이고 있기 때문에 시련은 있을 수 있으나, 어느 한순간에 한국의 모든 유통채널을 파괴시키고 장악할 수도 있다. 시대의 흐름에 편승하지 못하는 기업은 도태된다. 온오프라인 전쟁의 승자가 누가 될지는 앞으로 두고 보면 알 일이다.

하이브리드 창업을 활용하라

지금 한국의 젊은이들은 자신들의 비전을 찾기 힘들다. 경제가 어려우니 기업체에서 신규 인력을 뽑지 않는다. 앞으로 기술 발전으로 사람이 해야 할 많은 부분이 로봇이나 기계가 대체하게 되면 어려움이 더욱 가중될 전망이다.

고용 창출 없는 시대의 비극이라고 할까? 대학 졸업자는 80퍼센트가 넘는데 할 일이 없다. 경험도 없고 네트워크도 없다. 그러니 스펙에라도 목숨을 걸지만, 이건 더더욱 답이 아니다. 지금의 젊은 세대들에게 사실 학벌과 스펙이 중요한 게 아니다. 새로운 아이디어를 내고 아이디어를 구현시킬 도전이 중요하다. 학교에서 배우는 지식은 이미 구글이나 네이버에 다 있기 때문에 지식은 단지 활용만 하면 된다.

정부는 청년실업 해소를 위해 청년창업에 많은 혜택을 주면서 청년일자리 창출에 많은 노력을 하고 있다. 하지만 청년창업의 문제점은 청년들이 사업을 해본 경험이 없고, 자본과 인적 네트워크도 부족하기 때문에 기반을 갖춘 경력자들보다 상대적으로 리스크가 크다는 것이다. 창업 실패로 청년들이 꿈을 펼쳐보기도 전에 신용불량자로 전락해 회생조차 못하게 될 수도 있다. 나는 한국의 미래를 짊어질 청년들에게 하이브리드 창업에 도전해보라고 하고 싶다. 인터넷 기업은 아이디어 반짝이는 청년들이 도전하기 좋은 분야이다. 꼭 인터넷 기업뿐만 아니라 다른 분야도 활용해보면 좋을 것 같다.

인생 1막을 열심히 살아온 은퇴자들은 노후준비는 부족하고, 수명은 늘어나고 막막한 노후 대책에 불안감만 커지고 있다. 앞으로는 고령자 문제도 청년실업 못지않게 정부의 큰 짐이 될 것이다. 은퇴자들은 청년들에 비해 사회적인 경험이 풍부하고 인적 네트워크도 좋다. 자금도 청년들에 비해 많다. 그래서 청년창업과 시니어창업을 결합한 하이브리드 창업을 더욱 활성화한다면 어떨까 생각한다. 직장생활을 하다가 은퇴한 시니어 창업자가 멘토가 되고, 청년 창업자는 멘티가 되어 서로 협력해서 창업을 한다면 실패 확률을 줄일 수 있다. 시니어들의 경험과 청년들의 반짝이는 새로운 아이디어가 합쳐지면 사업 성공 확률도 그만큼 높아질 것이다. 성공적인 창업은 곧 고용창출을 일으켜 일자리 문제도 자연스럽게 확대될 수 있다.

청년들도 무조건 대기업을 선호해서 취업 재수로 아까운 시간을 낭비하기보다 사회에 조기 진출해서 자신만의 전문성을 높이는 것이 바람직하다. 시니어들은 20~30년간 치열한 경쟁 속에서 직장생활을 한 경험과 지식을 사장시키지 않고, 자신만의 경험과 노하우로 창업을 한다면 가계와 사회 발전에 모두 좋을 것이다.

정부는 청년과 시니어들이 만날 수 있는 가칭 하이브리드 창업 만남의 장을 만들어야 한다. 창업을 지원할 때 하이브리드 창업에 많은 혜택을 주고,

청년들과 시니어들이 결합된 창업을 도와야 한다. 시니어들은 사업 실패에 대한 우려 때문에 도전을 두려워하는데, 정부가 이 부분을 적극 도와줘야 한다. 미국의 실리콘밸리에서는 직장생활에서 은퇴해 사업을 창업하는 사람들 성공 확률이 청년창업보다 훨씬 높다는 통계도 있다. 따라서 정부 차원에서 50대와 20~30대가 결합된 하이브리드 창업 붐을 조성해야 한다.

여기서 특히 고려할 사항이 있다. 두 사람이 모여서 창업을 하게 되면 서로 가지고 있는 역량이 차이가 날 수밖에 없다. 사업 시작 전에 그 역할 구분을 잘해야 한다. 시니어들은 분명 젊은 시절보다 열정적으로 일할 수는 없다. 반면 젊은 청년들은 자신의 모든 것을 걸고 사업에 뛰어든다. 그런 만큼 서로의 강점을 잘 취해서 서로 소통이 잘 되어야 성공할 수 있다. 우리 속담에 '동업은 절대 하지 말라'라는 말이 있는 것은 그만큼 동업이 어렵다는 이야기다.

예를 들어 자본금 1억 원짜리 회사를 만든다고 해보자. 그렇다면 시니어는 대외적인 활동으로 회장이라는 직함을 가지고 지원해주고, 실질적으로 회사를 끌고 가는 젊은 창업자가 실질적인 대표가 되어야 한다. 시니어는 외부에서 펀딩을 끌어오거나 사무실에 오전이나 일주일에 2~3일가량만 출근하며 젊은 창업자를 지원하는 개념이 되어야 하이브리드 창업이 성공할 수 있다. 단지 나이가 많다고 젊은 대표가 하는 일에 콩 놔라 배 놔라 한다면 결국은 깨질 가능성이 높다. 투자금도 누가 더 회사 발전에 기여를 할 것인가를 고려해서 지분율을 나누어야 하는데, 젊은 대표가 사실상 대주주가 되어야 성공할 확률이 높다고 본다.

4차 산업혁명을 위한 한국의 10대 전략

주특기 사물인터넷부터 뛰어들어라

The Fourth Industrial Revolution

우리가 우스개로 하는 소리에 "여우 같은 마누라는 같이 살아도 곰 같은 마누라와는 같이 못산다"라는 말이 있다. 가정에서도 이러한 말이 있을 정도니 하물며 한 기업의 명운, 나아가서는 한 국가의 앞날이 걸려 있는 비즈니스의 세계에서는 더욱 여우처럼 대처해야 한다.

4차 산업혁명 관련 분야로 성공적인 안착을 하기 위해서는 우리가 잘할 수 있는 부분을 먼저 공략해서 주도권을 확보하는 전략이 현명하다고 생각한다. 이를테면 지금 현재 경쟁력이 없는 인공지능 분야에 치중하기 보다는, 최근 상용화가 급속히 이루어지고 있고 이미 요소기술도 확보하고 있는 사물인터넷 분야를 공략하는 것이 맞다. 2016년에 열린 미국 CES 전시회의 화두도 단연 사물인터넷이었다. 사물인터넷 플랫폼 선점 경쟁이 치열하게 펼쳐지는 장이었다. 제조업체들은 물론 통신 서비스 사업자들까지도 자신들이 가지고 있는 사업 역량을 기반으로 한 홍보와 마케팅에 총력전을 기울였다.

현재 사물인터넷 산업은 초기 단계로 완전한 비즈니스로 정착하기까지는 아직 시간이 필요하다. 5세대 이동통신이 본격화되어야 하고 지금은 사전마케팅과 기획 단계에 불과하다. 하지만 큰 흐름에서 보면 사물인터넷으로 가는 것은 분명하므로, 여기에 대한 준비를 해야 한다.

현재 글로벌 기업들과 해외 국가들은 사물인터넷을 통해 저성장, 고령화, 에너지 고갈 등의 사회 현안을 해결하기 위한 다양한 프로젝트를 추진 중이다. 구체적으로는 뉴욕 시는 CCTV를 기반으로 한 대테러 감지 시스템Domain Awareness System을 구축해 사고를 사전에 예방하고 실시간으로 대응하는 방안을 찾고 있다. 미국 교통부에서는 교통사고 방지를 위해 차량 간 통신에 관한 대규모 시범 사업을 추진 중이다. 현재 제조, 물류, 교통, 의료, 도시, 홈 등의 영역에서 사물 인터넷의 활용성을 높이기 위한 방안이 계속 추진되고 있

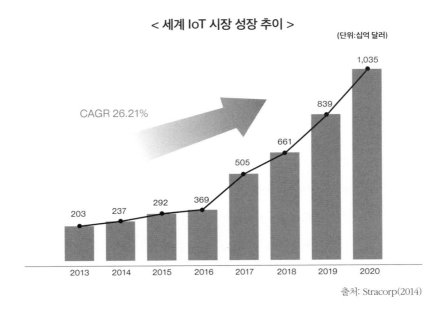

< 세계 IoT 시장 성장 추이 >

(단위:십억 달러)

출처: Stracorp(2014)

다. 2016년 미래창조과학부에서 발표한 '글로벌 선도국가 실현을 위한 K-ICT 사물인터넷 확산 전략안'에 따르면, 글로벌 사물인터넷 시장은 2020년에는 1조 달러를 넘을 것이라고 한다.

현 단계, 비즈니스 모델이 중요하다

사물인터넷은 지금 단계에서는 현재 있는 기술을 잘 조합하는 것이지 새로운 기술이라고는 할 수 없다. 따라서 비즈니스 모델, 즉 서비스를 찾는 것이 중요하다. 지금 당장은 사물인터넷을 위한 새로운 디바이스를 만들기에는 기업 측에서도 많은 돈을 투자해야 하고, 소비자들도 많은 돈을 지불하고 구입해야 하기 때문에 비즈니스로서의 메리트가 크게 없다.

따라서 현재 있는 휴대폰, TV, PC, 태블릿PC, 웨어러블 등의 기기들과 연동시켜 언제 어디서나 콘텐츠를 열어볼 수 있게 하는 게 핵심이다. 즉, LCD 화면으로 사진이나 영상을 공유하는 N스크린 서비스 같은 것이다. 현재 국내 이동통신 사업자들이 스마트폰으로 집의 가전기기를 관리하는 홈 네트워크 사업의 선점 경쟁이 치열하지만, 아직은 초보단계 수준이다. 앞으로 서비스가 고도화되면 서로 다른 기종의 기기들도 연동되는 N기기 서비스가 될 것이다. 가전제품과 통신기기, PC, 자동차가 연동되는 것처럼 말이다.

지금 가장 활성화되고 있는 것이 비콘Beacon(스마트폰 근거리 통신기술, 비콘 기계가 설치된 지점에서 50미터 반경 내에 관련 앱을 설치한 스마트폰 사용자들에게 할인이나 이벤트 정도를 실시간으로 알려줌)을 가지고 할 수 있는 서비스이다. 이것은 B2B의 영역에 해당

되는데, 비콘은 설치 비용이 다른 기술보다 저렴하기 때문에 비콘을 이용한 스마트폰 서비스는 활용도가 큰 편이다. 박물관 등에서는 큐레이팅 서비스에서 많이 활용하고 있다.

최근에는 양로원에서도 노인들 케어 서비스로 발굴하고 있다고 한다. 유치원처럼 아침에 노인학교에서 차로 어르신들을 모시러 오면 자녀들이 스마트 기기로 볼 수 있고, 노인학교에 도착해서 운동하고, 식사하고, 레크레이션을 하는 모습들을 다 볼 수 있다. 혹여 넘어지기라도 하면 관리자에게 바로 연락해서 케어를 요청할 수도 있다.

글로벌 기업들의 플랫폼 경쟁

사물인터넷 시장이 좀더 본격화되면 사물인터넷 서비스의 기반이 되는 센서나 디바이스 같은 하드웨어 영역의 경쟁이 치열하겠지만, 이것을 어느 정도 갖춘 단계에서는 결국은 서비스와 플랫폼 경쟁으로 나아갈 것이다. 따라서 글로벌 기업들을 중심으로 자사의 핵심 역량을 기반으로 하는 개방형 사물인터넷 플랫폼 개발에 치열한 주도권 경쟁을 펼치고 있다.

그 시대를 예측하고 가장 먼저 준비한 회사는 애플이다. 애플은 iOS라는 독자 OS 플랫폼을 개발하고 발전시켜 애플의 모든 기기가 서로 연결될 수 있도록 했다. 처음부터 자신들만의 폐쇄적인 N스크린 플랫폼을 만들었다. 즉 고객을 애플 OS, 디바이스, 생태계를 하나로 묶어두는 록인 전략이다. 애플은 음성으로 명령을 내리면 기기가 작동하는 시리Siri를 기반으로 전화를 걸거나 앱을 실행하는 스마트폰뿐만 아니라, 애플 TV '홈킷'을 지원하는 기기나 차량용 미디어를 재생하는 '카플레이'에 적용하고 있다.

반면 우리나라의 LG나 삼성은 TV, 휴대폰, PC 등의 공통된 플랫폼이 없다. 제품별로 서로 다른 OS를 채택하고 있어서 같은 회사 제품끼리도 호환이 안 되는 결함을 가지고 있다. 국내 IT 전자업체들은 과거 후발주자로서 일본의 가전제품을 넘어서야 했고, 휴대폰은 모토로라와 노키아를 넘어서야 했다. 즉, 미래를 내다보고 회사별로 제품별 공용OS를 개발할 겨를이 없었다.

이를 극복하기 위해 삼성전자가 2010년에 '바다'라는 자체 스마트폰 OS를 만들었으나 경쟁력 열세로 실패했고, 리눅스 기반의 '타이젠'이라는 OS를 인텔과 제휴해서 개발했다. 이 OS는 현재 보급형 휴대폰과 갤럭시 기어에 사용하고 있으며, 앞으로 TV와 가전제품에도 확대할 계획이다. 2015년에는 모든 기기를 인터넷에 연결시키는 '아틱Artik'이라는 사물인터넷용 칩 3종을 시

< 주요 플랫폼 현황 >

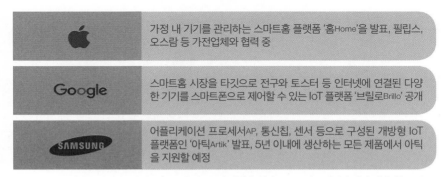

가정 내 기기를 관리하는 스마트홈 플랫폼 '홈Home'을 발표, 필립스, 오스람 등 가전업체와 협력 중

스마트홈 시장을 타깃으로 전구와 토스터 등 인터넷에 연결된 다양한 기기를 스마트폰으로 제어할 수 있는 IoT 플랫폼 '브릴로Brillo' 공개

어플리케이션 프로세서AP, 통신칩, 센서 등으로 구성된 개방형 IoT 플랫폼인 '아틱Artik' 발표, 5년 이내에 생산하는 모든 제품에서 아틱을 지원할 예정

출처 : 미래창조과학부 '글로벌 선도국가 실현을 위한 K-ICT 사물인터넷 확산 전략안'(2016)

장에 내놨다. 2020년까지 삼성이 만드는 모든 기기에 아틱을 내장해 삼성기기들 간의 연동을 목표로 하고 있다. 구글도 사물인터넷용 새 OS '푸크시아 Fuchsia'를 개발하고 있는데 스마트폰, 노트북 OS를 통합하고 앞으로 자동차, 홈, 각종 웨어러블 기기 등 모든 기기를 인터넷에 연결시킬 것이라고 천명하고 있다.

이렇듯 사물인터넷 선점을 위해 각사의 강점을 기반으로 개발에 박차를 가하고 있다. 이에 철저한 준비를 하지 않으면 구글에 계속해서 종속되고, 애플이나 중국 업체들에게 추격당하는 형국이 계속될 것이다. 소비자 입장에서 보면 애플 제품은 기기끼리 연동이 되어 애플의 어느 기기에서도 자기 콘텐츠를 볼 수 있는데, 한국 제품은 같은 회사 제품들끼리도 연동이 안 된다면 한국 제품은 가치가 떨어질 수밖에 없다. 이제는 단품으로 판매하는 시대가 서서히 저물어가고 있다. 기기끼리 연동이 되지 않는 제품은 더 이상 제 가격을 받을 수 없다.

사물인터넷 선두를 노리는 일본 기업들과 노키아

일본 IT 업계의 대표주자인 소프트뱅크와 소니, 닌텐도가 사물인터넷, 로봇, 인공지능, 가상·증강현실에 막대한 투자비를 쏟아붓고 있다. 닌텐도의 '포켓몬 고'라는 증강현실을 배경으로 하는 스마트폰 게임은 연일 대박을 터뜨리고 있다.

소프트뱅크의 손정의 회장은 2013년에 미국 이동통신업체인 스프린트를

216억 달러약 25조 원에 사들였다. 그리고 최근에 세계 2위의 반도체 설계회사인 ARM을 234억 파운드약 35조 원에 인수했는데, "사물인터넷이 가져오는 중요한 기회를 잡을 수 있기 때문이다"라고 인수 목적을 밝혔다. 세간에서는 너무 비싸게 샀다며 소프트뱅크의 주가가 하락하기도 했지만 손 회장은 거침이 없었다. 사물인터넷은 모든 무인화 기기의 신경망과 같은 것이다. 그 무한한 시장 성장가능성에 베팅을 하며, 사물인터넷에 기본이 되는 반도체 칩을 독점하려는 야심을 가지고 있는 것이다. 이로 인해 한국의 반도체 산업에도 변화가 불가피하다.

이런 와중에 노키아의 행보도 심상치 않다. 최근 마이크로소프트는 노키아 휴대폰 부문을 HMD 글로벌HMD Global과 폭스콘Foxconn에 매각했다. 최근 노키아 휴대폰 부문은 'IMPACTIntelligent Management Platform for All Connected Things'라는 사물인터넷 플랫폼을 공개하면서 사물인터넷 시대에 새로운 도전을 꾀하고 있다. 이렇듯 세계 주요 ICT 업체들이 사물인터넷 시장을 선점하고 주도하기 위해 역량을 쏟고 있는 만큼, 한국도 미래 주력 산업으로 사물인터넷 시장에 역량을 집중시켜야 한다.

다양한 기기의 높은 세계시장 점유율이 강점

다행히 우리는 해외 경쟁 기업들에 비해 강점이 있다. 사물인터넷을 주도하려면 첫째, 사물인터넷을 구현할 수 있는 광속의 통신 인프라 구축이 필수적이다. 우리나라는 통신사업자 간의 경쟁이 치열해 세계 최고 수준의 전송

속도를 구현할 수 있는 무선 랜 기반이 구축되어 있다. 4세대 이동통신망도 세계 최고 수준이다. 앞으로 유비쿼터스의 실감형 영상시대를 구현할 수 있는 5세대 이동통신망을 2018년 평창 동계올림픽을 활용해 준비하고 있다. 따라서 표준규격이 완료되는 2020년에는 가장 먼저 통신 인프라를 구축할 수 있다.

둘째, 사물인터넷을 구현할 수 있는 단말 기기들의 경쟁력 또한 세계 최고다. 스마트 TV나 PC, 냉장고, 에어컨, 세탁기 같은 세계 최고의 수준의 제품을 다양하게 갖추고 있고, 세계시장 점유율도 높다.

셋째, 사물인터넷 선점을 위한 제조업체와 통신 사업자 간의 경쟁이 치열하다. 다양한 서비스들이 시장에 선보일 것이고, 이를 통해 세계시장을 주도할 수 있는 서비스가 자연스럽게 나올 확률이 많다. 한국은 다양한 IT와 가전기기들이 많고, 통신 네트워크도 세계 최고 수준인 만큼 사물인터넷을 구

< 국내 사물인터넷 시장 규모 전망 >

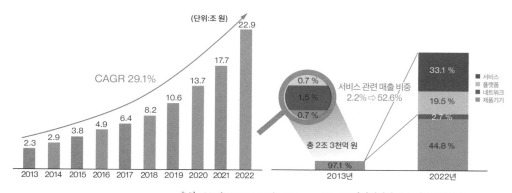

출처 : Machina Research, Stracorp, Nia, KT경제경영연구소 재구성(2015)

현하기 좋은 토양 갖추고 있다. 애플은 자신들의 OS 플랫폼을 개방하기 않고, 구글은 OS 플랫폼은 있는데 이를 사용할 단말 기기들이 없어 한국 업체 대비 경쟁요소가 부족하다.

사물인터넷 플랫폼이 구축되면, 서비스나 콘텐츠 전문 업체들이 돈을 벌 수 있는 기회가 애플이나 구글의 사물인터넷 플랫폼보다 많기 때문에 미래가 밝다. 그러나 우리의 가장 큰 약점은 사물인터넷 플랫폼이 경쟁력이 없다는 사실이다. 사물인터넷 플랫폼의 경쟁력을 높이는 투자를 강화하고, 풍성한 생태계를 구성할 전략과 빠른 실행력이 관건이다. 매키나 리서치machina Research에서 2015년에 발표한 자료에 따르면, 2022년 이후에는 하드웨어 비중이 45퍼센트 이하로 낮아지고 서비스와 플랫폼 비중이 52퍼센트를 차지하는 구조로 변화될 것으로 전망이라고 한다.

거대 밸류 체인 자율주행차를
차세대 성장동력으로 키워라

지금 서서히 진행되고 있는 4차 산업혁명에서 가장 큰 충격으로 다가올 분야가 자율주행차라고 생각한다. 자율주행차는 그 어떤 산업보다 거대 밸류 체인Value Chain이 될 것이다. 2020년에는 자율주행차 1000만 대가 실제로 운행되고, 2035년에는 2100만 대에 이를 것이라고 시장 전문 기관들이 예측을 하고 있다.

골드만삭스는 2025년에 960억 달러, 2035년에는 2900억 달러로 시장이 급성장할 것으로 전망하고 있다. 과연 자율주행차의 구성비에서 그동안 기존의 벤츠나 도요타, 현대자동차에서 보유해온 자동차기술이 얼마나 활용될 수 있을까? 차량 외관이나 바퀴, 동력을 전달하는 축, 엔진 정도가 고작일 것이다. 배터리, 각종 센서나 편의 장치, LCD차창, 통신 기술 같은 자동차 외 부문이 차지하는 부가가치 비중이 70퍼센트까지 될 것이라는 분석이다. 즉 자율주행차가 하나의 커다란 움직이는 로봇과 컴퓨터가 복합된 새로운 개념이다. OS도 필요하고 플랫폼이 필요하다.

자율주행차의 핵심은 자율주행 프로그램 소프트웨어가 많은 데이터를 축적하고, 머신러닝을 통해서 주행 프로그램이 더욱 정밀해지는 데 있다. 지금까지의 차의 개념이 바뀌는 것이다. 자율주행차의 근간을 이룰 자동차 네트워킹과 고성능 컴퓨팅, 사이버 보안 등은 현존의 자동차 기업들이 쉽게 따라잡기 어려운 분야로 평가된다. 따라서 많은 자동차 기업이 역량의 격차를 메우려고 구글, 아마존, 마이크로소프트 같은 ICT 기업들과 전략적 협력을 추진하고 있다. 대규모의 이종 산업 간 합종연합이 본격화하는 것이다. 따라서 자율주행차는 기존 자동차 회사들만의 문제가 아니라 국가 차원에서 대응해야 할 미래 최대의 먹거리이다.

기존 자동차의 거대 밸류 체인이 바뀌다

기존의 자동차 밸류 체인은 송두리째 바뀔 수밖에 없다. 이 모든 자동차 생태계가 어느 순간에 붕괴될 수 있는 변곡점에 서 있다. 자율주행차가 나오면서 생기는 신규 밸류 체인을 보면, 우선 자동차 내연기관이 배터리로 전환되면서 기존의 자동차 부품이 대부분 사라질 것이다.

자율주행차는 목표는 운전자를 없애는 것이다. 당연히 운전기사들은 다른 직업을 찾아야 하고, 운전자 과실이 없으니 일반인 대상의 차 관련 보험 회사도 있을 이유가 없다. 우버 택시와 같은 공유 개념이 보편화되어 더 이상 차량을 소유할 이유가 사라지며, 차량 공유 서비스로 시장 판도가 바뀔 것이다. 즉, 차가 필요할 때만 택시처럼 불러서 쓰면 되고, 이로 인해 주차장도 점차 사라질 것이다. 석유도 배터리로 대체되고, 태양광 같은 친환경 에너지가 본격적으로 사용될 것이다.

기존 자동차 회사들은 생존을 위해 이들 업체와 전략적인 제휴로 생존을 위한 몸부림을 치고 있다. 미국의 GM은 고속도로 한정 자율주행차를 2017년까지 발매한다고 발표했으며, 포드 자동차는 2021년 운전대나 가속, 브레이크가 없는 자율주행차를 출시하겠다고 공표했다. 독일 벤츠도 2015년 CES 전시회에서 럭셔리한 자율주행 콘셉트의 자동차를 공개했다. 운전자가 차량을 자율모드로 전환하면 운전석이 뒷좌석과 마주보게 되면서, 주행 중에 미팅이 가능하고 동승자들끼리 마주볼 수 있게 했다. BMW는 인텔, 모빌아이와 같은 ICT업체와 협력해서 2021년까지 상용화한다고 밝혔다. 아우디는 한술 더 떠서 2017년에 세계 최초로 3단계 자율주행 기술이 탑재된 차량을 출시하고, 2020년에는 4단계 자율주행 기술을 적용하는 것이 최대 목표라고 기술 주도 속내를 비쳤다.

일본 7대 자동차 업체에서도 2017년도 자율주행 기술에 우리 돈으로

< 자율주행차 분야 국가별 기술 수준 비교 >

(단위: %, 년)

조사 년도	한국		미국		일본		유럽		중국	
	상대 수준	기술 격차	상대 수준	기술 격차	상대 수준	기술 격차	상대 수준	기술 격차	상대 수준	기술 격차
2011	86.4	1.3	96.7	0.3	99.8	0.0	100	0.0	67.5	2.9
2013	83.8	1.4	97.6	0.1	97.6	0.1	100	0.0	67.1	2.6

출처 : 산업기술수준조서(한국산업기술평가관리원, 2013)

30조 원을 투자한다고 한다. 도요타는 클라우드 기반의 '도요타 스마트센터'를 이용해 '운전자-자동차-집'을 하나로 잇는 서비스를 제공하는 차세대 콘셉트 차를 제시했다. 2020년까지 고속도로에서 차선을 변경하고 추월도 가능한 자율주행차를 만들겠다고 한다.

현대차도 2020년까지 완전 자율주행 기술 개발을 목표로 연구 개발에 2조 원을 투자할 계획이라고 한다. 그러나 우리나라 자율주행차의 기술수준은 앞서가는 미국과 유럽에 비해 약 80퍼센트 수준, 자율주행시스템 기술은 약 70퍼센트 수준으로 기술 격차가 매우 크다. 자율주행차 산업 생태계 동반 발전에 필요한 소프트 플랫폼과 임베디드 소프트는 상당한 기술 격차가 있다는 분석이다.

연합체제를 구축해서 선점하라

지금 자율주행차를 개발하고 만드는 선발 주도업체들은 대부분 ICT 기업들이다. 테슬라모터스, 구글, 애플, 바이두 모두 기존의 자동차 업체들이 아니다. 자동차 전체를 컨트롤하는 CPU는 인텔이 주도하고 있고, 삼성은 센서 등의 전장부품 사업에 본격적으로 참여하고 있다. 미국의 마이크로소프트는 자동차 안에서 음성인식 컨트롤, 휴대전화 연결, 영화감상 등을 할 수 있는 인포테인먼트 운영체계를 개발해 자동차 회사들에 제공하고 있다.

전기차 부분에서는 현재 테슬라모터스가 주도를 하고 있다. 기존의 자동차 업체들은 과거의 제조 방식으로 추격을 하고는 있지만, 이미 대세는 테슬라 모터스로 기울어졌다. 또한 인터넷 검색 업체인 구글이 자율주행차를 만들고 주행 시험을 하는 것을 소비자들도 이미 아무렇지 않은 듯 받아들이고 있다. 애플도 타이탄이라는 프로젝트 이름하에 자율주행차를 만들고 있다는 것을 계속 얘기했다. 기존 자동차가 사람들을 이동시키는 운송 장치였다면, 미래 자율주행차는 이동하는 동안 자동차 공간에 새로운 가치를 부여하는 회사가 차세대 자동차 산업을 주도하게 될 것이다. 거대 공룡이 한순간에 없어지는 현상이 자동차 업계에서 나타날 확률이 매우 높다. 기존의 자동차 제조업체들이 어느 순간 ICT 업체들의 쓰나미에 쓸려나가는 꼴이 될 수도 있다.

우리나라를 대표하고 세계 5위의 현대차가 고민해야 할 일이지만, 자율주행차 시대를 지금처럼 준비해서는 어렵게 키워온 한국의 자동차 산업이 어려운 지경에 내몰릴 수 있다. 왜냐하면 앞에서 이야기했지만, 자율주행차의 경우 기존의 자동차 업체들이 역량을 발휘할 부분이 크게 제한되기 때문이다.

또한 자율주행차 부문에서 앞서가는 기업들에 비해 기술 격차가 엄연히 존재하고, 그 격차를 좁히기가 쉬워 보이지 않는다. 아마도 구글이 자율주행차 개발에 많은 노력을 하고는 있지만, 자신들이 직접 제조까지 한다기 보다는 지금 스마트폰처럼 자율주행차 OS와 플랫폼을 기존의 자동차 업체들에게 무상으로 제공할 가능성이 높다.

따라서 구글과 제휴해서 그들의 노하우를 배우고, 그들의 기술을 빨리 적용해야 초기 시장을 실기하지 않을 것이다. 스마트폰의 경우만 보더라도 삼성 갤럭시가 만약 국내 자체 OS와 CPU를 채택했다면, 해외 소비자들이 그토록 신뢰하지는 않았을 것이다. 내가 만들 수 있는 것과 최고 수준의 경쟁력으로 소비자에게 신뢰를 주는 것에는 많은 격차가 있다는 것을 직시해야 한다.

그리고 국내 관련 업체들과도 과감한 전략적인 제휴를 추진하는 것도 좋은 방법이라고 생각한다. 현대차 관계사로 현대 모비스가 있지만, 과감히 삼성과 제휴를 맺으면 여러 가지 부문에서 경쟁력을 강화시킬 수 있다고 본다. 배터리 업체와도 차세대 배터리를 공동 출자해서 개발하는 등의 긴밀한 협력관계를 구축해서 국내 기업들이 보유한 강점들을 시너지로 활용하면, 국가 차원에서도 좋고 막대한 개발투자비도 줄일 수 있다. 정부의 지원도 더욱 쉽게 끌어낼 수 있을 것이다. 이와 함께 핵심기술을 보유한 세계 주요 업체들과의 협력도 병행하면, 많은 우군이 생겨 자율주행차 부문에서 강자로 부상할 수 있을 것이다.

자율주행차의 새로운 공간을 활용하라

자율주행차의 공간을 어떻게 활용할지도 고민해야 한다. 자율주행차로 이동하는 동안 차에 타고 있는 사람들에게는 뭔가를 할 수 있는 새로운 공간이 생긴다. 그 공간을 무엇으로 채우고, 어떻게 시간을 보내게 할 것인가. 이것이 또 다른 중요한 비즈니스 영역이 되고, 이를 미리 계획하고 빨리 선점하는 사람들은 돈을 벌 수 있다.

지금도 구글은 나에 관련된 정보를 이미 많이 알고 있다. 현재 구글 검색창에 '병원'이라고 치면 지금 내가 있는 곳에서 가까운 병원 정보를 알려준다. 자동차를 몰고 가다가 어느 지역에서 맛집 정보를 요청하면 주변의 맛집 정보도 다 나온다. 이처럼 자동차가 이동하는 지역, 그 지역의 주요한 정보를 제공하는 것도 좋은 광고 비즈니스 모델이다.

자동차를 타고 가다가 연료가 떨어지면 주변의 주유소를 알려준다. 또 가격은 얼마인지, 주요소에서 할인쿠폰을 발행하고 있다면 스마트폰으로 주유 할인쿠폰을 보내줄 수도 있다. 자동차가 지나가는 곳에 있는 식당이나 옷가게에서도 마찬가지로 상품 정보와 할인쿠폰을 보낼 수 있다. 고객을 잡기 위한 다양한 홍보가 스마트폰으로 이루어질 것이다. 이러한 공간에 무선 랜, 이동통신기술, 비콘, 빅데이터, 근거리무선통신NFC, 사물인터넷 기술, 핀테크 기술이 활용되어 공간 비즈니스가 가능한 것이다.

앞으로 웹 4.0 시대가 되면 그 이상의 맞춤 정보가 가능하다. 웹 1.0은 인터넷 정보를 검색만 하는 시대였다면, 웹 2.0은 인터넷을 통해 누구나 정보를 만들고 공유할 수 있는 것을 말한다. 지금은 웹 2.5 시대라고 할 수 있고, 웹 3.0 시대는 인공지능에 기반을 둔 차세대 지능형 컴퓨터끼리 자동으로 정보를 주고받으며 처리한다. 차세대 웹 4.0 시대는 개인별 맞춤형 서비스를 할 수 있어, 인터넷이 나에 관한 모든 것을 파악하고 내가 원할 것 같은 정보들만 먼저 제시해줄 수 있다. 내가 당뇨병이 있는지 없는지, 골프를 좋아하는지, 좋아한다면 골프 선수 누구를 좋아하는지 이미 다 알고 그것들에 관한 정보를 수시로 알려준다. "지금 박인비 선수가 나오는 LPGA 골프 중계가 있는데 보시겠습니까?" 통신망 네트워크가 개인에 관한 모든 정보를 가지고 따라다니며 개인에게 필요한 정보를 제공하는 시대가 다가오고 있다.

지금은 자율주행 기술과 인간이 하이브리드 형태로 운전을 하지만, 로그

데이터가 쌓이면 무인자동차가 될 것이고 그러면 자동차 내부의 모습도 완전히 달라지게 마련이다. 이 공간이 스마트홈이 될 수도 있고 오피스 공간이 될 수도 있다. 이제는 사람이 머무는 모든 공간이 비즈니스 공간이 될 수도 있고, 생활을 하는 홈 공간이 될 수도 있고 문화 공간, 엔터테인먼트 공간이 될 수도 있다. 그게 다 새로운 비즈니스의 영역이다.

자율주행을 테스트할 도로를 제공하라

내수 시장이 적어서 수출을 해야만 하는 우리는 피치 못하게 국내시장을 테스트 기지로 삼을 수도 있다. 물론 일부에서는 무슨 말도 안 되는 소리냐고 반박할 것이다. 국민들을 볼모로 잡으라는 것이 아니라, 당연히 안전을 최우선으로 하되 연구소 내에서만 시험하는 것은 한계가 있으니, 자율주행차 기술 개발 속도에 맞추어 실제 상황에서 테스트할 수 있도록 한정된 지역에서라도 테스트를 하는 게 어떠냐는 의미다.

이럴 경우는 정부의 지원이 절대적이다. 2015년 7월, 미국 미시간대학에 자율주행도시 M시티를 오픈했는데, 우리도 M시티의 3배 규모인 11만 평에 달하는 K시티를 2017년 1월까지 기본설계를 마치고, 2018년까지 시험도시를 만든다고 하니 환영할 만하다. 실제상황과 동일한 환경에서 테스트를 한다는 것은 그만큼 상용화 속도를 높일 수 있기 때문이다. 그리고 안정성이 확보되면 제한된 지역을 선정하여 시범도시로 운영하는 것도 필요하다. 아마도 제주도가 좋은 지역일 듯싶다.

더불어 주기적으로 테스트 결과를 홍보해야 한다. 적절한 범위 내에서 홍보는 시장 선점에 매우 중요한 역할을 한다. 자율주행차의 기술 발전을 미국 교통부 도로교통 안전국에서 5단계까지로 분류하고 있다. 0단계는 비자동화차, 1단계는 자동화 지원, 2단계 운전자 감시 자율주행차, 3단계 조건부 자율주행차, 4단계는 완전 자율주행차로 구분하고 있다.

다시 이야기하면, 자동화 기능이 없는 것은 0단계, 전후좌우로 움직이는 1단계, 2단계는 일부 고급차량에 적용된 기술로서 주행 중에 사람이 조작하지 않아도 주행하는 단계이다. 예를 들면, 일정한 속도를 유지해주는 크루즈 컨트롤 기능이나 차선의 이탈을 방지하는 정도의 기술이다. 3단계는 우리가 이야기하는 자율주행차의 기본으로 사람이 어떠한 조작을 하지 않아도 목적지까지 갈 수 있는 기능이다. 현재 기술 속도로 봤을 때 2020년 초 가량이면 현재의 자동차 가격 수준으로 상용화가 될 전망이다. 마지막 4단계는 완전 무인차 개념인데 눈이 오거나, 비가 억수같이 내리는 기상악화에도 탑승자를 완벽하게 보호할 수 있는 단계를 말한다. 이럴 경우에는 인간의 오감수준을 넘어야 하는 완벽한 무인카라고 할 수 있다. 즉, 폭설로 도로형태가 없어져도 도로 주변 상황과 연동되어 주행할 수 있어 교통사고 제로를 지향한다.

2단계까지는 현존하는 자동차에 일부 보조기능으로 사용하는 수준이지만, 4단계가 되면 도로의 모든 체계도 지능화하고 스마트해져야 비로소 완성된다. 사물인터넷이 보편화되면 도로의 각종 시설물과 자율주행차가 서로 연동되어 최적의 교통 상황을 만들어간다. 이런 모든 경우의 수를 프로그램화시킬 수 없기 때문에 차량들이 자율적인 학습을 통해서 사고 방지를 위한 제반사항이 인지되어 사전에 방지해야 한다. 만약 자율주행차가 소프트웨어 오류가 발생되어 사고의 위험이 생기면, 주변의 도로교통관리 체계에서 이를 감지하고 사고를 미연에 방지해줄 수 있는 수준까지 발전해야 한다. 이 부분 역시 정부의 투자가 필요한 부분이다.

자율주행 개발 3단계 수준은 2020년이면 상용화가 될 것으로 전망하고 있다. 4단계의 완전 무인화 수준까지 가려면 2030년이 되어야 한다고 세계의 많은 전문가들이 예측한다. 2020년에서 2030년까지 자율주행차의 업계 판도가 수시로 바뀔 수 있을 것이다. 예상이 되는 부분도 있겠지만, 전혀 예측 못하는 상황도 전개될 수 있기 때문이다.

이런 시장 선점 경쟁은 단기적이 아니고 장기전이다. 위기와 기회가 상존하는 시대에는 끊임없이 고민하고 나름대로 목표와 전략 방향을 산업 환경에 따라 수정해나가야 한다. 기술과 개발 로드맵을 연구하고, 플라잉카와 수륙 양용차 같은 새로운 수요도 대응해야 한다. 사람들의 생활 패턴 변화도 예측을 하면 광범위한 비즈니스 기회가 생길 것이다. 자동차만 보지 말고 전체 생태계와 밸류 체인의 변화를 예측하도 주도해나갔으면 하는 바람이다.

5세대 이동통신과 단말기 주도권을 잡아라

The Fourth Industrial Revolution

현재 한국 경제를 떠받치고 있는 것은 휴대폰을 기반으로 하는 ICT 분야다. ICT의 불모지였던 40년 전, 정부와 정부 출연 연구기관인 ETRI가 우리나라가 ICT 대국으로 성장하는 데 큰 역할을 했다. 1986년 전자교환기TDX, 반도체 DRAM, 디지털 이동통신의 CDMA와 휴대인터넷 와이브로WiBro, 지상파 디엠비DMB, 4세대 이동통신 LTE 기술로 세계 최고 수준의 개발을 이루어 냈기 때문이다. 물론 삼성이나 LG 같은 기업체들이 상용화라는 꽃을 피웠지만, 우리가 잘하는 분야를 더욱 강화시켜야 하는데 미래는 만만치 않다.

그렇지만 5세대 이동통신, 실감형 동영상 시대가 도래하면 한국이 경쟁력을 확보하고 있는 ICT 분야가 골디락스를 맞이할 수 있다. 왜냐하면 데이터 정보량이 10배, 100배 이상 커지기 때문이다. 2000년대 초 2시간짜리 영화 한 편의 데이터 용량이 1.4기가바이트였다. 그러나 음질과 화질이 DVD급으로 좋아지면서 2010년대에 들어와서는 약 4.5기가바이트 정도였다가 요즘은 블루레이급 화질로 바뀌며 10기가바이트가 훨씬 넘는다.

앞으로 실감형 동영상을 구현하려면 30~50기가바이트 급은 되어야 한다. 데이터 용량이 커질수록 더욱 정교해지고 입체적인 음질을 구현할 수 있다. 사진 파일도 몇 년 전만 해도 512킬로바이트가 많았지만, 요즘은 카메라 화소수가 높아져 8메가바이트 이상도 많다. 덕분에 PC나 TV 화면에 연결해서 봐도 선명한 사진을 볼 수가 있다.

이러한 대용량의 데이터를 빠르게 전송하려면 데이터 전송속도가 빨라야 한다. 만일 10년 전처럼 영화 한 편 다운로드 받는데 한두 시간씩 걸린다면 정말 짜증날 것이다. 거기다 데이터 요금까지 비싸다면 사용자들이 외면한다. 빠른 데이터 전송 인프라 구축이 무엇보다 중요한 이유다.

치열한 5세대 이동통신과 단말기 선점 경쟁

따라서 5세대 이동통신 기술과 상용화 선점을 위한 국가 간의 경쟁이 치열하다. 중국, 유럽, 미국, 한국, 일본이 가장 대표적이다. 중국은 과거에는 국민들의 통신 사용억제 정책, 이동통신 기술 부족으로 2세대, 3세대 이동통신 장비를 수입했다. 하지만 지금은 화웨이와 같은 세계 1위의 네트워크 장비 회사 중심으로 상용화에 박차를 가하고 있다. 세계 최대의 이동통신 가입자를 기반으로 하는 중국의 3대 통신사가 2018년에 통신망 건설에 착수, 2020년에는 최초로 상용화를 하겠다고 천명하고 나섰다.

우리나라는 어떨까? 몇 년 전 구글이 모토로라를 인수했을 때였다. 구글이 휴대폰 사업에 본격적으로 뛰어드는 건 아닌지 청와대와 지식경제부, 미래부에서 대책을 마련하느라 바빴다. 당시 나는 삼성 휴대폰 부문의 전략 기획을 맡고 있었던 만큼 정부 부처 사람들과 대책에 관한 의견을 나눌 기회가 있었다. 그때 지식경제부 차관과 저녁 식사를 하면서 말했다. "구글은 인터넷 기업이라 휴대폰 제조에 뛰어드는 것은 성격이 안 맞아 들어오지 않을 것이다. 애플에 대응해 구글 안드로이드 OS 특허 기반을 강화하기 위해 모토로라를 매입한 것이다." 이와 함께 다음을 건의했다. "정부 주도로 5세대 이동통신망을 국내에 조기 구축해서 세계시장을 선점할 수 있게 해야 한다. 그러려면 정부 각 부처의 협력이 필요하다."

지금 5세대 이동통신에 가장 주력하고 있는 국가는 일본이다. 3세대 이동통신에서는 한국에 뒤처지면서 일본의 휴대전화 업계가 글로벌 시장에서 거의 철수하게 됐다. 이를 만회하기 위한 한 방법으로 5세대 이동통신이 가져올 파괴력을 알고 있기에 발 빠르게 준비하고 있다. 일본은 2020년 하계 도쿄올림픽을 최대한 활용해서 5세대 이동통신에서 앞서가는 국가로 이미지 메이킹 하려는 전략을 세우고 있다. 우리가 평창 동계올림픽에서 5세대 이동통신 서비스를 선점하지 못하고, 또 홍보를 제대로 하지 못한다면 일본에 주도권을 뺏길 우려가 크다.

미국도 발 빠르게 움직이고 있다. 세계 최초로 5세대용 고대역 주파수를 할당하기 위해 톰 휠러 연방방송통신위원회FCC 위원장의 주도로 2016년 8월, '스펙트럼 프런티어Spectrum Frontiers'라고 명명한 5세대 이동통신 관련 규정안을 표결 처리했다. 면허 주파수 대역은 현재 4세대 LTE 등에 주로 쓰이는 저대역5~10메가헤르츠보다 20배 정도 높은 200메가헤르츠가 될 것이라고 휠러 위원장은 밝혔다.

이렇듯 세계적으로 국가 차원에서 5세대 이동통신에 관한 선점 경쟁이 치열하다. 5세대 이동통신이 상용화되면 새로운 비즈니스와 서비스를 차지할 수 있는 가장 중요한 차세대 먹거리 사업이기 때문이다. 5세대 이동통신의 선점과 함께 5세대 이동통신 단말기 주도권도 반드시 잡아야 한다. 더욱이 4차 산업혁명의 거대 밸류 체인 중의 하나인 사물인터넷의 중심이 스마트폰이 될 가능성이 높다. 스마트폰의 형태는 달라질지 모르지만, 스마트폰의 혁신은 앞으로도 계속될 것이다.

스마트폰 부분에서 최근의 애플은 혁신성이 없다. 2007년 스티브 잡스가 내놓은 아이폰은 세상을 뒤집어놓았다. 당시 이동통신 사업자나 휴대폰 제조업체들이 아이폰 같은 킬러 단말기를 만들지 못했다. 그런데 세상을 앞서가는 천재 스티브 잡스가 킬러 단말기인 아이폰을 만들어낸 것이다. 아이폰은 전 세계에 엄청난 새로운 바람을 불어넣고 관련 산업을 부흥시켰다. 2016년 아이폰이 탄생한 지 9년 만에 1억 대 판매를 돌파했다.

하지만 이제는 점차 판매 추이가 점점 떨어지고 있다. 몇 년 전 모 통신운영회사의 CEO가 "애플이 4세대 LTE 통신시대의 의미를 아직 모르고 있는 것 같다. 2~3년이 지나면 애플이 LTE 통신시대에 맞는 제품을 출시할 것으로 예상된다"라고 말한 것이 떠오른다. 그런데 삼성처럼 큰 화면 아이폰이 나온 것 말고는 이렇다 하게 특별한 것 없는 업그레이드 정도의 아이폰만 내놓고 있다. 스티브 잡스의 빈 자리가 큰 것일까.

다가오는 5세대 이동통신용 단말기를 누가 혁신적으로 만들어낼지 기대된다. 애플일지, 삼성일지, LG일지, 아니면 제3자일까.

애플이냐, 삼성이냐? 아니면 제 3의 중국업체?

우선, 삼성이든 애플이든 현 시점에서 보면 더 이상 스티브 잡스와 같은 천재는 없다. 혹시 있을지 모르지만 아직까지는 드러나지 않았다. 그리고 아무리 천재라고 해도 세상을 바꿀 만한 차세대 스마트폰을 만들려면 최소 10년 이상 휴대폰 업계에 몸담으며 차세대 제품과 서비스를 고민하고 실패도 해봐야 혁신적인 제품을 만들 수 있다. 그럼 다가올 세대를 누가 주도할지, 한번 따져보자.

통신 사업의 연륜을 보면 삼성은 이동통신 사업과 휴대폰 사업을 30년 전부터 해왔기 때문에 사업 경력 면에서는 10년 된 애플에 비해 통신 관련 기술에서는 분명 우위를 점하고 있다. 뿐만 아니라, 삼성은 최첨단 부품을 삼성그룹 차원에서 만들고 있어 하드웨어 부문에서는 애플을 능가한다. 반면 소프트웨어 능력은 삼성이 애플을 못 따라가지만, 5세대용 휴대폰은 단품이 아니라 여러 가지 단말기를 조작하는 종합제어기기라고 예측한다. 따라서 TV와 가전제품 같은 여러 종류의 제품을 만드는 삼성이 애플에 비해 유리하다.

애플의 단점은 이동통신 장비 사업을 하지 않고, IT 단말기 부분도 적고 가전제품도 없다. 이러한 약점을 보완하기 위해서는 지금까지 자신들의 기기에만 사용하는 폐쇄적인 OS 플랫폼을 개방하는 전략을 택할 수도 있다. 반면, 삼성의 최대 약점은 OS와 플랫폼 경쟁력이 매우 취약하다는 것이다. 이부분을 현재 구글에 의존하고 있는데, 과연 삼성이 5년 안에 구글의 안드로이드와 같은 플랫폼과 OS를 만들어 풍성한 생태계를 만들어낼 수 있을까?

쉽지는 않을 것 같다. 이런 이유로 지금으로서는 두 회사의 우열을 점칠 수가 없는 것이 현실이다.

어쩌면 애플도 삼성도 아닌 중국 기업일 수도 있다. 사실 중국은 이동통신 사업에 늦게 진출했기 때문에 현재 실력으로 선발주자를 뛰어넘어 새로운 것을 만들기는 쉽지 않다. 그러나 5세대 이동통신에서는 중국이 주도할 가능성도 매우 크다. 중국 업체 중에 주도할 가능성이 가장 큰 곳은 화웨이다.

화웨이는 1987년에 설립되어 현재 데이터 장비와 이동통신 장비 세계 1위 업체다. 이 회사는 전 세계 300개 통신 사업자에게 네트워크·통신 장비와 솔루션을 제공하고 있다. 약 17만 명의 직원 중 전 세계 21개국에 8만 명의 연구·개발 인력을 보유하고, 매출액의 10퍼센트를 연구 개발에 투자하며 경쟁력 있는 회사로 급성장했다.

2016년 화웨이가 삼성전자를 상대로 특허 11건을 침해했다고 미국과 중국 법원에 특허권 침해 소송을 제기한 바 있다. 세계 1위의 휴대폰 업체인 삼성전자를 상대로 도전장을 내밀 만큼 기술력을 가졌다는 증거다. 그렇기 때문에 현재는 이들이 5세대 이동통신 장비시장을 주도할 가능성이 매우 크다.

화웨이는 휴대폰 사업 부문에서도 2016년 상반기 약 6000만 대를 판매하며 세계 3위로 올라섰다. 2016년 올해 1억 4000만 대를 자신하며 화웨이의 CEO인 위청동이 향후 2년 안에 애플을 넘어 세계 2위로 중국시장에서 점유율 30퍼센트를 넘기겠다고 선언하기도 했다. 화웨이는 2020년에는 세계 휴대폰 시장에서 1등이 될 것이라고 공개적으로 도전장을 내밀 만큼 무섭게 성장하고 있다.

또 다른 중국 기업으로는 샤오미를 들 수 있다. 최근 급부상하고 있는 샤오미는 혁신적인 제품을 만들 수 있는 여건을 갖추고 있다. '중국의 애플'이라고 불리는 샤오미는 CEO 레위췬이 창업한 중국의 6년차 스타트업 기업이다. 그는 미래산업을 모바일과 인터넷이 주도할 것이라는 것을 간파하고 온라인 판매 중심의 스마트폰 사업을 주력하고 있다. 여기에서 출발해 웨어러블, 스마트 TV 같은 생활 밀착형 기기로 제조 영역을 점점 확장하고 있다.

레위진은 스마트폰 사업으로 모바일 플랫폼을 장악한 다음 사물인터넷 생태계를 주도하려는 원대한 꿈을 가지고 있다. 현재 특허 경쟁력이 부족하고 모방이라는 한계성과 무리한 영토 확장과 품질문제 때문에 주춤하고 있으나, 성장 잠재력을 간과할 수 없다. 중국이 현재 전 세계 모든 IT와 가전제품을 만들고 있고, IT 인프라도 세계 최대라는 점도 무시할 수 없다. 그래서 중국을 주목해야 하고, 더 이상 중국 업체들이 추격하게끔 놔두면 안 된다. 중국이 도저히 따라올 수 없는 제품을 근본적으로 생각하고 준비해야 한다. 머뭇거리다가는 우리가 먹히고 말 것이다.

반도체 시장, 제2의 부흥기로 이끌어라

4차 산업혁명이라고 해서 꼭 미래산업 부분만 공략해야 하는 것은 아니다. 4차 산업혁명이 몰고 오는 스마트폰과 사물인터넷 등의 신사업 분야에서는 지금보다 훨씬 큰 대용량 정보를 처리하는 CPU와 메모리가 필요하다. 현재 반도체 산업은 주 수요처인 PC 산업 정체로 좀처럼 헤어날 길이 보이지 않고 있지만 앞으로는 달라질 것이다. 모바일 시장이 커지고 증강현실 게임이나 가상현실 관련 콘텐츠가 대거 쏟아져 나오기 때문이다. 이러한 대용량 콘텐츠들을 저장할 수 있는 대용량 반도체가 필요해져, 앞으로 반도체 수요가 급증할 것이다. 영국의 시장 조사 기관인 디지캐피털에 따르면, 세계 가상현실과 증강현실 관련 시장은 올해 약 40억 달러약 4조 4600억 원에서 오는 2020년에는 1500억 달러 규모로 늘어난다고 전망했다.

또 다른 시장조사기관인 UHS는 전원이 꺼져도 내용이 지워지지 않는 낸드플래시의 경우, 휴대폰에 탑재되는 용량만 해도 올해 28.9기가바이트에서

94.3기가바이트까지 증가할 것이라고 전망했다. 앞으로 계속해서 3D나 동영상 콘텐츠를 저장할 수 있는 고용량 메모리 수요가 지속적으로 증가할 것이다. 또한 자율주행자동차에 들어갈 전장부품, 헬스케어, 로봇 같은 새로운 수요도 지속적으로 창출될 것이다.

이와 관련해서 중국 정부는 반도체 분야에서 향후 10년 간 약 175조 원을 투자해서 한국을 추월하겠다고 공개적으로 도전장을 내밀고 있다. 최근 1년 사이의 공장 투자 금액만 해도 삼성 평택 반도체 투자액인 약 16조 원의 5배인 75조 원이나 됐다. 중국이 과거 조선이나 철강처럼 대규모 투자를 하면서 한국을 맹렬히 추격하는 중이다. 한국이 주도하고 있는 반도체 부문의 경쟁력을 계속해서 강화하려면, 중국에 맞서 선행 개발과 과감한 투자로 시장을 계속 선점해나가는 공격적인 경영이 필요하다.

ICT 관련 전장부품 사업이 커진다

앞으로 전기자동차 시장이 커지면 이와 함께 배터리 시장도 급성장한다. 기존 휴대 기기에 들어가는 고용량 배터리 제품 시장도 필요하지만, 자동차용 배터리 시장은 완전히 새로운 거대 수요처다.

사실 테슬라모터스의 엘론 머스크가 자신들의 전기자동차 특허를 2014년 6월에 공개한 것도 전기자동차용 배터리를 많이 팔기 위해서다. 엘론 머스크는 최근에 자신이 대주주로 있는 배터리 회사인 솔라시티의 지분을 더 많이 확보하기 위해 테슬라모터스 주식을 매각하겠다고 발표했다.

자율주행차가 본격적으로 상용화되면 다양한 자동차 전장부품 산업이 커질 것이다. D램뿐만 아니라 각종 이미지 센서용 CPU반도체가 자율주행자동차에 필수적이기 때문이다.

PC 수요보다 클라우드 서버의 고성장도 예상된다. 현재 동영상 서비스인 유튜브에 1분당 300시간 분량의 동영상이 올라가고 있다고 한다. 그런데 이런 동영상을 저장하려면 대용량 서버가 필요하고 대용량 콘텐츠를 실시간으로 서버에 전송하려면 이를 뒷받침할 만한 고속 데이터 전송 장비가 있어야 한다.

그동안 LCD도 공급 과잉으로 가격이 많이 떨어져 있지만, 유기발광다이오드OLED TV 시장이 확대되고 자율주행자동차의 윈도는 더 이상 유리가 아닌 투명 LCD로 교체가 될 것이다. 또한 플랙서블 타입, 두루마리 타입, 플라스틱 LCD 같은 최첨단의 다양한 LCD가 스마트 기기 등에 장착됨으로써 신규 수요가 계속 발생할 것이다. 사물인터넷에 들어가는 각종 센서와 초고주파용 안테나 등도 수요가 급증할 것이므로 선행 연구와 적기에 생산 능력을 늘리는 투자를 병행해야 한다.

융·복합시대, 핵심·원천 특허를 많이 확보하라

앞으로는 제품과 서비스가 융·복합되면서 더 많은 기술이 들어간다. 따라서 특허 소송도 더 많이 전개되리라 예상한다. 아니면 파산하는 회사에서 특허만 매입하거나, 핵심 특허를 매입해서 특허 소싱 전문 업체를 설립하는 특허 괴물들이 제조업체를 공격해오는 경우가 더 많아질지 모른다. 특허 괴물들은 판매나 제조하는 자기 제품이나 서비스가 없기 때문에 상대 기업이 역공할 방법이 없다. 단지, 소송으로 제기된 특허를 무력화시키거나, 특허 라이선스 비용을 지불하고 소송을 무마시키는 방법밖에 없다.

미래 기업들은 단순 제품과 서비스 경쟁력만 가지고 이익을 창출하기는 어렵다. 제품 개발 초기부터 원천·핵심기술을 확보하는 노력이 필요하고, 향후 특허 공세에 대응할 방안을 가지고 제품과 서비스를 시장에 내놓아야 한다. 한국 기업은 제조업체가 많고 산업 후발주자로서 특허 공세에 특히 많이 시달리고 있다. 따라서 특허 소송을 전략 차원에서 접근하는 노력도 필요하다. 특허의 수보다는 특허의 질이 중요하다. 특허 등록과 유지비용도 기업에 많은 부담을 주기 때문이다. 핵심·원천기술 특허가 아니면 특허 소송에서 아무 쓸모가 없다. 핵심 특허 4~5개가 특허 협상을 좌우한다.

예를 들어, 어떤 신제품을 하나 개발하는 데 스무 개의 특허 기술이 들어간다고 한다면 모든 특허를 보유할 수 없다. 그럴 때는 다른 회사의 특허를 활용하거나 사와야 한다. 그런데 만일 우리가 사용한 특허가 경쟁사의 특허에 저촉된다면 경쟁사에서 특허 소송을 할 것이다. 이럴 때 내가 상대방을 공격할 핵심 특허를 쥐고 있어야 특허 협상을 더욱 유리하게 전개할 수 있다. 만약 특허가 없으면 그에 상응하는 특허료를 지불할 수밖에 없다. 2014년 정부가 연구 개발에 투자한 돈이 GDP의 4.29퍼센트인 19조 원인데, 그중 70퍼센트가 쓸모없는 장롱특허라는 것을 곱씹어볼 필요가 있다.

다양한 제품군이 있는 스마트홈, 승산 있다

　최근 핵심 논제로 떠오르고 있는 사물인터넷의 대표 사업 군으로 스마트홈이 급부상했다. 사물인터넷은 그 영역이 무한하다면, 스마트홈의 영역은 집이라는 한정된 공간을 목적으로 하는 사물인터넷의 작은 분야 중 하나다. 이게 좀 더 확장이 되면 스마트팜, 스마트시티가 되는 것이다.

　스마트시티가 된다면 도로도 지능화된다. 차들끼리 소통을 하거나 차가 신호등과도 통신을 하여 교통체증을 최소화한다. 도시의 모든 사물들도 통신을 한다. 빌딩에도 센서가 다 붙어 신호를 내보내면 자율주행차에 신호가 다 간다. 차들끼리 소통을 하고 차량 신호등, 차량 시내 전체의 시설물들이 교류를 할 수도 있다. 그러면 차량 신호등이 소통해서 차가 지나갈 수도 있고, 제일 앞에 가는 차량이 와이파이로 연결해서 뒤따르는 차량을 동시에 끌고 갈 수도 있다. 차량들이 한꺼번에 움직인다면 한 대 한 대 움직이면서 대기하는 시간이 줄어들어 교통체증도 확 줄어든다.

스마트홈은 사물인터넷의 한 부분

사물인터넷은 방향성만 있다면 스마트홈은 지금 실제로 사업이 일어나고 있는 곳이기도 하다. 현재 LG유플러스가 스마트홈 사업을 하고 있는데 가입자가 2만 명이 넘었다고 한다. LG유플러스에서 가입자들에게 칩을 나누어주면 홈 기기들에 연결되어 제어를 할 수 있다.

LG유플러스가 스마트홈에서 앞서가고 있는 이유는 그 분야의 전문가가 리더로 포진해 있기 때문이다. 전 LG유플러스의 수장인 이 부회장은 정보통신 장관을 하다 KT 사장을 거쳐 LG유플러스를 맡았다. 어떤 분야가 새로운 흐름이라고 했을 때 공부를 하면 어느 정도 흐름은 파악할 수 있다. 하지만 요즘은 산업이 워낙 고도화되어 있기 때문에 1년, 2년 경험을 해서는 그 산업을 완전 장악할 수가 없고, 완전 새롭고 창조적인 것은 만들어낼 수 없다. 적어도 스티브 잡스 정도로 그 업계의 판을 꿰뚫고 있어야 새로운 것을 만들어낼 수 있다. 그래야 소비자의 마인드, 트렌드, 니즈를 파악할 수 있고, 판매전략까지도 완벽하게 나올 수 있다. 모바일폰은 PC의 다운사이징으로 나온 것이므로 PC에 비해 용량도 적고 제약 요소가 많지만, 스티브 잡스는 PC를 만들던 경험이 충분했기 때문에 해낼 수 있었다. 마찬가지로 이 부회장도 수십 년동안 ICT 관련 업무만 해온 업계의 전문가로서 혜안을 가지고 추진해온 결과이다.

스마트홈은 사물인터넷의 한 부분이다. 지금 국내 이동통신 사업자들도 스마트홈에 관한 홍보를 많이 하고 있는데, 가전제품에 통신 칩을 심어서 원격에서도 기기를 작동할 수 있게 만드는 게 스마트홈의 기본이다. 오래전부터 '홈 자동화'라는 새로운 시장을 만들기 위해 많은 기업들이 노력을 했지만, 기대한 만큼의 성과를 거두지는 못했다. 통신 기능이 내장된 '홈오토메이션'은 실내 온도조절이나 도어 개폐, 비디오 도어폰 같은 단순한 서비스를 기반으로 발전했다.

그런데 사물인터넷 기술을 활용하면, 실내에서나 바깥에서도 집 안에 있는 모든 기기를 제어하거나 작동할 수 있다. 실내 난방과 보안 카메라도 원격으로 작동시키거나 조절하고 모니터링도 할 수 있다. 영상 내용도 저장하거나 편집할 수 있다. 집에 아무도 없는데 누가 오면 원격지에서 스마트 기기를 통해 대화를 하거나 문을 열어줄 수도 있다. 거울에 인터넷 기능을 내장해 컴퓨터 대신 각종 정보 검색용으로도 활용할 수도 있고, 냉장고 문을 열지 않고도 냉장고 속의 내용물을 확인할 수 있다.

이러한 미래산업인 스마트홈 분야에서는 우리가 상당한 경쟁력을 가지고 있다. 지금 삼성이나 LG의 가전제품이 전 세계시장 점유율이 꽤 높다. 특히 미국시장에서의 점유율은 더 높다. 이것은 굉장히 유리한 고지다. 애플만 해도 제품은 PC와 휴대폰밖에 없다. 원래 TV나 냉장고는 아날로그 제품이지 디지털 제품이 아니었다. 세탁기, 에어컨 같은 가전제품도 마찬가지다. 지금 가정에서 디지털화된 것은 PC, 스마트 TV 정도다. 하지만 아날로그 가전제품에 랜이나 통신 기능을 장착하면 스마트홈 구현이 쉬워지고 새로운 가전제품 수요를 만들어낼 수 있다. 가전제품은 우리 일상과 가장 밀접하게 연결되어 24시간 우리 곁에 있는 제품이기 때문이다.

스마트홈 시장 선점을 위한 전제조건

한동안 IT 업계에서는 'TV가 스마트홈을 주도할 것인가, PC가 스마트홈을 주도할 것인가' 하는 거센 논쟁이 있었다. 지금은 대체적으로 TV가 주도한다고 결론이 났다. PC는 책상 앞에서 앉아서 봐야 하는 불편함이 있다. 그런데 TV는 거실뿐만 아니라 각 방에서 설치되어 있고, 화면도 커져 편하게 볼 수 있는 장점이 있기 때문이다. 태블릿 PC가 나오기는 했지만 그래도 한계가 있다. 통신망이 발달되면서 모든 기기가 인터넷과 통신망에 연결되고 지능화될 것이다. 냉장고에 떨어진 식재료나 유통기한이 지난 식재료도 자동으로 알려주어 적기에 채워놓을 수도 있다.

2016년 6월 애플은 샌프란시스코 모스콘 센터에서 열린 개발자회의에서 홈킷 계획안을 발표했다. 홈킷은 조명·온도조절, 보안, 동작인식센서 등으로 홈을 제어할 수 있는 것으로, 차기 운영체제 OS인 iOS9의 스마트홈 플랫폼으로 탑재한다는 방침이다. 구글도 5월에 스마트폰으로 모든 기기를 제어할 수 있는 사물인터넷 플랫폼인 브릴로를 공개했다.

삼성전자는 2014년 8월 사물인터넷 플랫폼 회사인 스마트싱스를 인수했다. 2015년에는 중소기업체나 개발자들도 사물인터넷 기기를 손쉽게 개발할 수 있는 개방형 플랫폼 아틱을 선보였다. 여기에 국내 이동통신사가 스마트홈 시장에 너도나도 뛰어들었다. 전 세계 글로벌 제조업체, 통신사업자, 인터넷 업체 사이에서 스마트홈 시장 선점을 위한 주도권 쟁탈전이 이미 시작되었다.

시장 선점을 위해서는 전제가 몇 가지 필요하다. 첫째, 스마트홈 플랫폼의 주도권을 잡아야 한다. 많은 기기와 서비스, 콘텐츠 등을 플랫폼에 담아서 풍성한 생태계 조성을 하는 기업이 사업 주도권을 잡는 것이다. 각 기업들은 각자의 강점과 약점을 분석해서 자사의 스마트홈 플랫폼으로 스마트홈 생태계를 주도하려고 한다. 이게 가능하려면 무엇보다 플랫폼이 여러 이해 당사자의 이익을 추구할 수 있도록 잘 설계되고 개발되어야 한다.

또한 많은 종류의 기기와 다른 기종의 소프트웨어를 가진 기기라도 서로 호환이 잘되어야 한다. 아마도 이런 플랫폼은 구글이 유리할 것이다. 삼성전자나 LG전자는 스마트홈과 관련된 기기를 모두 개발, 판매하는 회사로서 스마트홈을 주도할 수 있는 여건이 좋다. 다만 글로벌 기업을 겨냥해 세계시장을 이끌고 나갈 만한 마케팅과 홍보력에서 뒤질 수 있다. 따라서 한국 업체들의 플랫폼 개발이 늦어지면, 구글과 같은 글로벌 기업의 플랫폼을 활용하면서도 주도권을 잡아갈 수 있는 세밀한 전략을 강구해야 한다.

두 번째는 브랜드 선점 전략이다. 시장이 새롭게 부상되는 새로운 사업 분야로서 소비자에게 브랜드를 각인시키는 것이 중요하다. 한마디로 마케팅과 홍보를 잘해야 한다. 우리나라 기업은 너무 기술 측면에 몰입되어 있는 경향이 있다. 소비자의 라이프 스타일이 인터넷과 모바일을 이용하는 추세이므로 이에 맞는 새로운 접근법을 고민해야 한다. 브랜드 작명도 중요하다. '홈 유비쿼터스'라는 이름도 좋을 것 같다.

셋째는 소비자가 원하는 킬러 서비스를 발굴해야 한다. 기업별로 다양한 서비스를 제공하고 있지만 딱히 소비자를 끌어들일 수 있는 킬러 서비스가 보이지 않는다. 애플이 처음 아이폰을 선보인 것처럼 새로운 경험과 감성을 제공할 수 있어야 한다. 정부에서도 우리 기업들이 글로벌 시장을 주도할 수 있게, 국내시장을 최고의 테스트 베드화할 수 있는 여건을 조성해주어야 한다. 법적인 제한은 없는지, 기업의 애로사항을 파악해서 빠르게 해결해주는 것이 창조경제의 시작이다.

표준 설정에서 어느 회사 제품이 되느냐가 관건

다행인지 불행인지 모르지만 지금은 선발업체든 후발업체든 스마트홈을 본격적으로 할 수가 없다. 아직은 표준이 설정되지 않았기 때문이다. 기기마다 통신으로 연결되게 하려면 기기마다 표준이 통일이 되어 있어야 한다. 즉, 한국이나 미국이나 스마트홈 기기로 통신을 연결하려면 표준 방식을 따라야 한다. 사실은 스마트홈은 나라별로만 맞아도 큰 불편한 점은 없을 듯하다. 미국에서 한국에 있는 기기를 작동시킬 일은 별로 없기 때문이다. 그러나 어떤 기술이 글로벌 표준이 되면 주도권을 뺏기기 때문에 세계 표준을 염두에 두어야 한다.

스마트홈에서 가전제품은 제조 회사가 각자 다르니까 표준을 만들기가 어렵다. 예를 들어, 삼성 것을 표준으로 삼으면 LG가 "왜 우리가 삼성 걸 쓰냐. 우리는 우리 걸 쓰면 되지"라고 반발할 수 있다. 스마트홈 관련 기기 종류도 엄청 많기 때문에 쉽게 표준을 정할 수 없는 부분도 있다. 세계 표준이 안 된다면 회사별로라도 통일시키는 것도 방법이다. 즉, LG제품끼리는 호환이 된다면 LG제품을 선호하는 소비자는 LG제품만 살 것이다. 같은 회사 제품끼리는 정보교환이 가능하므로 그냥 단품기기보다는 훨씬 편리하고 지능적인 서비스를 할 수 있다.

　내가 LG 휴대폰으로 사진을 찍었다면, 집에 들어오는 순간 자동으로 LG 스마트 TV에 저장이 될 수도 있고 TV 화면을 통해서 볼 수 있다. 지금은 일일이 컴퓨터나 TV에 연결을 해서 수동으로 조작을 해주어야 하지만 자동으로 다 호환이 되는 거다. LG가 현대차랑 제휴를 맺으면 현대차 내비게이션에서도 내 콘텐츠를 쉽게 볼 수 있다.

　어떤 회사 제품으로 표준이 되는가가 결국 관건이다. LG가 표준이 되든 삼성이 표준이 되든 해당 회사가 아니면 불리하다. 회사로서는 엄청난 이권이 걸려 있어서 쉽지가 않다. 애플도 지금 이것을 하려고 한다. 애플은 소프트웨어를 만드는 회사로 스마트홈 시대가 되면 어떤 기기든 애플 소프트웨어를 깔게 만든다는 오픈 전략으로 선회할 가능성도 있다. 즉, 애플 클라우드 서버에 다 연동되게 하려고 할 것이고 구글도 마찬가지이고 아마존닷컴, 삼성도 마찬가지이다. 스마트홈에서 우리나라의 강점은 가전제품이 이미 다 있다고 앞서 말했다. 구글이나 애플은 자기네 제품이 적고 없다. 이런 측면에서는 삼성이나 LG가 상당히 유리하고, 그래서 우리가 스마트홈 시장에서도 강점이 있다는 거다. 스마트홈은 무조건 우리가 주도를 해야 한다. 내가 잘하고, 기반이 있는 걸로 차세대 시장에도 뛰어들어야 한다. 더 이상 망설일 이유가 무엇인가.

　이 부분에서 유망한 만큼 삼성이나 LG 가전제품을 지금보다 훨씬 더 고부가가치로 팔 수 있다. 중국이 아무리 쫓아와도 이 부분에서는 아직 뒤져 있기 때문에 어느 정도 기간 내에는 따라잡지 못할 것이다. 그런데 우리가 자꾸 주춤하면 중국도 가전제품을 만들어내는 기업이 많이 있으므로 곧 들어오게 된다. 지금은 한국보다 브랜드 인지도가 낮다는 약점이 있지만, 중국이 GE와 월풀 브랜드를 사들이고 있어 조만간 인지도도 올라가고, 기존에 GE나 월풀에서 팔았던 제품에도 다 연결될 수도 있다.

우리 쪽에서 시간이 그리 넉넉한 것은 아니다. 스마트홈 제품들을 빨리 내놓아 국내에서라도 먼저 시도를 해봐야 한다. 부촌인 강남 타워팰리스 같은 곳에서 시도를 해본다면 좋을 것이다. 다음 단계로 미국에 나가는 것이다. 비록 구글과 애플이 있지만, 미국에는 가전회사들이 없어서 우리에게 유리하다. 미국에 한국산 TV도 있고 휴대폰도 있고, 냉장고, 에어컨도 있으니 유리한 조건이다. 우리가 가장 잘할 수 있는 가전업계부터 과감하게 뛰어들어 결과물을 만들어내고 시도를 해보는 게 중요하다.

데모룸을 만들어 실행하라

스마트홈에서 중요한 것은 이용자들의 편의를 중심으로 하는 제어 환경을 구축하는 것이다. 이를 위해 데모룸을 만들어 활용해보는 것도 좋다.

10년 전 쯤, 내가 삼성에 다닐 때 이 회장의 지시로 모든 기기가 연동이 되는 스마트홈 데모룸을 만든 적이 있다. "앞으로 스마트홈 시대가 온다고 하는데 세계 최고를 만들어라"는 것으로, 당시 기획팀에서 TF를 결성해서 만들었다. 전 세계 자료를 분석하고, KAIST나 ETRI에 가서 필요한 요소기술, 전시 방안에 대해서도 많은 협의를 했다. 그렇게 해서 당시 100억 원을 들여서 수원연구소에 약 100평쯤 되는 전시 데모룸을 만들었다. 물론 특허도 등록했는데, 참고가 되었으면 하는 바람으로 재연해본다.

집에서 TV를 보고 있는데 밖에 누가 오면 TV 화면에 나타난다. 누군지 확인하고 문을 자동으로 열어주고, 집에 드나드는 사람들은 자동으로 다 기록이 된다. 집에서는 휴대폰을 들고 다니지 않으니까 나를 인지할 수 있는 스마트워치를 만들었다. 아파트 천장에는 GPS를 심어서 내가 움직이는 동선에 따라 정보들이 돌아다니고 나를 모니터링하게 했다.

내가 TV를 보다 건넛방으로 가면 내가 보고 있는 방송이 연속해서 건넛방 TV에서 볼 수 있다. 화장실에 가면 화장실 거울을 통해서 TV를 볼 수 있다. 이러한 기능을 다 구현해놓았다. 일종에 홈 내 위치기반 서비스였다. TV 채널도 리모컨에 대고 말만 하면 원하는 채널이 자동으로 검색되었다. 음성 컨트롤 리모컨이다. 아침 6시에 모닝콜을 하면 지금처럼 알람이 한두 번 울리다 마는 게 아니라 일어날 때까지 단계별로 울리게 만들었다.

그렇게 해서 일어나면 날씨 정보를 자동으로 알려주고, 침대 뒤에서는 내가 좋아하는 향이 나오게 했다. 커튼도 햇살 강도에 따라 서서히 올라가게 했다. 욕실로 가면 거울에서 내 피부를 측정해서 오늘 쓸 비누, 화장품을 추천해주고, 날씨에 따라 자외선 지수가 적합한 선크림을 알려주게 했다. 소변을 보면 체크를 해서 당뇨가 있는지 혈흔이 있는지 알려주고, 좌변기에 앉으면 몸무게가 몇 킬로그램인지와 체지방을 분석해서 알려준다. 그러면 욕조에 부착된 거울에 오늘은 어떤 음식이 좋을지 알려준다. 샤워기 물을 틀면 내가 좋아하는 온도로 세팅이 되고, 샤워를 하고 나오면 자동으로 수건이 손에 떨어졌다.

샤워를 다하고 나오면 로봇이 쫓아다닌다. 주식 지수를 물어보면, 다우존스가 얼마인지 알려준다. 영어 공부를 하고 싶다면 오늘의 영어 한 마디도 알려준다. 카메라가 내장되어 있고 휴대폰 망에 연동이 되어 있어서 만약 외부 침입자가 있으면 사진을 순식간에 연속으로 찍어서 지정한 곳으로 알려주고 "도둑이야"라고 큰 소리도 지른다.

사실 가정에서 24시간 전원이 들어가 있는 것은 냉장고다. TV는 보는 부분에서는 스마트홈의 중심이 될 가능성이 높지만, 데이터 저장은 냉장고가 중심이 될 수도 있다. 냉장고에 RF텍을 붙여놓으면 냉장고 안에 있는 음식이 다 태블릿에 표시되고, 조리법도 다 나온다. 그때는 3D프린터에 대한 개념이 없어서 전자레인지로 요리하는 법도 알려주게 했다. 이때 스마트홈 제어장치인 7인치 태블릿을 만들었다.

혹시 집 안에 노인이 있을 경우, 돌연사하지 않을지 맥박을 계속 체크해서 건강 체크도 주기적으로 했다. 홈 자체가 사람 중심으로 돌아가는 셈이다. 이런 데이터가 계속 쌓이다 문제가 생기면 자동으로 병원에 알려주어 의사가 병원에 오라고 연락을 준다. 인간이 먹고 살기 위한 기본적인 노동에서 벗어나게 함으로써 시간을 벌어 더 가치가 높은 일을 하게 하는 게 목적이었다. 기기가 인간을 보조해주는 역할을 하게 했다.

요소기술을 갖춘 로봇 시장,
더 이상 늦추지 마라

The Fourth Industrial Revolution

4차 산업혁명의 커다란 축의 하나는 무인화 로봇 시대가 본격적으로 열리는 것임을 앞에서도 이야기했다. 무선통신망의 발전으로 모든 사물과 기계가 인터넷망에 연결되면서 자동화가 더욱 가속화된다. 컴퓨터도 기존에는 프로그래밍으로 움직이던 것들이 스스로 분석하고 학습하면서 지능화되고 있다. 즉, 기계와 사물들이 마치 인간처럼 지능을 가지고 지능화된다는 것이다. 이런 기술들의 발달로 무인화 로봇 산업이 급팽창한다고 본다. 로봇의 등장은 인간의 일자리를 빼앗고 궁극적으로는 인간을 지배하는 단계까지도 발전할 수 있다는 우려도 있지만, 로봇은 미래산업의 주요 인프라로 자리매김을 할 것이다.

전 세계 로봇 시장은 2016년부터 2018년까지 연평균 15퍼센트 이상 성장한다고 여겨진다. 국내 로봇 생산액은 2014년 2조 6200억 원 규모에서 2018년 7조 원으로 커지고, 수출 또한 2013년 7000억 원에서 2018년 2조 5000억 원으로 커질 전망이다.

로봇 기술 수준은 미국 대비 일본은 약 98퍼센트, 유럽은 95퍼센트 수준으로 근소한 차이지만, 한국은 약 80퍼센트로 약 2년쯤 뒤처져 있다는 평가다. 따라서 더욱 적극적인 연구 개발과 투자가 필요하다. 국내 기술력은 하드웨어 부문에서 강점이 있는 반면, 플랫폼과 콘텐츠, 소프트웨어에서는 취약하다. 부족한 부분인 운영체제, 초소형정밀 엑추에이터나 초정밀 모터 핵심부품, 클라우드, 빅데이터, 스마트 인터렉션 기술 같은 소프트웨어 역량을 최단시간 안에 끌어올려야 한다.

현재 세계 산업용 로봇 시장은 제조업 노동자 1만 명당 평균 58대인데 중국은 35대로, 일본 314대, 미국 164대에 비해 훨씬 낮다. 이는 향후 20년간 중국 산업로봇 시장이 앞으로도 20년 이상 연평균 30퍼센트 이상씩 급성장할 것이라는 전망으로 우리에겐 호재가 될 수 있다. 왜냐하면 한국이 산업로봇 분야에서만큼은 세계 4~5위의 경쟁력을 차지하고 있는 만큼 좀 더 노력한다면 중국시장에서 어느 정도는 재미를 볼 수 있기 때문이다. 여기서 확보된 재원을 가지고 다른 로봇 분야로 경쟁력을 확대시킨다면 좋은 기회가 될 것이다.

점점 인간의 영역으로 들어오는 로봇

2016년 9월 2일부터 7일까지 독일 베를린에서 올해로 56회를 맞이하는 유럽 최대의 가전 전시회인 IFA 2016이 열렸다. 이 전시회에는 총 50개국에서 1,800개 기업들이 참여했다. 중국은 개최국인 독일 기업 366개보다 많은 496개 기업이 참여하고 한국 업체도 96개의 세트, 부품, 솔루션 업체들이 참여했다. 올해의 주제는 '새로운 연결성', 즉 가전과 통신, 소프트, 자동차 등의 서로 다른 산업의 경계를 허물고 융합하고 협력하는 기술 경영의 장이었다. 1월 미국의 CES에 이어 IFA에서도 스마트홈, 자율주행, 융합로봇 등 다양한 형태의 사물인터넷 기술이 선을 보였다.

그러나 예년과 달리 로봇이 전시장을 활보하고 다니거나 전시되어 있어 로봇 시대가 본격적으로 다가오고 있음을 알 수 있었다. 특히 일본의 벤처업체가 빨래를 정리해주는 로봇을 시연했는데, 세탁한 옷을 주면 로봇이 옷을 종류별로 구분해서 갠 다음 수납까지 해주는 가사지원 로봇에 많은 관심을 보였다.

로봇 셰프가 음식을 뒤집거나 서빙해주는 기능을 가지고 있어 2000여 가지의 요리를 동시에 만드는 로봇도 나오고 있다. 로봇이 햄버거와 같은 패스트푸드를 만들고, 초밥도 만들고, 국수도 만드는 것이다. 미국은 1시간에 400개의 햄버거를 만들 수 있는 햄버거 로봇을 사용하는 식당을 오픈할 계획을 가지고 있다고 한다. 일본에는 겨자를 올려주고 생선도 자동으로 올리는 초밥로봇도 나왔다. 또한 로봇에 연결된 앱으로 칵테일 주문을 하면 칵테일도 만드는 바텐더로봇도 나왔다. 지금까지는 인간 고유의 영역이라고 생각해왔던 레스토랑과 주방도 점차 로봇이 점령해 들어가고 있다.

실제 1980년대부터 지금까지 우리나라 노동 인원이 3분의 1 수준으로 줄었다. 자동차 산업은 외주가 많이 나갔다고 하더라도 반도체 산업은 외주가 나간 것도 아닌데, 인력이 3분의 1로 줄어들었다. 앞으로는 더욱 다양한 로봇들이 지금 우리가 하고 있는 많은 일들을 대체하며 우리의 영역으로 침범해 들어올 것이다.

소셜 로봇이 스마트홈의 허브가 되게 하라

그런데 지금 로봇 산업에서 가장 큰 문제는 사람들의 기대치에 비해 기술력이 떨어진다는 점이다. 특히 우리나라와 일본 사람들은 〈아톰〉 같은 만화 영화의 영향인지 만화영화에서처럼 로봇이 사람들과 소통하며 서포트를 해줄 것이라 생각한다. 그래서 우리나라나 일본은 로봇 하면 사람 형상을 생각하지만, 미국은 노동을 대체하는 서비스 로봇이나 곤충, 뱀, 개와 같은 동물이나 다른 형상의 로봇도 많이 생각한다.

그 결과, 2011년 일본에서 원전 사고가 났을 때 일본에서 만든 로봇은 사람처럼 다 걸어다니는 로봇이라 투입할 로봇이 없었다. 대신 미국에서 만든 뱀로봇이 부서진 잿더미 사이를 누비며 투입되었다.

하지만 미래산업 관련 보고서들을 보아도 로봇이 사람 정도의 지능을 가지고 사람들과 함께 소통을 하려면 2040년 이후는 되어야 가능하다고 한다. 아직까지는 사람들과 소통을 하는 로봇이 아니라 소프트뱅크의 페퍼처럼 대화형 로봇이나 청소, 집사 로봇 등으로 제한적이다. 특히 집사로봇은 사람들과 소통을 주고받을 수 있어야 하는데 그렇지 못하고 아직까지는 프로그래밍 되어 있는 대로만 한다.

사람들의 기대치가 어느 정도인지는 인간과 피아노로봇의 연주 대결을 보면 잘 알 수 있다. 2012년 이탈리아에서 만든 '테오'라는 피아노로봇인데, 53개의 손가락을 가졌고 800곡의 연주가 프로그램 되어 있어 유럽의 최정상 피아니스트와 연주 대결을 펼쳤다. 비록 바둑처럼 승패를 가를 수는 없었지만 말이다. 피아노로봇은 프로그래밍된 대로 정확한 연주를 했으나 인간의 감성이 실린 연주보다는 떨어진다는 평이었다. 완벽한 로봇의 연주가 감성적인 인간의 연주를 뛰어넘을 수는 없다는 이야기다.

최근에는 청소로봇, 안내로봇 같은 서비스 로봇과 군사로봇, 의료로봇, 재난대응로봇, 교육·연구·오락로봇 등이 대표적인 지능형 서비스 로봇으로 부상하고 있다. 앞으로 다가오는 고령화 사회에 대응해서 재활이나 보행보조를 위한 관련 로봇 기술들도 활발하게 연구되고 있다.

소셜 로봇이라는 사람과 대화를 하는 감성 중심의 지능형 로봇도 선진국들이 OS와 플랫폼을 이미 선점하고 있다. 특히 소셜 로봇은 인구 고령화와 1인 가족의 증가, 가족 해체와 같은 사회변화로 더욱 수요가 커지리라고 예측한다. 최근 등장한 '페퍼' '지보' '버디' 등 다양한 소셜 로봇의 기술이 고도화되고 가격도 낮아져 사업성이 충분하다. 2020년까지 로봇의 누적 출하량이 1억 대라는 전망도 있다.

최근 우리나라도 혈압이나 맥박을 체크해서 이상이 있으면 의사에게 전달하고, 약 먹을 시간을 알려주는 데 로봇이 활용되고 있다. 노인이 기절하거나 하는 위급 상황이 발생하면 즉시 의사에게 알리는 기능도 있다. 인공지능 기능과 결합한 소셜 로봇들이 속속 등장하고 있는데, 우리도 스마트홈 시장과 접목해 소셜 로봇이 스마트홈의 허브 역할을 하게 한다면 양쪽 시장 모두에서 좋은 성과를 낼 수 있다.

핵심 소프트웨어 기술 확보가 곧 경쟁력이다

그렇기 때문에 소셜 로봇 시장을 선점하기 위한 핵심기술을 하루빨리 확보해야 한다. 즉 기계와 인간의 인터페이스Machine-Human Interface, MHI 기술을 확보해야 하는데, 음성인식과 자연어처리 기술과 달리 인간의 감정과 기분을 이해하는 기술이 선행되어야 한다.

또한 로봇 센서 가격을 스마트폰용 센서 수준으로 낮춰야 하고, 하드웨어와 인공지능 소프트웨어 기능도 강화되어야 한다. 다양한 형태의 물건을 자유자재로 집을 수 있는 매니퓰레이터가 필요하다. 클라우드 로보틱스와 딥러닝과 같은 다양한 소프트웨어 기술과 로봇이 일상생활을 하는 환경에서 무리 없이 이동하고 동작할 수 있는 유연한 내비게이션 구현 기술을 개발해야 한다. 다시 말해 로봇 관련 핵심 소프트웨어 기술의 조기 확보가 사업 경쟁력의 핵심이다.

우리가 부족한 로봇 관련 소프트웨어는 자체 개발도 필요하지만, 세계 최고의 소프트웨어 기술 개발 업체를 찾아 공동 개발을 하거나 기술을 도입하면 된다. 아니면 지분 참여의 형태나 매입을 해서라도 조기에 기술을 확보해서 기술 자립을 하는 것이 경쟁력 확보의 핵심이 될 터이다. 최근에 자동차전문 업체인 토요타가 구글이 매각한 로봇회사 보스턴다이내믹스를 매입한 것을 우리는 주의 깊게 봐야 한다.

로봇은 최첨단 기술 이미지가 부각되는 만큼 후발 기업들이 선두 업체들을 앞서갈 수 있는 좋은 기회의 장이 된다. 아직 관망만 하고 있는 대기업들을 끌어들여 업체들 간에 서로 경쟁시키는 것도 좋은 국가적 전략일 것이다.

대부분의 기업들이 로봇 시장에 대해서 고민을 많이 하고 있을 텐데 타이밍을 놓쳐서는 안 된다.

로봇 분야는 정부의 역할이 매우 중요하다. 로봇은 고도의 핵심기술과 요소기술이 많이 필요하기 때문에 로봇의 상용화까지 막대한 연구 개발과 고급 인력이 필요하다. 그래서 벤처나 중견 기업들이 자력으로 준비하기에는 역부족이다. 우리나라 대기업들은 위험 요소가 많은 초기 시장보다는 어느 정도 시장이 형성되어 있는 시점에 진입하려는 속성이 크다. 따라서 정부가 기초연구 투자와 시장이 형성될 수 있는 기반을 구축해주어야 안심하고 진입할 것이다.

일본의 아베총리는 2014년 6월에 로봇을 새로운 산업혁명의 주력으로 하는 신성장전략을 발표했다. 당연히 세계 최고의 로봇기술을 보유한 일본으로서는 고령화와 더불어 미래 로봇 산업을 주도할 야망을 드러낸 것이다. 2020년까지 제조분야에서는 2배, 서비스와 같은 비 제조분야에서는 20배로 키우겠다는 구체적인 목표를 제시한 것처럼 정부 차원에서 미래를 선점하기 위한 전쟁은 이미 벌어지고 있다.

기술력에서 앞서 있는 헬스케어, 도전할 만하다

The Fourth Industrial Revolution

정보통신 ICT 강국인 우리나라가 현실화되고 있는 4차 산업혁명에서 유망한 분야를 꼽으라면 헬스케어라고 생각한다. 특히 원격진료인 유비쿼터스 헬스, 스마트폰을 기본으로 하는 모바일기기와 웨어러블 IT 기기로 건강을 관리하고 치료까지 할 수 있는 스마트 헬스케어 의료 서비스를 말한다.

전 세계적으로 급속하게 진행되고 있는 고령화와 고령층의 소득 수준 증가는 의료 서비스에 대한 욕구를 더욱 높이고 있다. 헬스케어는 ICT와 의료 기술의 발전으로 애플과 구글, GE, 필립스뿐만 아니라 한국, 중국 기업들까지 관심의 대상이다. 그야말로 전 세계 ICT 기업들의 차세대 산업 아이템으로 톡톡히 주목받으며 시장 선점을 위한 각축을 벌이고 있다.

헬스케어에는 의료만 해당되는 것은 아니다. 스포츠 활동과 먹는 것까지도 모두 기록하고 분석해서 건강한 인간의 삶에 꼭 필요한 대규모 생태계로 발전될 미래산업이다. 미국의 시장조사업체인 IDC는 사물인터넷 헬스케어 부문의 세계시장 규모가 2015년 82억 달러에서 2018년 124억 달러로, 연평균 10.2퍼센트씩 성장한다고 전망했다. 지금은 시장 초기 단계이기 때문에 주목할 필요가 있다.

ICT · 의료 기술에서 앞서 있는 우리나라

세계 최고령화 사회를 맞고 있는 일본에 이어 우리나라와 중국이 세계에서 가장 빠르게 고령화가 진행되고 있다. 이에 중국 정부는 '대건강중국大健康中國'이라는 '건강중국 2020' 전략을 제시했다. 2020년에는 80세 이상인 중국의 고령 인구가 2000만 명에 달하는 세계 최대의 노인국가를 대비하고 있는 셈이다.

우리나라도 대기업들과 통신사업자, 중소 벤처까지 헬스케어를 미래 신수종사업으로 키우려고 하지만 기대에 못 미치는 게 현실이다. ICT 강국인 만큼 원격 의료 분야에서는 세계 최고가 될 수 있다. 그런데도 아직 이 분야에서 두각을 나타내고 있지 못한 것이 아쉽다.

유럽 가전의 명가인 필립스가 최근 헬스케어 시장 선점을 위해 자사 가전 부문을 매각했다. 그리고 헬스케어에 집중해서 세계 최대의 헬스케어 기업으로 거듭나고 있다. 우리도 반면교사로 삼아야 한다. 필립스는 헬스 클라우드를 활용해 스마트 워치나 혈압계, 심박 모니터, 체중계, 체온계 등의 헬스케어 기기를 통해 고객에 관한 각종 데이터를 모으고 분석하는 어플리케이션을 만들고 있다. 혈당이나 식사 관리가 까다롭고 지속적으로 관리해야 하는 당뇨병 환자를 대상으로 하는 만성질환 서비스를 실시하고 있으며 나아가서 비만, 웰빙 건강 예방 프로그램의 상품화도 예고했다.

우리나라는 하드웨어 강국으로 다양한 웨어러블 헬스케어 기기를 잘 만들 수 있다. 의료 기술 면에서도 상당히 앞서 있다. 우리나라 의료의 가장 큰 강점은 서울대병원, 세브란스병원, 아산병원 같은 대형 병원들에 쌓여 있는 임상 데이터가 전 세계에서 가장 많다는 것이다. 세브란스병원 같은 곳에는 하루에 외래환자가 3만 명이나 되는 빅데이터를 보유하고 있다. 수술도 그 유명하다는 미국의 존스홉킨스 병원이나 클리블랜드 클리닉보다 우리나라 의사들이 경험이 더 많기 때문에 더 잘한다고 한다.

이렇게 쌓여 있는 빅데이터를 적용해서 알고리즘을 만들고 인공지능화한다면 우리나라 대학병원의 수준이 세계 최고가 될 가능성이 높다. 여기에 ICT 강국인 우리나라는 웨어러블 기기 등의 통신 디바이스에 관한 강점도 가지고 있어 원격 의료 분야에서도 무한한 가능성을 지니고 있다. 서양에는 없는 한방 부분도 우리가 차별화할 수 있는 좋은 전략 분야다. 우리의 강점을 최대한 살리면서 치고 나가는 전략이 필요하다.

체계적인 전략을 세워라

헬스케어는 아직 시장이 형성되는 초기 단계로 법적·제도적인 제약이 따른다. 의사가 직접 진료하는 것처럼 정확하게 진단할 수 있다는 소비자들의 믿음도 아직은 부족하다. 시장 정착 단계까지 시간도 필요하고 대규모의 투자도 필요해서 넘어야 할 산이 많은 분야라 효율적인 전략이 필요하다.

첫째, 단계적인 접근이 아니라 장기적이고 체계적인 전략으로 접근하라.

헬스케어 시장을 세부적으로 분석하고 분류해 우리가 강점을 가지고 주도할 수 있는 분야에 선택과 집중이 필요하다. 선택한 분야에 집중적으로 투자하고 연구 개발을 해서 지적 재산권을 확보하고, 전략적인 제휴처를 발굴해 사업 초기에 발생되는 사업 실패에 관한 위험 요소도 최소화해야 한다.

두 번째는 헬스케어 플랫폼을 만들어야 한다.

미래에 예견되는 서비스가 모두 포함되는 확장형 개방플랫폼을 만들어야 한다. 현재 스마트 헬스케어 기기에 관한 국제 표준이 없으므로 우리에게는 찬스가 될 수 있다. 따라서 국내병원은 물론 제조업체와 바이오나 헬스케어 관련 벤처업계, 통신사업자까지 모든 가치사슬이 참여할 수 있도록 협의해야 한다. 나아가서 향후 사업을 주도할 컨소시엄 구축 등에 대해서도 정부가 초기에 역할을 맡아야 한다. 정부 주도 사업은 자칫 주인이 없어 경쟁력을 상실할 수도 있지만, 어느 정도 기반이 조성되는 역할은 할 수 있다.

셋째는 글로벌 홍보 선점이다.

우리 눈앞에 4차 산업혁명이 밀어닥치고 있는데, 아직 한국의 미래 먹거리로 부상되는 전문 아이템이 없다. 국민들은 물론 세계인들에게도 미래 한국의 이미지를 심어줄 분야가 딱히 없다. 하지만 우리나라는 성형 등의 의료기술은 세계 최고라는 이미지를 가지고 있으므로 이를 중심으로 하면 시장을 선점하기 용이할 것이다. 따라서 '헬스케어 코리아가칭'라는 이미지를 구축해가는 것이 중요하다. 막연한 '창조경제'가 아니라 확실하게 손에 잡히는 비전 제시가 현실적인 국가 전략이라고 생각한다.

우리는 지금 싸이의 〈강남스타일〉이나 닌텐도의 '포켓몬 고'처럼 하나의 콘텐츠가 세계로 급속하게 퍼져나가는 SNS 시대에 살고 있다. 1인 100색 시대에 살고 있지만, 역으로 100인이 1색을 좋아하는 시대이기도 하다. 한국에서 통하면 전 세계인에게 통할 수 있다. 누가, 그것을 만들어내는가가 관건이다. 지금은 하나가 갑자기 뜨기도 하지만 갑자기 가라앉기도 쉬운 '크리에이티브 소사이어티'에 살고 있다. 이것은 소프트웨어 산업의 강점이기도 하지만 동시에 약점일 수도 있다.

또한 4차 산업혁명이 컴퓨터도 기계도 지능을 가지고 스스로 학습하는 '스마트 지능화 사회'라고 했듯 앞으로는 소프트웨어, 플랫폼이 중요한 시대다.

소비재 소프트웨어 사업에 힘을 실어라

한국은 하드웨어는 강하나 소프트웨어는 약하다고 한다. 하지만 우리에게 희망적인 부분은 1990년 말부터 한국이 만든 영화, 드라마, 방송, 음식, 비보잉, 게임, 음악 등의 대중문화인 한류KOREA WAVE가 아시아를 넘어 미국, 유럽, 남미 등으로 급속히 확산되고 있다는 사실이다. 즉, 기계나 장비 같은 하드웨어가 아니라 소프트웨어 산업에서도 점차 세계적인 경쟁력을 얻고 있다는 반증이다.

최근 국내에서 '먹방'이 히트하면서 일급 요리사들이 스타로 부상하고 있다. 유명 셰프의 식당에 가서 셰프와 같이 사진도 찍고 맛있는 음식도 먹는 것이 하나의 문화로 자리 잡았다. 이렇듯이 시대가 확 바뀌고 있다. 요리도 이제는 하나의 창작물이자 문화 콘텐츠로 바라보아야 한다. 프랑스에서는 저작권 위배라고 해서 음식을 사진으로 찍지 못하게 한다고 한다. 먹거리도 차세대 산업으로 발전할 여지가 많다는 뜻이다.

뉴욕에서 한국계 미국인 셰프로 활동하고 있는 데이비드 창과 미국 푸드 트럭의 대부인 한국인 셰프 로이 최는 최근 미국에서 가장 주목받고 있는 한국인 셰프다. 그들은 한국의 대표 음식인 김치와 불고기, 다이어트 식단으로 각광받고 있는 비빔밥으로 세계인의 입맛을 사로잡았다. 한식도 일본의 스시처럼 세계적으로 고급화와 대중화라는 두 마리 토끼를 잡는 전략적 접근이 필요하다. 미래에는 음식 산업이 고부가가치 산업으로 발전될 것이다.

크리에이티브의 산물인 한류, 한 발 앞서가라

1990년대 후반부터 한류가 중국, 동남아를 넘어 전 세계로 확산되고 있다. 이는 미래 한국을 위해 상당히 고무적인 현상이다. 한국의 영화와 드라마도 전 세계 각지로 수출되고 있고, 우리나라 아이돌이나 K-POP 스타들이 세계무대를 누비며 세계 곳곳에 팬클럽도 결성되고 있다.

또한 한국은 피겨 퀸 김연아를 비롯해 박세리, 박인비를 잇는 세계적인 골프 여제들이 있는 스포츠 강국이다. 한국이 독보적으로 잘하는 양궁, 쇼트트랙, 태권도 등에서 우수한 코치나 지도자들이 해외로 초빙되어가는 것도 좋은 현상이다.

제조업도 중요하지만 크리에이티브 소사이어티 시대에 맞는 소프트웨어 산업을 키워야 한다. 한류 덕분에 우리나라 화장품, 성형 의료 산업, 관광업도 호황을 누리며 한식이 다이어트와 건강에 좋은 먹거리로 전 세계에 인정받고 있다. 한류의 영향을 받은 대표 산업이 화장품일 것이다. 특히 아모레퍼시픽은 중국시장을 성공적으로 공략해 시가총액이 23조에 달하는 한국을 대표하는 기업으로 성장했다.

그런데 최근에 중국이 '사드' 문제 때문인지 한류 열풍을 제재하는 정책을 펴고 있다. 중국의 기본 전략은 일단 자신들이 부족한 부문은 자국 기업들이 경쟁력을 갖출 때까지 개방 정책을 편다. 그러다 어느 정도의 경쟁력이 확보되었다고 판단되면, 여러 가지 진입 규제를 만들어 자국 기업 중심의 정책을 편다. 우리가 계속해서 중국에서 생존하려면 중국 기업보다 한 발 앞서서 기술이나 서비스를 개발해야 한다. 소프트웨어 분야도 예외가 아니다.

내가 생각했을 때 게임 같은 문화콘텐츠 산업은 '재미'라는 엔터테인먼트적인 요소가 당연히 우선이겠지만, 전 세계 어디서도 볼 수 없는 한국 고유의 정서나 역사, 문화적인 특성이 핵심 경쟁력이 될 수도 있다. 이러한 정서에 볼거리 요소를 결합한다면 세계적인 킬러 콘텐츠도 얼마든지 가능하다고 본다. 지금 우리 아이돌들이 아시아를 넘어 세계로 뻗어가고 있는 것도 한국 아이돌 특유의 스타일리시함, 즉 동양인의 얼굴에 서양인들 못지않은 체격 조건, 세련된 패션 등에 일사분란하게 움직이는 퍼포먼스가 독특한 볼거리를 제공하기 때문이다. 이제는 여기에 예술성과 한국 부모들 특유의 학구열까지 더해져 어렸을 때부터 재능과 끼를 발굴해주기 위한 노력까지 이어지고 있으니, 앞으로 우리 문화콘텐츠 산업의 미래는 훨씬 밝다고 볼 수 있다.

문제는 우리 고유의 콘텐츠에다 엔터테인먼트적인 요소를 더하는 것이다. 가까운 예로 일본의 만화 〈나루토〉를 보면 하나의 방안이 아닐까 한다. 〈나루토〉 작품은 동양인들보다 서양인들이 훨씬 좋아한다고 한다. 나루토의 배경이 되는 일본의 역사와 일본 특유의 동양적인 풍경이 서양인들의 오리엔탈리즘을 자극하기 때문이다.

작은 유비쿼터스 OS 플랫폼을 만들어라

애플 앱스토어와 아이튠즈를 바탕으로 하는 애플 생태계의 위력은 굉장하다. 앱스토어는 신문, 잡지, 게임, 지도, 교육 등 다양한 분야의 앱을 사고파는 온라인 장터이고, 아이튠즈는 노래와 영화를 보유한 온라인 음반 가게다.

애플은 단순히 기기만을 파는 것이 아니다. 콘텐츠와 앱의 판매를 병행하면서 애플 마니아들을 가두어두는 록인 전략, 즉 가두리 양식장 전략을 펼치고 있다. 이러한 애플의 생태계를 통해 프로그램 개발회사나 영화계, 음반업계, 방송사 등 콘텐츠를 만드는 기업들도 종속시키고 있다. 하지만 애플은 자신들의 제품끼리만 연결되는 폐쇄형 정책을 취하고 있다. 반면 구글의 안드로이드 OS는 세계 어느 회사든지 무료로 사용할 수 있도록 하는 개방형 정책을 쓰면서, 구글의 광고 수익을 PC에서 모바일 기기로 전환시키는 데 성공했다.

우리는 제품을 파는 데만 익숙해 있어서 과거에는 이러한 플랫폼을 생각조차 못했지만, 이제 우리에게도 사물인터넷 플랫폼을 만들 수 있는 기회가 왔다. 사물인터넷은 지금의 애플이나 구글이 가지고 있는 모바일 중심의 플랫폼보다 훨씬 크고 방대하다. 앞으로 잘하면 애플이나 구글의 종속에서 벗어날 수 있을뿐더러 경쟁도 가능하다. 다시 말해, 스마트폰뿐만 아니라 TV, 냉장고, 에어컨 같은 각종 가전기기, 더 나아가서는 자동차와 미래에 나올 가정용 로봇까지 접속이 가능한 플랫폼이다.

삼성에서는 자사가 개발한 '타이젠'이라고 하는 스마트폰 OS를 사물인터넷 플랫폼으로 확장하려는 계획을 갖고 있다. 각 가정에 있는 모든 기기가 다 연결되는 플랫폼으로, 다양한 콘텐츠 어플리케이션 소프트웨어까지 자유자재로 사용할 수 있는 작은 규모의 유비쿼터스 생태계라고 할 수 있다. 그러니까 OS는 PC의 윈도 프로그램처럼 스마트 기기가 구동될 수 있게 하는 것이고, 플랫폼은 이런 기기들이 네트워크에 연결되어 모두 연동이 되는 것이다. 예를 들어 애플 클라우드에는 음악, 영상, 사진, e북 등이 저장되어 있다.

그러면 컴퓨터뿐만 아니라 스마트폰, 태블릿 PC, 냉장고, TV로도 클라우드에 저장된 콘텐츠를 꺼내볼 수 있는 것이다. 이것이 생태계이다.

누가 생태계를 풍성하게 만드느냐의 싸움

이제는 그 생태계를 누가 풍성하게 만드느냐의 싸움이다. 우리는 기기는 많지만, 어플리케이션이나 콘텐츠 서비스가 부족하다. 전자레인지 하나를 만들더라도 기기만 만들지 말고, 다양한 요리 조리법을 개발해서 요리 플랫폼을 만들어야 한다. 이처럼 생태계가 훌륭하면 돈을 벌 수 있는 기회가 많다. 애플 앱스토어만 해도 중소기업체들이 다양한 콘텐츠를 많이 올려놓고 있지 않은가.

5세대 이동통신, 4차 산업혁명 시대가 오면 모바일 휴대폰에 관련된 생태계를 넘어 판이 엄청 커진다. 그 시대의 강자가 누가 될 것인지는 아직 모른다. 애플이 아닐 수도 있다. 왜냐하면 애플은 기기가 많이 없기 때문이다. 생태계를 풍성하게 하려면 더욱 다양한 기기가 필요하다. 애플도 앞으로 구글처럼 OS를 오픈해서 구글처럼 가지 않을까 한다. 구글은 단말기가 없는 약점이 있다. 삼성은 OS가 없는 약점을 보완하기 위해 만든 타이젠을 만들어 하나의 생태계를 만들려는 노력을 계속 하고 있다.

여기서 하나 놓치지 말아야 할 것은 마케팅과 홍보이다. 어쩌면 플랫폼을 개발하는 데 들어가는 비용과 노력보다 마케팅과 홍보에 훨씬 더 많은 비용과 노력을 투여해야 할지도 모른다. 그런데 간혹 이를 간과하는 경향이 있는 것 같다. 필요하다면 적과의 동침도 해야 한다. 때로는 관련 업계들과 전략적인 협력도 해야 한다. 풍성한 생태계 조성이야말로 사물인터넷의 성공 여부를 가르는 잣대가 되기 때문이다.

비록 모바일 OS 플랫폼에서는 애플과 구글보다 늦었지만, 우리에게는 세계 최고 제품의 다양한 기기들과 최고의 세계시장 점유율이라는 강력한 무기가 있는 것을 최대한 활용해야 한다. 그리고 우리의 플랫폼을 개방하여 여러 기업들을 참여시켜 좋은 사업기회를 제공해줘야 풍성한 생태계가 조성될 수 있다. 풍성한 생태계 조성이야말로 사물인터넷의 중요한 성공 여부의 잣대가 된다.

우리가 사물인터넷 OS 플랫폼을 만드는 것이 늦어진다면 중국 업체들에게 주도권을 빼앗길 확률이 있다. 중국은 세계의 거의 모든 기기를 만드는 제조 왕국이다. 중국 제조업체의 경쟁력이 강해지고 있는 상황에서 M&A로 고급 브랜드 이미지를 쌓고, 선진 기업들의 제품 개발 노하우도 단시간에 확보하고 있다. 조만간 프리미엄 제품도 중국이 싹쓸이할지 모른다.

또한 거대 인터넷 기업들도 많고 유능한 개발 엔지니어도 우리보다 몇 배는 많다. 더 중요한 것은 중국은 정부의 영향력이 절대적인데, 정부 차원에서 사물인터넷 OS를 만들고 지원한다면 거의 모든 중국 기업들이 자국의 생태계를 쓸 것이다.

한국은 정부의 영향력이 발휘될 수 없고, 한국을 대표하는 삼성과 LG는 서로 협력해야 한다는 것을 알지만 경쟁 관계로 현실적으로 두 회사의 협력은 힘들다. 아니면 정부가 국가 표준으로 만들어가야 하는데, 이럴 경우는 시간이 훨씬 많이 소요된다. 더욱이 플랫폼의 경쟁력도 보장할 수 없어 만든다고 해도 한국 단독형으로 전락할 우려가 있다. 가장 좋은 방법은 삼성이든 LG든 빨리 뛰어난 생태계를 만드는 기업이 있다면 자연스럽게 통합이 될 것이라는 점이다.

소프트웨어·서비스 산업의 핵심 경쟁력은 창의력 있는 인재

이러한 소프트웨어·서비스 산업의 핵심 경쟁력은 창의, 창조력이 있는 사람이다. 획일적인 사람이 아니라 끼가 있는 크리에이터가 필요한 것이다. 따라서 학교 교육도 공부 잘하는 학생을 우대하고 키우는 획일적인 시스템에서 벗어나 다양한 재능을 키우는 방향으로 분화되어야 한다. 다른 분야도 그렇지만 오랜 기간 사람에 대한 투자가 있어야 경쟁력을 갖출 수 있는 분야가 소프트웨어와 서비스 산업이다.

언젠가 모교에 가서 고등학교 2학년 후배 학생들에게 특강을 한 적이 있다. 강의 전에 고민이 꽤 많았다. 우리가 흔히 말하는 SKY 대학에 입학하는 학생이 극히 적은 상황에서 공부를 잘해야 한다고 이야기해봤자 설득력이 없을 것이고, 그렇다고 학생들에게 공부하지 말라고 할 수도 없고 참 애매했다. 사실 배울 때 배워야 하는 것은 맞다. 그런데 지금 우리가 알고 익혀야 할 지식과 상식은 인터넷을 찾으면 거의 다 나온다. 선생님들이 구글이나 네이버만큼을 지식을 가지고 있을까? 어떤 특정 분야에서는 더 많은 지식을 가지고 있다 손치더라도, 그 지식을 학생들에게 얼마나 잘 전달할 수 있을까? 완벽하게 전달한다는 것은 불가능하다.

과거 우리 사회에서는 공부 잘하는 사람들이 운동이나 예술에 뛰어난 사람들보다 출세할 확률이 높았다. 하지만 앞으로 4차 산업혁명이 진행되면 전문 직종에 있는 사람들이 설 자리가 계속 좁아진다. 각종 다양한 기술로 전문 영역이 대체될 수 있기 때문이다. 한 통계에 따르면 미래에 없어지지 않는 직업 1위가 성직자라고 했다. 즉 사람의 마음을 움직이는 정신적인 영역의 분야 이외에는 전문적 능력은 기술과 경쟁해야 한다는 뜻이다.

이제 기업들도 공부 잘하는 학생들보다는 끼 있고 남다른 모험심과 창조적인 아이디어를 구체화시킬 수 있는 사람들을 채용하는 추세다. 세상이 바뀌고 있는데 과거 경험의 잣대를 가진 부모들이 이런 미래의 흐름도 모르고 자식들에게 공부만 강요하는 것은 사실상 자식들의 앞날을 가로막고 있는 것이나 마찬가지다. 이제는 자식들이 가지고 있는 재능을 키우며 하고 싶은 일을 할 수 있도록 해주는 게 맞지 않을까?

전형적인 글로벌 산업, 게임을 키워라

게임 산업을 잘 모르는 사람들은 게임이 청소년들에게 공부하는 시간을 빼앗는 부정적인 산업으로 보는 사람들이 많은데 실상은 꼭 그렇지만은 않다. 게임은 사람들에게 즐거움을 준다. 뿐만 아니라, 몸을 움직이게 해서 운동도 할 수 있게도 하고, 학습용 게임으로 공부에 도움도 주고, 노인들의 치매도 치료할 수 있게 한다.

이처럼 게임은 '중독' 같은 부정적인 이미지만 있는 게 아니라 긍정적인 부분도 많다. 그런데 우리나라에서는 유독 부정적인 측면만 부각되어 우리나라를 먹여 살릴 수도 있던 차세대 선도 산업에서 경쟁력을 잃어 안타깝기 그지없다. 어떤 산업이든 좋은 면이 있다면 그 이면의 반대급부도 있기 마련인데, 유독 게임에서만 엄격한 잣대로 재단한 것은 아닐까 생각해본다. 물론 한번 게임을 시작하면 좀처럼 멈추지 못하는 이용자들도 문제이긴 하지만.

게임은 전형적인 글로벌 산업

2008년 영국의 게임 산업 경쟁력 분석보고서 〈Raise the Game〉는 한국 게임 경쟁력을 미국과 일본에 이은 3위로 평가했다. 그런데 지금은 중국의 하청업체로 전락할 지경까지 몰리고 있다. 불과 몇 년 사이에 어떻게 된 일일까.

게임 산업은 전형적인 글로벌 산업으로 대규모 자금력과 우수 인력을 얼마나 보유하고 있는가가 핵심 경쟁력이다. 중국 텐센트는 2015년 매출 87억 달러약 9조 6800억 원로 전 세계 게임시장 910억 달러약 101조 3000억 원의 약 10퍼센트를 차지하는 세계 최고의 게임 업체로 성장했다. 2006년부터 2015년까지 전 세계 34개 게임 업체 인수나 지분 참여에 우리나라 돈으로 약 3조 원을 투자했는데 이것이 주효했다.

반면 우리나라 게임 업체들은 기술력과 연구 인력에 관한 경쟁력은 있었지만, 자본력 부족으로 덩치를 키우지 못했다. 이런 원인으로 한국 게임 산업 정책이 방향성을 잃어 내리막길을 걷고 있다. 엎친 데 덮친 격으로 2016년, 한국 게임의 대표주자인 넥슨의 김정주 대표가 정경유착에 휘말리고 있어 한국의 게임 산업은 한치 앞을 내다보지 못하는 상황으로 내몰리고 있다.

한국은 1990년대 말부터 세계 PC 게임의 산실로 내수를 기반으로 게임을 수출 주력 사업으로 키워왔다. 당시 중국의 게임 업체들은 한국의 게임 라이선스를 받으려고 줄을 섰는데 지금은 완전히 역전되었다. 지금은 중국 게임 회사에서 우리가 만든 게임을 심사를 거쳐 중국시장에 들이고 있다. 그마저도 대부분은 심사에서 탈락하는 수모마저 겪고 있다. 이미 중국 자본이 한국 게임업계의 지분을 가지고 있어 하청 제작하는 참담한 수준까지 떨어졌다.

미래 유망 산업이 이렇게까지 망가지게 된 데는 여러 가지 이유가 있다. 첫 번째 원인으로는 게임회사들의 단견적인 시각으로 돈벌이만 너무 치중한 나머지, 게임의 새로운 영역을 개척하지 못한 탓이다. 게임 트렌드가 PC 기반에서 스마트폰 게임으로 증강현실과 가상현실 기술이 접목되는 수준으로 진화를 계속하고 있는데, 우리는 과거 PC 게임에만 몰입되어 있었던 게 가장 큰 원인이었다.

다음은 정부의 규제가 또 한몫을 했다. 2011년 이후 사전 심의제도뿐만 아니라 16세 미만 청소년의 심야시간 온라인 게임 접속을 막는 '셧 다운제' 영향도 컸다. 셧 다운제 실시로 청소년들이 게임을 하는 것은 중독성이 강한 마약과 같다는 부정적인 이미지가 사회 전반적으로 퍼지게 되면서 내수 시장이 위축되었다. 반면 중국 정부는 2007년부터 자국 게임 업체를 보호하고 장려하는 정책을 강화했다. 게임에 관한 사전 심의제도인 '판호제'라는 법을 통해 해외 게임 업체들의 중국시장 진입을 막으면서, 자국 게임사들이 한국에서 나온 것과 유사한 게임을 개발해서 자국 시장에 팔게 해서 육성시켰다. 결국 업체들의 단견과 정부 규제가 미래 주축 산업으로 발전 가능성이 컸던 한국 게임 산업의 발목을 잡은 셈이다. 선두주자로 치고 나가기는 정말 힘들어도 한번 올라간 곳에서 내려오는 것은 한순간일 수 있다. 우리나라 게임 산업이 바로 그런 경우이다.

AR, VR, MR에 투자하라

최근 두 번의 외부 충격으로 4차 산업혁명이 더 이상 먼 이야기가 아님을 실감했다. 인공지능 알파고와 포켓몬 고 열풍이 그것이다. 인공지능, 증강현실, 가상현실이 이미 실생활 깊이 적용되고 있다면 우리 기업들은 뭘 하고 있는지 걱정이 앞섰다.

포켓몬 고에 적용된 증강현실 기술은 사실 게임에만 사용되는 것이 아니다. 모든 실생활에 적용될 수 있는 최첨단 기술이다. 만약 해외여행을 갔는데 증강현실 기술로 만들어진 우리글 유적지 설명이 있으면, 휴대폰 화면으로 팝업해서 볼 수 있다. 교통표지판도 화면을 통하면 우리글로 볼 수 있다. 어떤 건물을 화면을 통해 보면 건물의 이력도 볼 수 있고, 건물의 내부도 들여다볼 수 있다. 건물주가 가상현실을 통해 보여주고 싶은 것만 다른 사람들에게 보여줄 수 있다. 가구를 살 때도 가상으로 집 안에 배치를 먼저 해볼 수 있는 것처럼, 지금 내가 상상하는 만큼 실생활에도 활용할 수 있다.

가상현실은 용어 그대로 가상으로 만든 화면을 특수 기기를 통해 볼 수 있다. 비행기 조정시뮬레이션이나 자동차 운전에도 사용할 수 있다. 해외여행을 가지 않아도 마치 여행을 간 것처럼 여행지를 볼 수 있고, 좀 더 발전되면 촉감을 느낄 수 있고 냄새도 맡을 수 있는 4차원 기술도 가능하다.

마지막으로 융합현실Mixed Reality, MR은 증강현실과 가상현실을 합친 개념으로 가상 입체영상인 홀로그램을 보여줄 수 있는 기술로 기기를 통하지 않고 육안으로 볼 수 있는 기술이다. 미국의 스타트업 업체인 매직리프가 체육관에 가상의 고래가 물보라를 일으키며 나타나서 물바다를 만든 것을 시현

하며 가능성을 보였다. 가상현실은 2014년 페이스북이 가상현실 업체인 오큘러스라는 기업을 20억 달러에 인수하면서 주목을 받았다. 삼성전자는 오큘러스와 제휴해 기어 VR 360을 만들어 출시했다.

이렇듯 증강현실, 가상현실, 융합현실 기술은 먼 미래의 기술이 아니라 지금 실생활에서 상용화되고 있다. 페이스북의 저커버그는 앞으로 10년 후에 컴퓨터나 스마트폰보다 자연스러운 가상현실 기기를 착용하고 컴퓨팅을 하고, 지금과는 전혀 다른 새로운 플랫폼이 등장할 것이라고 언급한 바 있다. 증강현실, 가상현실, 융합현실은 하드웨어 기기 산업보다는 미래 소프트웨어 산업의 주축으로 발전할 것이다. 아직은 초기 시장이기 때문에 주도권을 잡을 전략을 수립해 공격적으로 투자를 해야 한다. 성숙기나 쇠퇴기 산업에서는 투자에서 발을 빼면서 신성장 산업으로 투자를 본격화하는 기업 변신을 추구해야 미래에 생존할 수 있다.

게임 활성화를 위해

그나마 정부에서 '게임 산업 진흥 중장기계획'을 발표하고 정치권에서도 국내 게임 산업을 육성해야 한다는 공감대가 형성되고 있는 것은 다행이다. 국내 게임 업체들도 눈을 돌려 PC 게임에만 주력하지 말고 실생활에서도 게임을 할 수 있는 새로운 아이디어와 도전을 해야 한다. 그래야 게임 산업이 한국의 대표 산업으로 다시 발전할 수 있다.

일본 1위의 게임회사인 닌텐도가 '위wii'라는 몸을 움직이게 하는 게임을 내놓으며 운동과 재미를 함께 주었다. 그렇게 해서 '게임은 건전한 것이다'라는 인식을 심어준 것처럼, 우리도 게임의 다양성을 추구해야 한다. 최근에는 증강현실 기술을 접목한 닌텐도의 모바일 게임 포켓몬 고가 전 세계적인 반향을 불러일으켰다. 서비스 지역이 제한되어 있는 국내에서도 100만 명이 넘는 이용자가 나오고, 속초 등 서비스가 가능한 지역은 특수를 톡톡히 누렸다. 이제 게임 업계 전반에서 PC방에서만 하는 게임이 아닌 스포츠센터에서 운동할 때도 즐기고 남녀노소 누구나 즐길 수 있는 아이템의 확대가 필요하다.

구글이 한국 게임 업체들의 해외진출을 돕고자 2015년 세계 처음으로 한국에서 '인디게임페스티벌'을 열기도 했다. 그만큼 구글이 우리나라가 게임에 관한 잠재된 경쟁력을 가지고 있다고 생각하는 것이다. 또한 한국에는 세계 최고의 프로 게이머들도 있으니 한국에 월드 게이머 대회 개최함으로써 게임 강국이라는 이미지를 심어줄 수도 있고 새로운 먹거리를 만들어낼 수 있다.

2018년 평창 동계올림픽을
홍보의 장으로 활용하라

The Fourth Industrial Revolution

지금은 무엇을 하든 '홍보전'의 시대다. 개인도 1인 미디어시대로 자신에 관한 홍보를 열심히 해야 하고, 기업이나 국가도 '이미지'가 반이라도 해도 과언이 아닐 만큼 홍보가 중요하다. 다행히 우리가 4차 산업혁명 시대, 미래산업에서 앞서가는 국가라는 이미지를 전 세계에 알릴 장이 마련되어 있다. 바로 2018년에 열릴 평창 동계올림픽이다. 4차 산업혁명을 선점하기 위한 국가별 서비스 경쟁이 치열한 만큼, 반드시 우리가 준비할 세계적 이벤트인 2018년 평창 동계올림픽을 5세대 이동통신 서비스 홍보의 장으로 삼아야 한다.

31회 브라질 리우 하계올림픽이 2016년 8월 22일 막을 내렸는데, 투자비용이 막대했다. 시설 투자에만 70억 달러, 올림픽 행사 운영비에 46억 달러가 들어갔다고 전한다. '올림픽의 저주'라는 말이 나올 정도로 이제 올림픽 개최에는 천문학적인 돈이 들어간다. 하지만 전 세계 5대륙 200개국의 사람들이 올림픽을 시청하고, 35만 명의 관광객과 1만 명의 선수들이 참가하는

4차 산업혁명을 위한 한국의 10대 전략

세계 최고의 스포츠 대전이다. 막대한 돈이 들어가지만 그런 만큼 전 세계 사람들에게 국가를 홍보할 수 있는 최대의 홍보의 장인 셈이다.

우리도 1988년 서울 올림픽으로 한국의 경제 발전상을 전 세계에 알렸다. 앞으로 2년 후인 2018년 2월 9일부터 25일까지 17일간 펼쳐지는 평창 동계 올림픽이 예정되어 있다. 평창 올림픽 개최에 관한 국민들의 찬반 의견이 갈리지만, 이미 한다고 정해졌으므로 한국이 가지고 있는 선진국의 모습을 알리는 최고의 홍보의 장으로 활용해야 한다. 동계올림픽은 하계올림픽보다는 규모는 작지만 동계올림픽에 참석하는 국가는 대부분이 잘사는 국가들 중심이 되기 때문에 홍보 효과는 훨씬 더 좋을 수 있다.

2020년에 열릴 도쿄 하계올림픽에서 일본이 '4차 산업혁명을 주도하는 국가다'라는 이미지 메이킹을 하려고 전력을 다하고 있다. 일본 정부는 4년 뒤 2020년 도쿄 올림픽까지 자율주행차를 상용화할 목표를 설정했다. 그런데 우리에게는 이보다 2년이나 앞선 2018년 평창동계 올림픽을 앞두고 있다. 우리가 3차 산업혁명에서 '정보통신 강국'이라는 이미지를 확보했기에, 4차 산업혁명에서도 앞서가는 국가라는 이미지를 연계시키기는 훨씬 자연스럽고 수월할 것이다.

차세대 제품과 서비스를 실제 써보게 하자

지금 평창 동계올림픽의 사업성에 관한 이런 저런 말들이 많다. 올림픽이 끝난 다음 올림픽 시설물들의 활용에 대해서도 고민이 깊다. 2020년부터 4

차 산업혁명이 본격화될 텐데 4차 산업혁명에 관련된 주요 산업들을 올림픽을 통해서 테스트 해볼 수 있는 절호의 기회이다.

정부는 2016년 5월 7차 정보통신전략위원회를 열어 'K-ICT정보통신기술 평창 동계올림픽 실현 전략'을 수립했다. 이번 동계올림픽에 선보이기로 한 5세대 이동통신·사물인터넷·초고화질방송UHD에 인공지능과 가상현실을 추가했다. 사람 대신 로봇이 말을 알아듣고 다양한 민원을 해결해주는 'AI 콜센터 안내 도우미'와 인공지능 통번역 서비스도 도입한다는 계획이지만 부족하다. 보여만 주지 말고 실제 만들어서 체험을 해보게 해야 한다.

평창은 중소도시이기 때문에 자율주행차와 드론을 실제 사용토록 해야 한다. 각종 로봇도 만들어서 올림픽을 지원하게 해야 한다. 가상현실과 증강현실도 실제 올림픽에 적용하여 활용할 수 있도록 해야 한다. 사물인터넷도 경기장에 도입해서 직접 사용해볼 수 있어야 한다. 과거처럼 홍보관에서 보여주는 것만으로는 홍보 효과가 부족하다. 늦은 감은 있지만, 지금부터라도 기업체들과 협력해서 2년 안에 만들어내겠다는 목표를 가져야 한다.

이렇게 해서 세계 각국에 자연스럽게 평창 동계올림픽에서 최첨단 기술과 서비스가 실제 구현되고 있다는 것이 알려지면 흑자 올림픽이 될 것이다. 올림픽 이후에도 세계 각지의 많은 사람들에게 미래 서비스를 체험할 수 있는 관광 명소가 될 수도 있다. 이러한 차세대 서비스를 미리 구현해봄으로써, 국내 기업들이 상용화를 먼저 경험해서 시장 선점 효과, 기술과 특허도 먼저 확보하는 효과도 있다. 평창 동계올림픽을 저성장 국면에 놓인 우리 경제 침체를 이겨낼 수 있는 전환점이 되게 해야 한다.

중국도 오는 2018년 러시아 월드컵에 맞춰서 집중적인 홍보를 하려고 계획하고 있는데 차별화해야 한다. 그래야 현 정부에서 강조하는 창조경제의 비전도 이루어낼 수 있다. 새로운 길을 가는 것은 어렵지만, 미래 트렌드를 선점한다면 분명 달콤한 보상으로 돌아올 것이다.

스포츠 마케팅을 활용하라

내가 과장 시절쯤에 당시 비서실의 홍보팀에서 올림픽 스포츠 마케팅을 하라는 업무가 내려왔다. 그때 나는 휴대폰 담당이었기 때문에 1998년 일본 동계 나가노 올림픽의 최고 홍보 지위인 TOPThe Olympic Partner 계약을 체결하는 실무 역할을 했다. 모토로라가 광고했던 영역을 포기하자 삼성이 그 자리를 꿰어찬 것이다. 지금 생각해도 그때 참 잘한 결정이었다.

올림픽 파트너가 되면 올림픽 경기에서 쓸 수 있는 휴대폰을 독점적으로 만들어 유상으로 판매할 수 있다. 올림픽에 참석하는 스포츠인들과 임원진들을 해당국가의 엘리트 계층들이다. 이러한 스포츠 엘리트들이 당시로서는 휴대폰 부문에서는 후발주자였던 삼성 제품을 사용해보게 함으로써, 삼성 휴대폰의 앞선 기술력을 선보일 수 있는 계기를 마련한 것이다.

TOP는 분야별로 세계 최고의 기업들만 차지해왔는데, 삼성은 아직도 TOP 올림픽 스폰서로 참여하며 홍보에 활용하고 있다. 올림픽은 전 세계 국가가 참여하는 만큼 비록 스폰서 비용이 많이 들어가기는 하지만, 삼성 브랜드의 위상이 크게 올라가게 된 역할을 했다고 평가하고 싶다.

그 와중에 월드컵 스폰서에도 참여하라는 제안이 왔으나 검토 끝에 거절했다. 그 이유는 첫째, 월드컵은 유럽과 남미 국가들의 경기로 홍보 대상 국가 수가 적었고, 축구 한 종목이라는 단점이 있었기 때문이다. 반면 월드컵 홍보는 운동장 펜스에 노출되는 만큼 광고 효과는 올림픽보다 강하게 각인될 수 있다는 장점은 있었지만 말이다. 두 번째는 이미 올림픽 스폰서였기 때문에 홍보비용이 너무 과하다는 내부 결정 때문이었다. 대신 현대에서 월드컵 홍보를 가져가서 지금까지도 올림픽은 삼성이, 월드컵은 현대가 홍보 스폰서로 활약하고 있다. 이 부분을 앞으로도 계속 잘 활용했으면 한다.

4차 산업혁명에 대비해 입법을 강화하라

2016년 4월 13일, 20대 국회의원 300명이 선출되었다. 20대 국회의원의 선출이 그 어느 때보다 중요한 것은 이번에 선출된 의원들의 임기가 2016년 5월 30일부터 시작해서 2020년 5월 29일까지기 때문이다. 다가오는 4년 안에 4차 산업혁명의 주요 시점인 2020년이 있다. 그러나 지금 우리나라 상황이 어느 것 하나 녹록한 것이 없다.

저출산, 고령화 가속, 세계 경제 불안, 국내 경제침체로 점점 팍팍해지는 국민들의 생활, 국가 부채와 개인 부채의 급증, 일자리 부족에서 오는 청년실업으로 인한 사회문제, 북한의 핵문제, 중국과 일본을 비롯한 열강들의 극동아시아에서의 치열한 주도권 다툼으로 인한 외교문제……. 우리가 헤쳐 나가야 할 현안들이 산더미처럼 쌓여 있다.

정치권은 2020년에 본격적으로 올 4차 산업혁명으로 인한 미래산업과 관련된 입법을 강화해야 하는 의무가 있다. 최근 구글의 인공지능 알파고와 이세돌 프로의 세기적인 바둑 경기에서 보았듯이, 우리가 간과하고 있는 사이에 많은 미래 기술들이 급속히 발전해 상용화 시기가 앞당겨지고 있다. 인공지능과 로봇, 사물인터넷, 자율주행차와 드론, 가상·증강현실, 3D프린터, 바이오와 IT 융·복합화, 금융 핀테크, 집단지성, 항공우주 산업 등이 새로운 먹거리 산업이 전개되고 있다. 이러한 산업이 순조롭게 펼쳐질 수 있도록 국회의원들은 입법에 박차를 가해야 하고 그러려면 공부도 많이 해야 한다. 예를 들면, 앞으로는 빅데이터가 엄청 중요하다. 그런데 한국은 개인정보 보호법이 강화되고 있어서 빅데이터를 활용한 다양한 서비스를 창출할 수가 없다.

또 다른 사례를 보면, 국회에 동네 의원 중심으로 원격 의료를 활성화하는 의료법 개정안이 제출되어 있으나 의사협회 등과 마찰을 겪으며 진통을 겪고 있다. 현행 의료법 상에서 의료인 간의 원격 진료는 가능하지만, 의사와 환자 간의 원격 의료는 금지되어 있다. 원격 의료가 허용된다면 환자들 입장에서는 매번 병원을 오가지 않고도 수시로 검진을 받을 수 있지만, 오진과 동네 병원들의 피해를 우려해 반대하고 있다.

자율주행차 관련법 제정도 시급하다. 한국은 자율주행차의 경우에도 현행법은 사고가 나면 모두 운전자 책임이다. 이 또한 현실에 맞게 제정을 해야 하는데, 본격적인 논의가 이루어지지 않고 있다. 개인정보나 위치정보에 관한 법률이나 보험까지, 풀어야 할 숙제가 산적되어 있다. 미래산업이 하루 빨리 정착될 수 있도록 입법을 강화해 법적인 장치를 마련해주어야 한다. 앉아서 기다리지 말고 국내외 관련 전문가들과 협력하고 연구해서 4차 산업혁명에서도 우리가 반드시 주도권을 잡을 수 있도록 해야 하는 것이 이번 국회의원들이 해야 할 역사적 의무다.

참 다행스럽게도 최근 정부가 4차 산업혁명의 중요성을 인지하고 나름 발빠르게 대응하는 전략을 내놓아 반갑다. 책 서두에서 우리 정부와 기업들이 몰려오는 4차 산업혁명의 쓰나미를 간과하고 있다고 지적했는데 말이다. 2016년 9월 1일 미래창조과학부, 문화체육관광부, 산업통상자원부 합동으로 2017년 미래 성장 동력 창출 분야의 예산으로 올해보다 7.6퍼센트가 증가한 15조 3천억 원을 투자한다고 발표했다.

로봇 산업 핵심기술에 884억 원, 스마트카에 370억 원 등 4차 산업혁명 분야에 3298억 원을 배정했다. 증강현실, 가상현실과 같은 신규 콘텐츠 산업 육성을 포함한 콘텐츠 강화에도 4조 78억을 배정했다. 청정에너지, 플렉서블 LCD 등의 미래 유망 산업에도 1조 1154억 원을 지원한다. 바이오, 신약물질, 달 탐사 사업을 위한 연구 개발에는 1조 5468억 원을 지원하는 등 핵심기술 개발에도 많은 예산을 배정했다.

여기에 정부가 할 일이 있다. 4차 산업혁명의 기본은 서로 다른 기술이나 서비스가 융·복합된다는 것이다. 현존하는 산업에는 수많은 규제가 광범위하게 얽혀 있는데 이를 과감히 풀어내야 하는 것이 과제다. 물론 기존의 기득권 세력들 반발이 매우 거셀 것이다. 즉, 발목이 잡힐 수 있다는 것이다. 해법은 네거티브 규제로 발상의 전환을 해야 한다. 이렇게 하려면 정부 관료들이 사전 연구를 철저히 해서 설득시켜야 한다. 산업 패러다임의 변곡점에서는 정부가 팔을 걷어붙이고 앞장서야 한다.

4차 산업혁명, 앞으로 5년
ⓒ 이경주, 2016

초판 1쇄 | 2016년 10월 5일
초판 8쇄 | 2017년 06월 20일

지은이 | 이경주
발행인 | 정은영
책임편집 | 조세진
디자인 | 석운디자인, 이유진

펴낸곳 | 마리북스
출판등록 | 제2010-000032호
주소 | (121-904) 서울시 마포구 월드컵북로 400 문화콘텐츠센터 5층 21호

전화 | 02)324-0529, 0530
팩스 | 02)3153-1308
E-mail | mari@maribooks.com
인쇄 | 현문자현

ISBN 978-89-94011-64-6 (03320)

＊ 이 책의 인세 수익금은 사회공헌 활동에 기부됩니다.